轨道交通特色经济管理论丛

政府和社会资本合作模式 PPP 值优化研究

——基于金融随机过程理论

郭雪萌　　张启明　　陈炳尧　　著

北京交通大学出版社

·北京·

内 容 简 介

PPP-PSC物有所值定量框架下的PPP值计算的是政府在政府与社会资本合作项目（PPP项目）中包括建设期、运营期在内的全生命周期的支出责任。本书在PPP模式物有所值理论、PPP项目风险理论及金融随机过程理论的指导下，从PPP项目关键风险及风险分担作为切入点，阐明PPP项目现金流在关键风险作用下的波动机理，并将波动现金流、关键风险分担与随机过程模型进行有机的结合，对PPP值测算不确定性的主要来源，包括未来现金流的估计、风险成本的量化及分担、折现率的选取、特许运营期限的确定等内容进行优化分析，构建基于随机过程的PPP值优化框架。随后，本书在优化框架的基础上，构建了PPP项目未来现金流模型、PPP项目收入端与成本端的政府风险分担模型、折现率模型及PPP项目特许运营期限模型等，实现了PPP值计算体系的全面优化。

本书以从事PPP项目投资、建设、运营相关工作的专业人士为主要使用对象，也可供其他对基础设施投融资、金融随机过程、实物期权等研究感兴趣的读者使用。

图书在版编目（CIP）数据

政府和社会资本合作模式PPP值优化研究：基于金融随机过程理论/郭雪萌，张启明，陈炳尧著. —北京：北京交通大学出版社，2024.3
（轨道交通特色经济管理论丛）
ISBN 978-7-5121-5180-2

Ⅰ. ①政… Ⅱ. ①郭… ②张… ③陈… Ⅲ. ①政府投资-合作-社会资本-应用-轨道交通-交通运输业-研究-中国 Ⅳ. ①F532.6

中国国家版本馆CIP数据核字（2024）第044032号

政府和社会资本合作模式PPP值优化研究——基于金融随机过程理论
ZHENGFU HE SHEHUI ZIBEN HEZUO MOSHI PPP ZHI YOUHUA YANJIU
——JIYU JINRONG SUIJI GUOCHENG LILUN

责任编辑：陈可亮
出版发行：北京交通大学出版社　电话：010-51686414　http：//www. bjtup. com. cn
地　　址：北京市海淀区高梁桥斜街44号　　　邮编：100044
印　刷　者：北京虎彩文化传播有限公司
经　　销：全国新华书店
开　　本：165 mm×237 mm　印张：16.125　字数：201千字
版 印 次：2024年3月第1版　　2024年3月第1次印刷
定　　价：65.00元

丛书编委会成员

顾　问　施仲衡　宋敏华　仲建华　肖　序　韩宝明
　　　　徐勇烈

主　任　郭雪萌

副主任　李红昌　张　军　门　瑢　谷增军　王　丹
　　　　张　瑶

成员（按姓氏拼音顺序）
　　　　卜　伟　陈炳尧　房兰淋　冯钰婷　郭　珂
　　　　郭一玮　郝璐璐　胡　煜　孔令鹏　刘　畅
　　　　刘航舶　刘剑文　马佳欣　秦宇飞　王家康
　　　　王卓君　魏泊芦　许婴鹏　杨　蓉　张　侃
　　　　张启明　郑　雷　郑涵中

丛书总序

中国正在建设世界上规模最大的高速铁路、城际铁路、市域铁路和城市轨道交通网络系统，这必将给中国的城市化发展带来深远影响，对提升中国的城市竞争力及经济社会发展水平有着十分重要的理论和现实意义。随着轨道交通的快速发展，一方面，出现了城市如何适应城市轨道交通发展、实现"建地铁就是建城市"的战略构想；另一方面，轨道交通的规划、投资、建设、运营、经营、装备制造、技术等问题也随之涌现。在城市日益成为中国经济社会发展动力源泉的时代背景下，只有进行轨道交通的"全域创新"，从制度、机制、体制、投融资、技术等方面全面推进轨道交通领域的创新，切实解决好轨道交通领域面临的各种现实困难与问题，才能促进轨道交通领域运营效率的提升和经营绩效的提高，才能更好地助力国家和城市发展战略规划的落地，从而才能更好地实现中国经济社会的发展和"中国梦"的实现。

从广义上来看，轨道交通是包括城市轨道交通（地铁、轻轨、跨座式单轨、磁悬浮等不同技术制式）、市域铁路、城际铁路和高速铁路在内的集合体。随着城市功能逐渐由城市中心和多中心向周边城市及省区的发展，轨道交通也逐渐承载了发展戈特曼意义上的城市群和城市带的重要职能。目前，中国城市和城市群的发展已经到了跨越行政区边界的阶段，城市经济、社会、文化、科技的发展，一方面，需要与城市内部组团之间形成相互支撑关系，以形成城市专业化和多样化的集聚经济；另一方面，更需要与区域经济及毗邻城市乃至国家和国际范畴内的都市圈形成紧密的一体化关系，以充分发挥区域间的分工协作优势和更大范围内的市场潜力作用。

在这一不可逆转的城市化发展历史进程中，大量的资金、技术、人才、土地等稀缺资源快速向核心城市和卫星城市集中，并产生了对交通尤其是各种制式轨道交通的旺盛需求。纵观国内外发展较好的大都市区或城市群，大多形成了建立在轨道交通上的发展模式，有些国家和地区甚至提出了"快轨车站城市"的规划理念并付诸实践。轨道交通已经成为降低城市出行成本、提高城市运转效率、保护生态环境、建设宜居城市的必要条件。可以说，轨道交通已经成为城市和城市群发展的奠基石，已经成为政府和市场交融创新的实验田，已经成为现代技术应用的绝佳场域，已经成为宏观经济政策、产业政策和微观管理政策变革的载体，已经成为经济管理理论和方法创新的宝库，已经成为理念、理论、实践、政策互动发展的平台。

中国已经发展到工业化、城镇化、运输化的中后期阶段，城市已经成为国家经济社会发展的重要增长极和动力源。其中，中国的轨道交通取得了举世瞩目的成就和发展。中国的高速铁路总营业里程已经跃居世界第一，"和谐号""复兴号"高速动车组具有全部自主知识产权，成为引领中国经济和科技进步的重要抓手；中国城市铁路的发展方兴未艾，珠三角经济圈、长三角经济圈、京津冀经济圈等数十个国家级城市圈陆续形成，城际轨道交通发展规划不断形成和得到审批；中国的城市轨道交通建设和规划里程成为全世界关注的重大工程，不仅为装备制造、物联网、互联网+、智慧交通、公共交通导向型发展（transit-oriented development，TOD）等提供了坚实的运输资源支撑，而且也为新型技术制式和管理模式的探索与创新提供了独一无二的舞台。

中国轨道交通实践的快速发展进程亟须对相应的轨道交通特色经济管理理论和方法进行总结、概括、提炼、提升与创新。"轨道交通特色经济管理理论丛"写作和出版的构想就是在这一特殊的中国城市化发展进程中提出的。它的理论脉络可以追溯到亚当·斯密、马歇尔、杜彼特等时代，不仅可以在古典经济学、新古典经济学、现代经济学及相应的管理理论上得到体现，也可以在现代轨道交通的投融资理论、外部性理论、TOD 理论、人力资本理论、价值捕获理论、网络形态理论、管制理论、时空经济理论、PPP（public private partnership，公共私营合作制）理论、资源流-价值流理论等中得到全面展示。基于城市化发展的中国轨道交通发展所呈现出来的理论机遇、方法机遇、案例机遇，都是世界范围内前所未有的，都是激动人心的，都是值得深入挖掘的。这就是"轨道交通特色经济管理理论丛"的写作动机和初衷所在。

在理论机遇方面，轨道交通不仅是现代经济管理理论应用的对象，更是对传统经济管理理论进行创新的源泉。首先，轨道交通提供的是无形的位移运输产品，其产品具有不可储存性，其生产和消费过程具有同一性，从而导致轨道交通调度指挥、通信信号、电力供应、人员配套等必须按照高度"自律系统"的要求进行资源配置，单纯的市场经济交易原则已经不能适应轨道交通发展的需要。其次，轨道交通服务的对象包括旅客、货主、城市居民及城市功能、区域经济和国民经济的发展，很少有企业像城市轨道交通那样，在制定发展战略时，需要综合考虑内外部各种因素，既要服务于轨道交通自身的可持续发展，又要充分发挥其对城市和区域经济乃至国民经济的支撑和拉动作用，这就是"建地铁就是建城市""建地铁就是提升城市价值""建地铁是百年工程"等判断的理论依据。再次，城市轨道交通涉及但不限于规划、设计、投融资、建设、运营、经营等多个环节，涉及多个利益相关者，可以采取多种多样的 PPP 模式。在这一过程中，如何实现"多规合一"，如何实现票务资源和非票务资源的协同开发，如何实现政府与市场的有机互动，如何实现轨道、产业、城市的循环互动，如何打造地铁特色的文化形态等，都具有十分重大的理论意义。最后，城市轨道交通一方面会涉及投融资理论、技术经济理论、财务会计理论、管理理论、经济学理论等，另一方面也会形成独特的轨道交通元素流-业务流-价值流理论、成本核算理论、"土地+轨道"综合开发理论、政治关联理论、政策创新理论等，不一而足。

在方法机遇方面，轨道交通领域是很多现代经济管理方法甚至是技术方法的实验"靶场"。由于轨道交通的发展，使得网络协同技术、联调联试技术、CBTC 系统（communication-based train control system，基于通信的列车自动控制系统）技术、能量回馈技术、云轨技术、物联网技术、智慧交通技术、综合交通技术、通信信号技术、工务维修技术、车辆运营编组技术、现代装备制造技术、综合运营管理技术、云计算技术等，都有了很好的实践和应用场所。回顾过去轨道交通发展的历史，我国已经形成了自成体系的城市轨道交通工业体系，以及相应的工程技术、管理技术、经济技术等。此外，由于中国庞大的轨道交通发展体量和市场规模，已经开始孕育出方方面面的方法和机遇，为政策制定者、城市管理者、科技工作者、工程建设者、文化创作者等进行"全域创新"提供了难得的际遇。

在案例机遇方面，中国城市众多，地域复杂，文化多样，条件各异，在轨道交通理念、理论、模式、方法、实践、政策等各个方面精彩纷呈，各有千秋。目前，北京采取了投资、建设、运营"三分开"体制，上海、广州、深圳采取了集团公司模式，徐州 1、2、3 号线采取了 PPP 模式，高铁新城、城际星城、地铁小镇、上盖物业、地下商城等案例更是层出不穷。在技术上，如何实现运营成本的降低；在财务上，如何防止轨道交通出现债务风险，实现可持续发展；在经济上，如何实现外部效益最大化，促进城市竞争力的提升；在政策上，如何创新规划、土地、工商、税收、人力资源、户籍、科技等政策，发挥制度创新优势等，均有相应的轨道交通发展案例作为经验支撑。

北京交通大学经济管理学科起源于清政府时期设立的铁路管理传习所，这是中国最早的以轨道交通为特色的商科院校。北京交通大学经济管理学科近年来在高速铁路、城际铁路、市域铁路、城市轨道交通领域的经济管理研究过程中取得了国内外同行广泛关注的优秀成果。按照"传承历史传统，承载现代使命，发展轨道交通，改善社会福祉"的原则，我们将陆续出版"轨道交通特色经济管理论丛"，旨在鼓励包括北京交通大学在内的国内外研究学者把理论和实践成果以著述的形式留存下来，不仅展示轨道交通领域经济管理研究的成果，更希望能够与国际上先进的轨道交通经济管理理论和方法有机地结合起来，促进我国轨道交通经济管理理论和方法的不断发展。

"轨道交通特色经济管理论丛"的作者包括国内外轨道交通行业的专家、学者、从业人员、在校博士研究生和硕士研究生。我们希望本论丛成为聚集轨道交通经济管理发展智慧、促进"知行合一"的知识传播媒体。我们特别感谢北京交通大学经济管理学院、基础产业研究中心和北京交通发展研究基地提供的良好的研究环境，感谢北京交通大学出版社的编辑们付出的辛勤劳动。由于相关管理人员、出版人员和行业专家的大力支持和帮助，本丛书终于能够付梓。本丛书的阅读对象是理论研究者、政策制定者、管理者及高校相关专业的师生。

2023 年 10 月

于北京交通大学

前　　言

2015 年后，我国的政府和社会资本合作（PPP 模式）项目迎来了爆发式增长，财政部 PPP 综合信息平台项目库入库项目数量由 2016 年 1 月的 6 997 个快速增长到 2017 年 12 月的 14 424 个。然而，随着 PPP 项目数量的快速增长，地方政府官员在政治晋升激励的驱动下将 PPP 项目异化为融资工具的现象也越来越严重，物有所值评价这一决定是否采用 PPP 模式的重要规制也渐渐流于形式。2017 年 11 月，财政部和国家发展改革委开展对 PPP 项目的退库清理工作，并在随后的 2018 年对全国各地累计 4 562 项 PPP 项目进行了清退库和整改，涉及投资共计 6 万多亿元。以上凸显了当前我国 PPP 模式的两个核心问题：第一，物有所值定量评价是否具有足够的客观性。物有所值评价是决定项目是否能够采用 PPP 模式进行融资建设的关键程序，合理的物有所值定量评价可以筛选出真正能够实现 PPP 模式物有所值的项目，进而发挥社会资本的效率优势，减轻财政支出压力，提供更高品质的公共产品；第二，物有所值定量评价中所涉及的政府全特许运营期支出是否具备足够的科学性。2019 年后，中央多部委发文要求明确 PPP 项目中地方政府的支出责任，不可过度加重政府财政负担。因此，在这种背景下，对 PPP 模式中政府支出的测算就变得尤为关键。

PPP-PSC 物有所值定量框架下的 PPP 值计算的是政府在 PPP

项目中包括建设期、运营期在内的全生命周期的支出责任。从定义来看，PPP 值是物有所值定量评价与政府财政支出的共同依据，合理的 PPP 值计算，既可以在与 PSC 值（public sector comparator）的比较中判断项目是否物有所值，又可以衡量政府在 PPP 项目中的全生命周期支出成本，进而判断政府的财政承受能力。但目前的 PPP 值计算方法在风险定量方面还较为粗糙，学界关于 PPP 模式风险的研究主要集中于风险识别及分担方面，风险定量化的研究较少。究其原因在于风险定量存在较大的不确定性和复杂性。金融随机过程理论是在不确定环境下对金融资产进行定价的数理方法，亦可作为 PPP 模式风险定量、风险分配及 PPP 值优化计算的工具。基于此，本书在物有所值定量 PPP-PSC 的评价框架之下，通过构建以 PPP-PSC 定量评价法为基础、金融随机过程理论为工具、风险分担为机制的 PPP 值优化框架，实现对 PPP 值更加科学合理的计算，拓展了 PPP 模式物有所值理论与金融随机过程理论的融合应用，为基础设施投融资领域研究提供了理论与方法支持，为政府部门科学决策、PPP 模式高质量发展提供了参考依据和政策建议。

本书的创新之处包括三个方面：第一，构建了基于随机过程的 PPP 值优化分析框架。目前，无论是关于不确定环境下基础设施项目定价或特许运营期限的研究，还是通过定量方法对 PPP 模式物有所值优化改进的研究，均未提出具备可操作性和延展性的分析框架。本书以 PPP 值传统量化方法存在的问题作为切入点，将金融随机过程这一数理方法作为工具，通过对 PPP 项目所面临的风险因素进行分解并剖析，将金融随机过程理论与 PPP 值的量化相结合，进而提出基于随机过程的 PPP 值优化机理，并在此基础上构建了基于随机过程的 PPP 值优化框架。第二，构建了 PPP 项目"双端"风险分担模型。一方面，针对 PPP 项目的收入端风险，构建了使用者付费模式和可行性缺口补贴模式 PPP 项目在冲击事件影响下的政府担保价值模型。目前有关 PPP 模式隐含期权价值的文献，最常采用的是不带"跳"过程的几何布朗运动。这是由于"跳"过程的期权价值求解过程较为复杂且鲜有研究冲击事件对政府担保价值的影响。同时，有关 PPP 模式担保期权的研究多集中于使用者付费项目，对可行性缺口补助项目缺乏关注。而本书构建了使用者付费模式和可行性缺口补贴模式下，带"跳"过程的几何布朗运动连续时间微分方程 PPP 项目现金流模型，并以此模型为基础，求解得到了使用者付费模式和可行性缺口补贴模式下 PPP 项目政府担保价值表达式。本书构建的模型既考虑了通常情况下需求风险造成的现金流波动，也考虑了冲击事件影响下现金流及政府担保价值的变动情况，从而实现了政府和社会资本关于收入端风险成本的分担。另一方面，针对 PPP 项目的成本端风险，本书构建了 PPP 项目利率风险分担、通货膨胀风险分担及折现率模型。现有关于 PPP 项目风险定量的研究对通货膨胀率及利率的设定通常取常数，无法体现在长达 20~30 年的特许运营期内通货膨胀率与利率的变动情况。而本书构建了多因子连续时间定价模型，对 PPP 项目所面对的利率变动风险、通胀风险及折现率进行研究，并在模型中引入了风险分担系数，得到了在政府通胀风险分担的显示解，以及政府利率变动风险成本分担的计算方法，从而实现了政府和社会资本关于成本端风险成本的分担。第三，构建了不确定环境下 PPP 项目的特许运营期限博弈模型。针对政府与社会资本关于 PPP 项目特许运营期的博弈问题，学者通常采用"讨价还价"博弈模型进行研究。然而，过往研究并未考虑在不确定环境下的政府风险分担的价值。而本书将政府风险分担囊括进"讨价还价"模型，提出了基于政府风险分担的特许运营期合理区间，从而拓宽了"讨价还价"博弈理论在 PPP 模式领域的应用空间，有利于推动 PPP 模式规范有序发展。

本书作为城市轨道交通领域投融资模式研究的有益探索，能够成功出版得益于北京交通大学郭雪萌教授和中南大学肖序教授高屋建瓴的长期指导，同时也离不开行业和学界高水平专家的支持与帮助，在此由衷感谢北京交通大学马忠教授、程小可教授、刘伊生教授、李红昌教授，北京邮电大学何瑛教授，北京科技大学杨棉之教授，北京物资学院张军教授为本书提供的宝贵意见和大力支持。

作者
2023 年 10 月

目　录

第一章

导　　论

本章主要阐述我国PPP模式及物有所值评价的发展历程、研究现状、研究内容与逻辑结构。首先，基于我国PPP模式的发展背景，分析了PPP模式物有所值定量评价的实践应用现状及存在问题，提出本书的研究问题和意义。其次，对国内外PPP模式及其物有所值定量评价的研究成果进行了较为详细的理论和文献综述，明确了PPP模式传统量化评价存在的核心问题及主要的优化方向，引出PPP值这一关键要素，为本书构建基于随机过程的PPP值优化框架提供了理论依据。最后，阐述了本书具体的研究内容和逻辑结构。

第一节　研究背景与研究意义

一、研究背景

（一）PPP模式的基本内涵

1. 公共基础设施和私营部门

公共基础设施可以定义为对于经济和社会功能运行所必需的

设施。因此，这些设施本身不是目的，而是支持一个国家的经济和社会活动的手段，包括辅助这些功能的设施，例如公共部门办公室或住宿设施。从广义上讲，公共基础设施可以分为：

"经济"基础设施，如交通设施和公用事业网络（用于供水、污水处理、电力供应等），即对日常生活至关重要的基础设施经济活动；

"社会"基础设施，如学校、医院、图书馆、监狱等，即被视为社会结构必不可少的基础设施。

还可以区分"硬"基础设施和"软"基础设施。"硬"基础设施主要涉及建筑物或其他物理设施的提供，"软"基础设施主要涉及服务的提供。国家必须在公共基础设施的提供中发挥作用，这可能是普遍的共识，理由是：

私营部门无法考虑"外部性"，即一般经济和社会效益，因此需要公共部门的干预；

即使在可能存在竞争的情况下，公共部门仍应提供"优质商品"，即那些政府一旦退出，将得不到充分供应的商品（如学校，因为富人可以支付私立学校的费用，但穷人将无法接受教育）；

基础设施需要高额的初始投资，但只能获得非常长期的回报。如果没有公共部门的支持，可能很难为这项投资筹集私人资本。

因此，可以认为，在竞争性市场定价会扭曲行为或导致社会经济效益损失的情况下，基础设施应由公共部门提供。历史表明，国家可以通过两种方式来实现这一目标：直接提供，或通过监管、税收或补贴等手段促进私营部门提供。私人资本资助经济基础设施（如交通）由来已久，只有在 19 世纪后，国家才接管了主要来自宗教或私人慈善机构的责任，负责提供大量社会基础设施（如学校和医院）。事实上，私人提供大部分公共基础设施是历史常态，但"必要"公共基础设施的定义在过去几个世纪里明显扩大。因此，PPP 可以被视为一种促进私人提供的现代方式，以帮助满足对公共基础设施日益增长的需求。

2. 公私合营模式

1) 基本概念

"公私伙伴关系"（PPP）这一概念最早源于美国，其诞生之初是与公共部门和私营部门联合资助教育项目紧密相关的。随后，在 20 世纪 50 年代，它逐渐演变为涵盖了公用事业领域的类似资助模式。而到了 20 世纪 60 年代，PPP 被更为广泛地应用于指代城市更新领域的公私合资企业。

在美国，PPP 也用于描述非公共部门机构〔通常来自自愿（非营利）部门〕提供的社会服务，以及由公共资助的私营部门在技术等领域开展的研究和开发活动。在国际发展领域，PPP 一词则被用于描述政府、援助机构和私营部门携手合作，共同抗击疾病（如艾滋病和疟疾）、改进农业生产方法或推动经济发展的现象。其中，大多数 PPP 可以被描述为"基于政策"或"基于项目"的 PPP。然而，本书所探讨的主题更多的是"基于项目"或"基于合同"的 PPP，这是一种更为新颖的发展模式（尽管一些城市更新 PPP 也是针对特定项目的，但它们与本书所定义的 PPP 在涉及的长期合作关系上存在本质区别）。根据此处所定义的 PPP 应具备以下关键要素：

公共部门与私营部门之间的长期合同（"PPP 合同"）；

私营部门对公共基础设施（"设施"）的设计、施工、融资和运营；

在 PPP 合同有效期内，公共部门或作为设施使用者的公众向私营部门支付使用设施的费用；

设施仍归公共部门所有，或在 PPP 合同结束时归还公共部门所有。

在某些情况下，PPP合同可能涉及对现有基础设施的重大升级，而不仅仅是"绿地"建设。然而，如果私营部门只是收购或管理现有的公共基础设施，并没有进行任何重大的新资本投资或升级，那么这并不被视为本书所定义的PPP。同样，如果私营部门提供的是软基础设施，并不涉及重大的固定资产投资（因此不需要私营部门融资），那么这属于"外包"的范畴，而不是PPP。尽管很明显，这个界限并不精确，因为软服务通常与硬基础设施相关联。PPP也不等同于简单的合资企业投资，公共和私营部门之间的合作关系，除非这与PPP合同有关。此外，本书不涉及市政层面的小型PPP项目，例如在卫生、教育、运输、能源、公用事业和住房等部门。

因此，PPP是公共部门使用税收收入或公共借款资金采购设施的替代方案。在典型的公共部门采购（称为"设计-招标-建造"）中，公共当局规定了设施的规格和设计，根据详细设计进行招标，并由私营部门承包商支付设施建设费用。公共管理局必须承担全部建设费用，包括任何超支费用。该设施的运营和维护完全由公共机构负责。在项目建设的质保期过后，承包商不承担项目的长期质量风险。

然而，在PPP模式下，公共当局主要关注的是"产出"效果，也就是设施所提供的公共服务，而不是如何提供这些服务。私营部门则负责设计、融资、建造和运营设施，以满足这些长期产出要求。项目公司在PPP合同有效期内（平均25年）按照预先商定的方式收取费用（"服务费"），用于偿还融资成本并给予投资者回报。服务费与未能满足产出要求直接相关，且通常不会为设施施工或运营期间发生的成本超支提供额外津贴。

PPP方法的结果是与以下方面相关的重大风险：

设施的设计和施工成本；

设施的市场需求（使用）；

设施提供的服务（包括其可用性）；

设施的运营和维护成本，从公共机构转移到项目公司。

2）特许经营权

虽然 PPP 是一个新词，但利用私人资本提供公共设施的概念由来已久。在 18 世纪和 19 世纪初的英国，当地权贵集团成立了收费公路信托，从私人投资者那里借钱修路，并通过收取通行费偿还债务。直到 19 世纪中叶，伦敦的大部分桥梁也是由类似的桥梁信托资助的。同样在 19 世纪末，纽约的布鲁克林大桥是由私营部门资本建造的。法国在 17 世纪开始用私营部门资本建造运河。

这种类型的 PPP 被称为特许权：即"用户付费"模式，其中允许私营部门（特许权获得者）对使用设施的公众收取服务费，例如使用桥梁、隧道或道路的通行费。通行费补偿特许权获得者建设和运营设施的成本，通常在特许期结束时恢复公共部门控制。除了道路和相关设施外，19 世纪和 20 世纪初，许多国家使用特许权建造铁路、供水和废水处理网络等设施。

公共部门的作用是建立特许权受让人运营的框架，通常是在一般特许权法或特定特许权法下，选择特许权受让人，并规定设施建设和运营的详细要求，通常是通过公共机构与特许权所有人签署的协议。

特许权的进一步发展是特许经营。特许经营是利用已建成的设施的权利，即它类似于特许权，但没有初始建设阶段。特许经营人（相当于特许权受让人）可以一次性向公共当局支付费用以换取这一权利。特许经营不被视为先前定义的 PPP，因为它不涉及基础设施的提供或升级，而只涉及运营。然而，合同和财务基础在某些方面是相似的。

3）购电协议

20 世纪 80 年代美国制定的《购电协议》（PPA）为现代 PPP

合同提供了模板。PPA 始于 1978 年的《私人公用事业监管政策法案》（PURPA），该法案鼓励建设热电联产厂，其电力可以出售给受监管的电力公用事业。20 世纪 90 年代初的欧洲，随着英国电力行业的私有化，英国政府鼓励参与发电和配电的私营企业分离，并开发独立发电项目以增加发电竞争。根据 PPA，投资者获得的"补贴"分为两部分：

为使发电站向公用事业供电而收取的可用性费用（也称为容量费用），包括建设发电站所涉及的资本支出及其固定运营支出；

根据电力公用事业的要求，对发电边际成本收取的使用费（也称为可变费用），包括用于发电的燃料成本（如煤炭或天然气）。

因此，PPA 的一个关键方面是，建造和运营发电站的项目公司的投资者不会承担其有能力产生的电力是否实际需要的任何风险，风险仍然由公用事业公司承担，无论是否使用电力，公用事业公司都要支付可用性费用。然而，项目公司负责发电站的运营绩效，如果由于任何原因，它无法产生承诺的电力水平，可用性费用将相应减少。因此，这些投资者不会承担使用风险，而只会承担按时按预算完成发电站的风险，以及之后的运营或绩效风险。

使 PPA 合同模式得以发展的另一个重要因素是被称为"项目融资"的融资技术，它为这类项目提供了所需的高比例长期债务融资。尽管这些技术以前在自然资源领域就存在，但用于资助 PPA 的项目融资结构为资助所有类型的 PPP 提供了基础。项目融资的一个重要方面是将上述风险从项目公司转移到分包商。该结构的主要组成部分是：

私营部门投资者拥有的项目公司；

通过股东权益和项目融资债务为项目提供资金；

工程、采购和施工（"EPC"）合同，根据该合同，承包商同意按照规定的规格、固定的价格和进度交付一个完整且设备齐全（"交钥匙"）的发电站；

燃料供应合同，根据该合同，提供煤炭或天然气为发电站的涡轮机提供燃料；

运营和维护（"O&M"）合同，根据该合同，O&M 承包商同意代表项目公司运营和维护该项目；

与配电公司签订的购电协议，根据上述可用性和使用费支付款项；

支付燃料和运营成本后的剩余现金流首先用于向贷款人支付贷款本金和利息（"债务偿还"），然后用于向投资者支付的投资回报（"分配"）。

因此，分包商承担了许多关键风险，例如发电站的结算资本成本及其运营成本（燃料成本除外）。

4）BOO-BOT-BTO-DBFO

最初的 PPA 是以私营部门之间的"建设-拥有-运营"（BOO）模式进行开发的，发电站的所有权仍归投资者所有，但很快很明显，类似的架构可用于开发公共部门项目。"建设-运营-移交"（BOT）合同的概念最初是在土耳其实现的，也是用于发电项目，但关键的区别在于，电力的承购方（买方）将是公共机构，即国家电力公司，并且在合同结束时，发电站的所有权可以从投资者转移给承购方（通常为名义或无成本），从而转移到公共部门。

在 BOT 模式之后，又产生了"建设-移交-运营"（BTO）合同，所有权在建设完成后转让给公共机构，以及"设计-建造-融资-运营"（DBFO）合同，在该合同下，设施的法定所有权在整个合同期间仍属于公共机构，私营部门在项目中的利益仅基于合同权利，即运营设施并从承购方获得收益，而不是实际资产的所有权。

在发展中国家，BOT、BTO 和 DBFO 合同为资金紧张的国家电力公司提供了投资更高效电厂的手段，而无需放弃对发电的控制（因为承购方决定何时调度发电站，即投入使用发电），向消费者交付电力，或向消费者收取费用——换句话说，私营部门代表公共部门提供服务，但完全在公共部门的控制之下。

5）特许经营项目的融资

受 BOT 模式的影响，1987 年英国和法国之间的英吉利海峡隧道项目（尽管这是一个财政灾难性的项目）首次采用了现代项目融资技术进行特许经营，使用相同方法进行融资的还有达特福德大桥（横跨泰晤士河口）。不得不说，这些都不是"典型"项目，但从它们中吸取的经验教训此后被广泛用于特许经营融资，最常见的是收费公路项目。特许经营权项目融资结构中的关键要素是：

由私营部门投资者拥有的项目公司；

通过股东权益和项目融资债务为项目的建设支出提供资金；

设计和建造（"D&B"）合同，根据该合同，承包商同意以固定价格和进度，按照要求的规范设计和建造完工的道路和相关工程（如收费站）；

运营合同，根据该合同，收费运营公司提供服务，如收费站人员配备、小修、事故管理等；

维护合同，根据该合同，维护公司提供道路维护服务；

与公共当局签订的特许协议（此类 PPP 合同的标准名称），允许向道路使用者收取通行费，通常不涉及公共当局的任何付款；

运营成本（"opex"）后的现金流，即主要用于支付运营和维护合同，首先用于债务偿还，然后向投资者支付分配。

6）PFI 模式

1992 年，英国政府宣布了一项私人融资计划（PFI），旨在吸引私人资金参与公共基础设施的建设和运营。这一政策的推出源于20世纪80年代对特许权的重新审视，第一波项目于1994年开始实施，主要涉及新道路的建设和运营。然而，由于英国收费公路的范围有限，这种PFI模式引入了由公共机构支付费用的概念，这与特许权的"使用者付费"原则有所不同。最初，公共机构的付款基于司机的使用情况而定，通过所谓的"影子收费"，即公共机构为每公里/驾驶员制定固定的付款时间表来实现。在"全面"PFI模型发展的下一阶段，公共部门开始使用PFI合同来提供公共设施，其中使用风险本质上无法转移给私营部门，例如学校和医院等项目。在这些情况下，合同的结构仍然基于PPA，因为私营部门的投资者由公共机构支付"可用性"费用，即按照要求的规格建造设施并在PFI合同期间提供服务，以及提供维护、清洁和餐饮等配套服务。通过这种方式，公共机构与私营投资者合作，共同承担建设和运营公共设施的责任和风险。这里结构中的关键要素是：

私营部门投资者拥有的项目公司；

通过股东权益和项目融资债务为项目的资本支出融资；

设计和建造（"D&B"）合同，根据该合同，承包商同意按照规定的规格、固定价格和进度建造学校；

"软"设施维护（FM）合同，根据该合同，服务公司为学校提供安保、清洁和餐饮等服务；

"硬"设施维护合同，根据该合同，维护公司（或原始D&B承包商）提供建筑维护服务；

与公共机构签订的项目协议（PFI模式合同的标准名称）；

运营支出后的现金流——主要是FM合同的付款——首先用于债务偿还，然后用于向投资者支付分配款。

因此，今天的PPP是基于对特许经营权的"重新发现"和PFI模式的发展。应该指出的是，在某些国家，只有PFI模式被称为 PPP，以区别于特许经营权。然而，在本书中，"PPP"将用于涵盖这两种模式的一般概念，而"PPP 合同"则同时指特许经营协议和项目协议。

3. 公私合营项目类别

公私合作项目可以根据私人部门在设施中的法律性质进行分类，采用诸如 BOT、BTO、DBFO 等术语。这些分类主要反映了设施的法律所有权从项目公司转移到公共机构的关键时刻，或者在项目公司从未成为设施法定所有者的情境下，其法律权益的性质，例如财产租赁或仅仅是经营权。这些差别属于法律技术范畴，并不影响公私合作项目作为公共部门资产所具有的商业和财务特性。根据公私合作合同中固有的服务性质和风险转移情况对公私合作项目进行分类更为科学和实用。

如上所述，特许经营模式，即用户支付道路、桥梁、隧道等设施的使用费、通行费，以及港口、机场、电车和轻轨网络等其他交通设施的使用费，是将使用风险转移到私营部门的典型例子，也可能是最广泛适用的公私合作类型。但是，在 PFI 模式下，使用风险也可以转移，例如通过支付影子通行费，这里的付款方是公共机构，但基于司机对设施的使用情况，也可能存在两种方法的混合，即用户支付通行费或票价，但有公共部门的补贴。

基于不动产的项目是指医院、学校和监狱等项目，这些项目的付款通常是为了使建筑物可供公共当局使用（通常在社会基础设施领域）。这些是使用 PFI 模式的最重要的项目类型。它们还可能涉及提供长期服务，如清洁、餐饮、维护，甚至监狱的保管服务。

基于设备、系统或网络的公私合作项目（PPP）并不常见，且这些项目均基于 PFI 模式。在这种情况下，公共当局的付款是基于项目的可用性。例如，在 DBFO 公路项目中，付款并不取决于道路的使用情况，而是根据道路的可用性来决定。判断道路的可用性可以通过观察交通车道是否封闭、交通在道路上行驶的速度，以及事故或溢出物从道路上清除的速度等措施。同样，铁路项目的付款可以根据系统（如信号设备或列车组）的工作情况来决定，而不是仅仅考虑乘客的数量。此外，这类项目还可能涉及街道照明、信息技术（IT）等系统，而国防设备是另一个重要的应用领域。

原始的发电领域 BOT 建设模式无疑属于 PPP 的范畴，然而，由于发电和配电领域的广泛私有化，这种模式作为 PPP 在当下已经较为少见（中东部分地区除外）。工厂型 PPP 项目包括水处理厂、污水处理厂及废物焚化厂等。这些工厂与上述其他类型项目之间的核心区别在于，它们涉及一个明确可测量的过程。如前所述，水处理项目可以在特许权或 PFI 模型下进行，但在任何一种情况下，付款主要是为了获取生产最终产品、处理水或废水的产能，而非实际处理或生产的数量。类似地，在废物焚烧项目中，公共机构为处理废物的产能付费，如果工厂无法满足这一要求，将不进行付款。这些项目的原则与上述 PPA 的原则相同，但基于使用量的付款相对而言重要性较低。因此，可用性再次成为主要的衡量标准。

4. 公共部门融资约束与公私合营模式

虽然国家公共管理机构为公私合作提供了理论基础，但它们近期增长的主要原因是不需要依赖公共部门的资金。公私合作模式允许公共部门设施的资本成本在其生命周期内分阶段支付，而不是要求立即从公共预算中划拨。此外，对于特许经营模式，这笔费用由使用者承担，而非纳税人；而对于 PFI 模式，则在 PPP 合同的有效期内，通过支付服务费的方式向公共部门预算收取。因此，PPP 计划使公共部门能够摆脱因税收收入不足和公共部门借贷限制而导致的对公共基础设施投资的短期约束。一些 PPP 项目的命名，如英国的"私人融资计划"，或美国政府机构现常用的"创新融资"一词，都进一步证实了 PPP 主要涉及私营部门为公共部门提供融资的观点。

值得注意的是，尽管 PPP 经常被称为公共部门的"资产负债表外"项目，但公共部门并不会像私营企业那样编制资产负债表。这个表述只是意味着 PPP 不会显示为公共部门的借款，其原始资本成本也不会在公共预算中列为支出。然而，就 PFI 模式而言，服务费作为未来的年度成本，确实会对公共部门预算产生最终影响，与借款相似。这有可能使最初促使采用 PPP 路线的原始限制进一步恶化，尤其在相对较小的国家参与大型 PFI 项目时，这种风险尤为显著：葡萄牙的情况便是一个明显的例子，其中一个大型且发展迅速的 PFI 模式道路项目的款项对公共预算产生了重大影响。

如果 PPP 的初始投资超出了公共预算的范围，这使得公共部门能够（或加速）投资于基础设施，否则这是不可能实现的（或会被推迟到以后）。因此，在预算的限制下，现实中的选择通常不是在 PPP 和公共部门采购设施之间，而是在 PPP 和完全不进行投资之间。这种"额外性"是支持 PPP 项目的一个常用论据，因此政府声明常如"PPP 使我们能够更快地投资于公共服务"，以及 PPP 随之而来的政治吸引力，等等。从宏观经济角度来看，如果公共投资的增加导致私人投资的减少，那么无论是公共投资还是私人投资，其净结果都是相同的。然而，目前似乎没有确凿的证据表明 PPP 模式会"挤出"其他私营部门的投资。同样，一般来说，PPP 模式是在其他形式的公共部门投资之外进行的，而不是替代它们。

（二）PPP 项目实施的历史演变与政策文件变迁

世界范围内，基础设施和公共服务领域引入社会资本参与建设和运营由来已久。17 世纪，法国的部分城市就授予了社会资本基础设施的特许运营权以鼓励其参与城市基础设施的建设。从 20 世纪 70 年代开始，西欧和北美等地区出现了大规模的基础设施民营化。根据世界银行数据，1990—1995 年间，这些地区的私人部门对基础设施的投资持续扩张，从 2.7 亿美元增长到了 37 亿美元。社会资本进入公共领域这一举措在提高基础设施领域项目运营效率的同时，也满足了经济发展对基础设施的需求。

从 20 世纪 80 年代开始，我国社会资本也在一些领域进入了公共基础设施的建设和运营。香港资本最早在广东参与了收费公路与桥梁的建设，采用特许经营收费权作为担保贷款修路的模式。社会资本也在福建以 PPP 模式实施了泉州刺桐大桥等收费路桥的建设和运营。公私合营经典案例层出不穷：2002 年 6 月，上海友联联合体获得了上海最大的污水处理项目 20 年特许经营权，同时负责项目建设运营；2003 年 8 月 9 日，北京奥组委、北京市国有资产经营有限责任公司与中国中信集团联合体签订协议，运用 PPP 模式建设中国国家体育场；2004 年，深圳市与广州市通过合资、合作、BOT 等方式，在涉及水利、燃气、公交、电力等数十个基础设施领域招募社会资本，进行投资、建设及经营。

随后，国务院于 2005 年印发《关于鼓励支持和引导个体私营等非公有制经济发展的若干意见》（国发〔2005〕3 号），于 2010 年印发《国务院关于鼓励和引导民间资本健康发展的若干意见》（国发〔2010〕13 号），积极探索基础设施建设融资模式，拓宽融资渠道，形成了国家、地方、社会及外资的多层次、多元化、多渠道对基础设施投资的格局。十八届三中全会提出"允许社会资本通过特许经营等方式参与城市基础设施投资和运营"，允许社会资本参股国有控股项目，供给侧改革也旨在提升社会总体效率，提升经济增长质量。PPP 模式作为供给侧改革在基础设施领域的重要落脚点，旨在发挥社会资本相对公共部门的比较优势，提升基础设施领域运营效率，激发经济活力。自此，中央和地方政府对 PPP 模式的支持政策不断推出。从 PPP 项目签约数据来看，我国的 PPP 项目签约热潮从 2014 年开始逐步显露锋芒，并于 2015 年三四季度开始加速。

1. 初期探索阶段

2013 年 11 月开始，十八届三中全会提出"允许社会资本通过特许经营等方式参与城市基础设施投资和运营"，正式从官方角度为社会资本对基础设施项目的特许经营确立了基调。此时国内还没有正式提出 PPP 的概念，国内媒体还是以"公私合作"等词汇来进行报道。2014 年 3 月，财政部和亚洲开发银行合作成立政府和社会资本（PPP）合作培训班，开始进行 PPP 模式相关人才的培养工作，并且在国内选取了洛阳和牡丹江两个 PPP 模式试点地区。虽然试点项目最终没有成功，但为后续的 PPP 模式全面展开提供了宝贵经验。

2014 年 9 月，财政部印发《财政部关于推广运用政府和社会资本合作模式有关问题的通知》（财金〔2014〕76 号），详细界定了 PPP 模式的概念，这是我国第一份关于政府与社会资本合作模式的框架性指导文件。而真正让地方政府与社会资本将关注重点转向 PPP 模式的，是 2014 年 10 月国务院印发的《国务院关于加强地方政府性债务管理的意见》（国发〔2014〕43 号，以下简称 43 号文）。这份文件彻底禁止了地方政府融资平台这一融资工具。因此，一方面，地方政府融资平台失去了为地方政府融资的功能；另一方面，地方政府债券发行规模还不足，而经济发展对基础设施建设的需求依然强烈，基础设施建设需求自然对应着巨大的资金缺口。这些情况促使地方政府寻求 PPP 模式作为基础设施融资建设的新方式。

2014 年 11 月，财政部印发《政府和社会资本合作模式操作

指南 （试行）》（财金〔2014〕113 号，以下简称《指南》）；2014 年 12 月，国家发展改革委印发《关于开展政府和社会资本合作的指导意见》（发改投资〔2014〕2724 号）。这两份文件涉及了 PPP 项目具体的操作规程，对 PPP 项目的实施进行了具体的指导。这意味着 PPP 模式正式在中国落地，由理论层面走向实践层面。同时，PPP 中心成立，主要负责 PPP 相关政策的研究、国际交流、信息统计和人员培训；并且公布了 PPP 示范项目清单，首批共涉及轨道交通、污水处理、供暖、垃圾处理等领域的 30 个已经实际投入运转的项目，总规模为 1 800 亿元资金。

2015 年，财政部《政府和社会资本合作项目财政承受能力论证指引》（财金〔2015〕21 号，以下简称《指引》）这一重要指导性文件的印发，为政府进行 PPP 项目财政承受能力评估提供了依据。该文件要求各地方政府明确在 PPP 项目全周期中，政府所分担的支出责任，并结合本级财政收支情况进行评估，通过财政承受能力论证的项目才可以展开实施，未通过论证的项目不允许采用 PPP 模式。《指引》规定政府在 PPP 项目分担的财政支出责任需纳入一般公共预算，同时应考虑项目所面临的风险因素。《指引》给出了在风险情况下，能够保障社会资本合理利润率的财政支出计算公式。这意味着政府将会分担一部分项目风险带来的或有财政支出责任。该文件的目的在于控制 PPP 模式在实施过程中地方政府财政可能面临的风险，防止盲目扩大基础设施建设规模。同时，国家发展改革委与国家开发银行联合印发《关于推进开发性金融支持政府和社会资本合作有关工作的通知》（发改投资〔2015〕445 号），旨在为 PPP 模式找到国家开发银行这一政策性银行的融资渠道，并且提供了利用开发性资金的示范效应，同时引入投资基金、债券、银行贷款等各类融资方式，充分保障 PPP 项目的资金需求。

2. 加速爆发阶段，中央顶层推动

从 2015 年 5 月开始，由于受到经济下行压力较大的影响，我国宏观经济政策从供给侧的去产能转向了经济稳增长，而基础设施投资作为经济稳增长的重要工具，自然分担起重要作用。基础设施的建设需要大规模的投资，而在 43 号文之后，留给地方政府可选的投融资工具并不多。PPP 模式作为为数不多的可选项，再加上各部委对 PPP 模式的支持，使得 PPP 项目在我国迎来加速爆发阶段。

2015 年 5 月 13 日，李克强总理在国务院常务会议上，对 PPP 模式进行了推广。李克强总理明确表示，PPP 模式是促进经济体制改革、拉动投资的重要手段，并且提出地方政府应采用多种措施吸引社会资本参与基础设施项目的投资和运营。随后，在 5 月 22 日，财政部、国家发展改革委、中国人民银行联合印发《关于在公共服务领域推广政府和社会资本合作模式的指导意见》（国办发〔2015〕42 号，以下简称《意见》）。该文件是中央对 PPP 模式在中国应用发展所提出的第一份重要文件，《意见》是对《指南》的升级，是 PPP 模式实施的纲领性文件。该文件将 PPP 模式作为"推进国家治理体系和能力现代化"任务中的一环，提升了 PPP 模式的应用高度。基于 PPP 模式发展之初，参与 PPP 项目建设社会资本数量规模不足的情况，《意见》放宽了对融资平台的限制，允许与地方政府实现脱钩。让已完成市场化运营的地方融资平台参与到 PPP 项目投资中来的这一举措，使一大批实力能力兼具的社会资本参与到 PPP 项目的投资与运营当中，极大地扩充了 PPP 模式融资的渠道。

3. 项目大潮来袭阶段，国家发展改革委推出 PPP 项目库

2015 年 6 月，国家发展改革委设立 PPP 项目库，并在其网站上开通 PPP 项目库专栏进行项目推介，首批推介项目涉及市政设施、交通、公共服务、水利、资源环保等多个领域共 1 043 个项目，总投资规模达到 1.97 万亿元。相比财政部的示范项目推介，国家发展改革委的项目库囊括项目更多，规模更大。这相当于 PPP 项目在国内探索过后的真正大范围全面铺开。国家发展改革委项目库所涉及的信息包括明确项目所属地、所属行业、内容和规模、何种 PPP 模式、责任人等，使得信息更加透明。这一阶段是继 2015 年 5 月中央明确支持 PPP 模式后，PPP 模式在中国发展的最高峰。该阶段有众多好项目签约建设，社会资本投资热情踊跃。济青高铁潍坊段 PPP 项目在招标阶段，吸引了超过 400 亿元的社会资本进行投标，最终中国邮政储蓄银行联合体在与复兴和中信等社会资本的激烈竞争中胜出，承接了我国首单高铁 PPP 项目。同期，重庆市也开始全面铺开 PPP 项目的投资和建设，截至 2015 年 7 月 27 日，重庆市已完成 33 个 PPP 项目的签约，涉及资金规模 1 300 亿元。在此基础上，至 2020 年，重庆市共 18 000 亿元规模的基础设施项目投资中，有 8 000 亿元以 PPP 的形式进行融资建设。2015 年 7 月，第一支 PPP 发展基金在河南成立，这是国家发展改革委批复成立的第一支 PPP 基金，PPP 发展基金规模 1 000 亿元，旨在为河南的 PPP 项目提供低息融资，进而撬动更大规模的社会资金。此后，各地纷纷成立地方政府性 PPP 基金。但在 PPP 项目大规模落地的同时，一些问题也逐渐显现。由于地方政府融资平台失去了为地方政府融资的功能，有些地方政府将 PPP 模式看作替代融资平台的另外一种融资手段，忽视了 PPP 模式对基础设施运营效率的提升，只是简单地将原有资质较差的项目进行重新包装打造成 PPP 项目，将 PPP 模式异化为一种融资工具。为了限制这一现象，2015 年 12 月，财政部印发《PPP 物有所值评价指引（试行）》（财金〔2015〕167 号），规定采用 PPP 模式进行投融资的项目，需要在准备阶段进行物有所值定性和定量评价，其中现阶段以定性评价为主。只有通过物有所值评价的项目，才可以采用 PPP 模式。物有所值评价可以在一定程度上对项目进行筛选，实现 PPP 模式提高效率的目的。另外，在 2016 年 4 月，财政部紧急要求在 PPP 项目库中的项目必须邀请专业的咨询机构进行督导，随后在 2016 年 9 月 24 日，《政府和社会资本合作项目财政管理暂行办法》（财金〔2016〕92号）明确了政府在 PPP 项目全生命周期中的支出责任，包括股权支出、运营补贴支出、配套支出、风险分担四项，这些支出责任需要在财政预算中做出具体安排。

4. 规范发展阶段

为进一步提升 PPP 项目的质量，2017 年 11 月 10 日，财政部印发《关于规范政府和社会资本合作（PPP）综合信息平台项目库管理的通知》（财办金〔2017〕92号），该文件对劣质 PPP 项目坚决予以清退，清退项目类型包括：存在未与地方政府脱钩的融资平台参与；资本金未及时到位的项目或以债务资金充当资本金；政府回购资本金或提供兜底承诺；政府承诺固定回报；政府对社会资本债务提供违规担保项目等行为的项目。2019 年 3 月 7 日，财政部印发《关于推进政府和社会资本合作规范发展的实施意见》（财金〔2019〕10号），进一步明确了中央对地方政府财政支出进行明确和监测的决心，认为地方政府应该完善财政有关风险的预警机制，PPP 模式不可过度加重地方政府的财政支出压力。

（三）PPP 项目与物有所值评价

物有所值（value for money，VFM）概念来自于英国。20 世纪 90 年代，英国审计署认为，PPP 模式物有所值具有三个方面的含义，分别是：节约、效率和效果。"节约"指的是在相同的产出下，尽量做到成本最小化；"效率"指的是投入的资源应尽可能多地获取高回报；"效果"指的是项目是否较好地实现了事前

指定的目标，能否获取较好的公共效益。英国财政部认为，PPP
项目需要做到提供的公共产品质量合格，并且成本适当，同时能
够符合公众的要求。加拿大PPP中心认为，在有一定风险因素对
成本影响的前提下，政府传统采购方式的成本与采用PPP模式政
府支出的差值即物有所值量。澳大利亚基础设施中心认为，PPP
项目的物有所值体现在私人资本提供公共服务效率相对于政府更
高，同时由于风险转移给了私人资本，政府支出相对降低。世界
银行政府和社会资本合作基础设施咨询基金认为，PPP模式物有
所值需要满足公众的基本需求，并且项目全生命周期内成本应尽
可能降低。南非财政部PPP中心认为，物有所值为私人资本代替
政府提供公共服务，从而在价格、质量、成本、风险转移等方面
为政府降低成本。综上，国际社会对于物有所值的定义可以归纳
为：第一，需要对项目的全生命周期成本，包括建设成本和运营
成本进行评价；第二，项目成本与所提供的公共产品质量进行最
优组合；第三，政府将一部分风险转移给社会资本；第四，更加
关注公共服务的质量，达到公众认可的标准。

在2015年以前，物有所值评价并不是我国PPP项目实施的
必需环节，官方也没有给出规制性文件。直到2015年12月18
日，财政部印发《PPP物有所值评价指引（试行）》（财金
〔2015〕167号），给出了PPP项目物有所值评价的指导性意见，
并且规定采用PPP模式的项目必须通过物有所值评价。我国的物
有所值评价总体上分为两个部分，即定性评价与定量评价。根据
财政部印发的《关于征求〈政府和社会资本合作物有所值评价指
引（修订版征求意见稿）〉意见的函》（财办金〔2016〕118号）
指示，我国的PPP物有所值评价依然以定性评价为主、定量评价
为辅，评价步骤如图1-1所示。

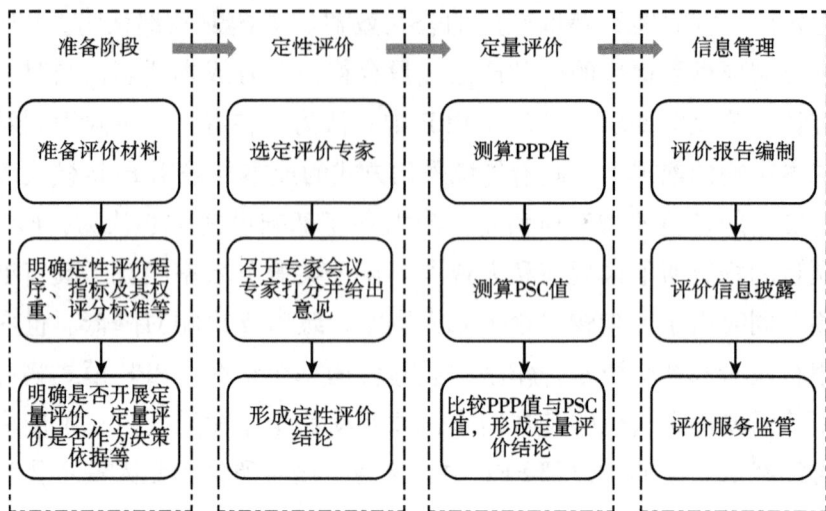

图 1-1　PPP 项目物有所值评价过程

定性评价需要设计物有所值定性评价专家打分表，打分表涉及风险分配、全寿命成本、市场竞争、绩效导向与鼓励创新等几个方面指标，召集涉及财政、资产评估、会计、金融经济、法律、区域发展规划、工程建设、项目运营管理和环境保护方面的每个领域至少一名专家，在专家会议上，专家在打分表上对项目进行逐项打分，最终得出项目总评分，并给出专家意见。初始定性评价结果不低于 80 分的，可以直接判定物有所值通过，不考虑定量评价结果；初始定性评价结果不低于 60 分且低于 80 分的，考虑物有所值评价量值是否大于 0；初始定性评价结果低于 60 分的，可直接判定不通过。

定量评价方法为 PPP-PSC 评价法（后文中有详细介绍），需要计算政府采用传统采购模式全过程成本 PSC 值与政府采用 PPP 模式全过程成本 PPP 值，将两者进行比较，若 PSC 值高于 PPP 值，则通过定量评价。

在 2015 年 12 月后，我国才开始形成对 PPP 项目进行物有所值评价的强制性规制，可以说，采用 PPP 模式，就必须通过物有所值评价。我国当前的物有所值评价以定性评价为主、定量评价为辅。定性评价较为主观，并且由于定性评价专家为地方政府邀请，专家打分受到地方政府官员影响较大，因此几乎没有项目因为未通过物有所值评价而停止采用 PPP 模式。2015 年后，我国 PPP 项目迎来了爆发式增长，财政部 PPP 综合信息平台项目库入库数量也快速增长，由 2016 年 1 月的 6 997 个快速增长到 2017 年 12 月的 14 424 个，如图 1-2 所示。

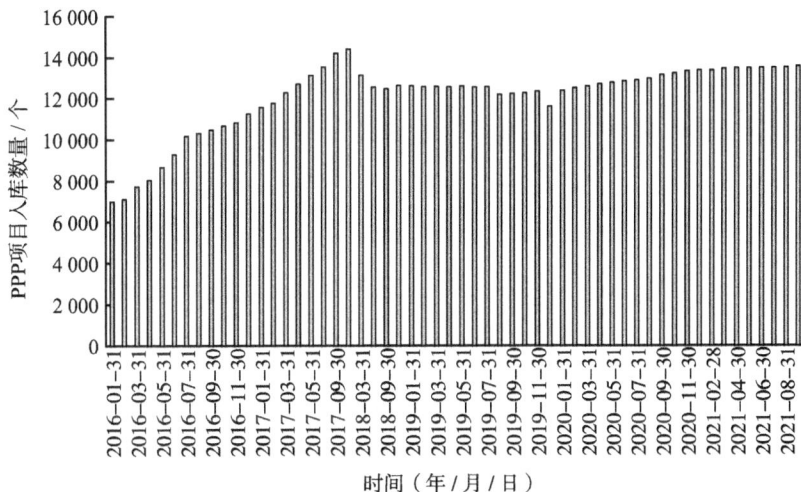

图 1-2　财政部 PPP 综合信息平台项目库入库数量

（资料来源：财政部 PPP 综合信息平台）

　　然而，伴随 PPP 项目数量的快速增长，地方政府官员在 GDP "锦标赛"的驱动下，将 PPP 项目异化为融资工具的现象也越来越严重，物有所值评价这一决定是否采用 PPP 模式的重要规制，渐渐流于形式。为了对 PPP 项目进行治理，2017 年 11 月，财政部印发《关于规范政府与社会资本合作（PPP）综合信息平台项目库管理的通知》（财办金〔2017〕92 号），国家发展改革委印发《国家发展改革委关于鼓励民间资本参与政府和社会资本合作（PPP）项目的指导意见》（发改投资〔2017〕2059 号），国资委印发《关于加强中央企业 PPP 业务风险管控的通知》（国资发财管〔2017〕192 号），对未与地方政府脱钩的融资平台参与的项目，以及未严格执行财政承受能力评价与物有所值评价的项目进行了清理退库。退库高峰集中在 2018 年，全国各地累计清退库和整改项目达 4 562 项，占 2018 年项目总量的一半以上，其中清退 2 557 个、整改 2 005 个，共涉及投资额 6 万多亿元，占总投资额的 46.2%。

（四）中国 PPP 模式对治理的需求

PPP 项目在中国的实践过程中，出现了很多具有代表性的政府与社会资本合作的案例。同时，PPP 模式也起到了促进地方投资及支持基础设施建设的作用。2011 年，国家发展改革委与北京市发展改革委对北京地铁 4 号线 PPP 项目进行了物有所值专项评价，认定京投公司与港铁在项目的建设运营过程中，对环节把控较为严格，有效补充了北京市基础设施投资。同时，在轨道交通管理、技术及提供的服务上实现了进步，项目效果较好，实现了物有所值。2015 年 7 月，重庆市完成了总额为 1 300 亿元，涉及轨道交通、铁路、桥梁等项目的 PPP 签约，且执行效果较好，有效地实现了 PPP 模式拉动地方基础设施建设投资的这一目的。

但由于相关制度的不完善，地方政府与社会资本均缺乏相关经验，导致我国出现了众多失败的 PPP 项目。我国的公共产品价格调整受到《价格法》与《政府价格决策听证办法》的制约，需要经历政府指导价格、政府定价、听证会、消费者意见、经营者意见等一系列程序。这一审批流程较为繁杂，很可能造成项目运营的价格无法根据运营成本的通货膨胀情况进行及时调价，而政府缺乏在价格调整或通货膨胀补贴方面的担保，因此极有可能造成 PPP 项目的失败。例如，在城市自来水供水行业，由于成本的持续上涨，许多城市的供水价格已经低于成本价格。2003 年，南京市驳回了自来水价格上涨方案，上海市也出台了阻止自来水价格上涨的提案，导致供水行业外资、社会资本纷纷从中国撤离，上海大场水厂和北京第十水厂的股份均遭到国外资本的抛售。天津双港垃圾焚烧 PPP 项目在建成之后，就面临市场收益不足的问题。但由于社会资本与政府签订的合同当中并没有明确约定政府对市场收益的担保，因此导致社会资本承受了相应的损失。另外，同类竞争项目也极有可能对项目收益造成严重影响。例如，杭州湾跨海大桥 PPP 项目在开工之初，地方政府就在绍兴启动规划绍兴杭州湾大桥项目，两座大桥相距仅 50 公里，给社会资本的收益带来了巨大的同类竞争压力，导致社会资本收益不足。受到同类影响的还有京通高速和福建刺桐大桥等项目[1]。出现上述失败案例的原因归根结底在于项目是否进行了合理的物有所值及财政承受能力评价。基础设施项目通常提供的是公共产品或准公共产品，这类项目的选址、定价及客流等对营收有重大影响的因素，通常不受社会资本的控制。政府与社会资本对相关风险界定不清，风险分担方式的不确定性，极有可能让社会资本蒙受较大损失，使社会资本对 PPP 模式望而却步。地方政府为吸引社会资本参与 PPP 项目的投资，通常会分担一部分项目风险，并承诺给予社会资本一定的风险补偿。然而过度的政府补贴和政府担保，又会加重地方政府财政负担，造成隐性债务风险。当前实务界在进行 PPP 项目风险评估使用的方法为情景概率法，该方法首先邀请专家对项目风险进行识别，并通过专家、政府与社会资本的协商，给出风险分配方案。其次，对于每种特定的风险，设定了有利、基本、不利、较差、最坏等情景，并通过专家打分法给每种情景发生的概率及可能造成的损失赋值，最终加权计算得出风险成本系数。具体的成本估算表样例如表 1-1 所示。

表 1-1　运营成本超支风险估算表

情景假设	风险后果	发生概率
有利	成本节约 5% 以上	5%
基本	成本节约 5% ~ 成本超支 5%	15%
不利	成本超支 5% ~ 15%	25%
较差	成本超支 15% ~ 25%	35%
最坏	成本超支 25% 以上	20%
风险成本系数		19.25%

其中风险成本系数计算公式如下：

$$风险成本概率计算系数 = \sum（某情景风险后果值 \times 某情景发生概率）$$

此情景概率评价法依靠专家的主观判断。在地方政府主导的 PPP 项目物有所值评价会议上，为了能够通过物有所值定量评估，专家往往会对风险发生的概率及可能造成的损失做较为乐观的估计。这就导致了政府的或有风险分担成本被低估，也进一步影响了地方政府财政承受能力的评价。当前学术界关于 PPP 项目风险的研究多集中于风险识别、风险分担原则及风险分担比例的研究，对 PPP 项目风险的定量研究较少。

此外，当 PPP 项目不确定性风险增加时，较高的折现率能够使 PPP 模式相对传统政府采购产生物有所值[2]。Grimsey 和 Lewis[3] 认为定量 PPP 物有所值方法存在缺陷，在定量物有所值评价中，风险、折现率及项目的可负担性等方面都存在改进的空间，他们针对评估方法的可改进之处，尝试在折现率、净现值计算等方面对 VFM 定量评估方法进行改进。袁竞峰等[4]、彭为等[5] 也认为风险折现率会导致物有所值评估的结果出现偏差。上述学者的研究表明，传统 PPP-PSC 方法较为粗糙，对不确定性缺乏较准确的计量。而利用随机过程方法，可以在 PPP 项目物有所值测算过程中，对风险、折现率等进行更好的量化与拟合。

（五）金融随机过程与资本资产定价

1973 年后，随机分析与随机过程这一数理工具被广泛应用于金融风险资产的定价，Black 和 Scholes[6] 利用几何布朗运动随机微分方程来表示股票价格，并采用无套利定价方法得到了欧式看涨期权的精确解。Vasicek[7] 认为瞬时利率的波动是均值回复过程，该研究采用带扩散过程的随机微分方程表示瞬时利率，并在此基础上得到了即期利率的表达式。Cox 等[8] 提出了 CIR 模型可表示瞬时利率的变动，其与 Vasicek[7] 的不同之处为，CIR 模型通过平方根扩散过程限制了瞬时利率严格为正。在此后，随机过程理论作为解决风险资产定价的一个重要数理工具，广泛应用于金融领域。同时，随机过程理论也广泛应用于物理学、通信科学、管理科学、经济学等领域。

目前，随机过程理论虽在经济学领域得到了广泛的应用，但由于基础设施领域的市场化程度在过去几十年里一直较低，随机过程这一工具在基础设施项目价值研究领域的应用还较少，而 PPP 项目意味着基础设施领域会有更多的社会资本参与进来，将会大幅提高该领域的市场化程度。同时，也对该领域的投融资技术工具提出了更高的要求。基于上述背景，本书寻求在物有所值框架下，应用随机过程工具，对现有的基础设施项目估值方法进行优化，进而优化物有所值定量评价方法，以此为政府在基础设施领域的投融资提供更加规范、科学的决策依据。

二、研究意义

（一）实践意义

2017 年末，中央各级管理部门认识到 PPP 项目的无序发展造成了包括"违规担保""明股实债""小股大债"等诸多问题。
为了遏制PPP项目可能造成的系统性财政风险,政府多个职能部
门先后印发了《关于进一步规范地方政府举债融资行为》《关于
规范政府和社会资本合作(PPP)综合信息平台项目库管理的通
知》《关于加强中央企业PPP风险管控的通知》等一系列政策性
文件。这些文件的印发,一方面表明了中央严控地方政府债务风
险的决心,另一方面也告诫地方政府要科学、合理地进行PPP模
式的开展。PPP决策是PPP模式风险防控工作的关键,而物有所
值定量评价则是PPP决策的核心机制设计,也是政府财政承受能
力评价的重要参考依据。2021年,各地方政府实现开工建设PPP
项目534个,总投资额达到了10 429亿元,同比增加209亿元、
增长2.0%,投资转化为实物工作量保持增势。在全口径投资拉
动GDP效应减弱背景下,PPP项目促投资、稳增长效果明显。由
此可见,虽然经历了从繁荣到规制的发展历程,PPP模式依然是
我国基础设施领域重要的投融资模式与工具。对PPP模式物有所
值评价进行更加科学且精细化的改进,将会使这一投融资模式对
经济发展的促进作用得到进一步提升。PPP项目的风险定量、风
险分担与估值模型是物有所值定量评价方法的主要改进方向。本
书通过随机过程数理模型对物有所值定量评价方法进行改进,将
有利于提升政府PPP决策的有效性及科学性。

(二) 理论意义

学界现有的相关物有所值定量评价优化、PPP项目风险定量
及PPP项目风险分担的研究,较为孤立,无法形成一个统一的体
系。本书通过对PPP项目风险进行量化,将物有所值定量评价方
法与金融随机过程理论进行有机的结合,提出了基于随机过程的
PPP值优化框架,并在此框架下,详细阐述了有关风险定量及风
险分担的计算方法、风险分担条件下PPP项目特许运营期限的形

成及估值方法的改进，使得整个框架具备可操作性、科学性及延展性，为 PPP 模式物有所值理论做出了贡献。

第二节　相关理论与文献综述

一、PPP 模式与物有所值定量评价

（一）PPP 模式和传统政府采购的比较

PPP 模式在基础设施建设与公共产品提供领域引入了市场竞争机制，相比于政府传统的采购模式，PPP 模式能够实现市场在资源配置中的主导作用，让在专业领域更具管理能力及专业技能的社会资本，更加高效地提供公共服务，并且能够节约财政资金[9]。

传统基础设施项目政府采购采用建设与运营分离的模式，项目建设承包商为了节约成本，通常按照约定的最低质量标准完成建设任务，而运营商分担了全部由工程质量造成的运营成本增加风险。PPP 模式采用建设和运营统包的方式，将项目的前期建设质量与后期运营维护成本进行"捆绑"，激励了社会资本以更高质量完成项目的建设，进而降低后续的运营维护成本，提供更好的公共产品与服务[10]。周正祥等[11] 认为，在地方债务问题形势严峻的情况下，PPP 模式充分填补了基础设施建设的资金缺口，但是要使社会资本充分发挥效率优势，则需要我国在 PPP 模式相关法律法规、定价机制及风险分担等方面进一步进行完善。特别的，政府与社会资本围绕 PPP 项目的合理风险分担机制是地方政府治理体系改革的一个重要的落脚点，应当充分认识到风险分担在物有所值评价中的重要性[12]。PPP 项目存在需求风险、政策风

险、环境风险等多种风险，风险的发生会对 PPP 项目收益产生较大的影响，而风险成本需要政府与社会资本共同分担，PPP 合同再谈判的一项重要原因，就是协商如何分配风险成本。忽略风险对 PPP 项目造成的影响，则无法正确对 PPP 项目定价，进而无法评估 PPP 项目的物有所值量[13]。

（二）物有所值定量评价（PPP-PSC）存在问题与优化

1. 物有所值关注重点

Grimsey 和 Lewis[3] 通过多国案例的比较研究认为，物有所值评价关注的重点为：风险转移、全生命周期成本、产品规范、绩效激励措施及社会资本管理能力。Cheung 等[14] 通过问卷调查的方式对中国香港、澳大利亚和英国的 PPP 项目参与者进行了调研，调研对象涉及社会资本方、公共部门及利益相关方。研究发现，香港 PPP 项目关注的重点因素排名前五位的分别为风险分担、产品规范、市场化竞争、社会资本管理能力、社会资本创新技术，并且对于所有国家和地区，风险分担和产品规范都是靠前的两个因素。Infrastructure Australia[15] 认为物有所值关注的重点是社会资本提供的服务与风险的转移能够对政府支出产生影响。PPP Canada[16] 认为经过风险转移后，采用 PPP 模式进行基础设施建设和运营的全生命周期净现值与采用传统模式政府采购模式的净现值的差额是物有所值关注的重点。由以上研究可知，全世界范围内物有所值评价关注的重点：政府与社会资本间的风险分担；社会资本能否具有足够的管理能力，以及提供规范的产品；PPP 模式能否降低政府的全生命周期成本。

2. 物有所值定量评价的方法

物有所值定量评价是在政府采用传统采购方式和采用 PPP 模式产出产品质量相同的假设前提下，比较不同采购方式总收益与总成本的差异。基于产品质量相同假设，只需比较政府对不同采购方式支出成本的净现值即可，成本净现值低的模式，产生物有所值[4]。FHA[17] 基于产品相同假设，提出了美国物有所值定量评价体系，该体系首先制定评价的前提假设，并进行风险量化和风险分担计算，在此基础上计算 PSC 值与 PPP 值，最后将 PSC 值与 PPP 值进行比较，计算物有所值量。PPP Canada[16] 制定的物有所值定量评价分为六个步骤：评价方法确定、融资假定、现金流假定、风险分析与量化、成本估算、物有所值实现量计算。由以上研究可知，各国物有所值定量评价框架虽然在内容上存在微小差别，但是本质具有一致性，均较为注重风险的定量及分担。

3. 物有所值定量评价的问题

（1）风险转移量是 PPP 模式物有所值定量评价的一个重要组成部分。风险转移量的计算涉及风险成本定量分析及风险分担，而目前的风险成本计量与风险分担比例计算较为主观，难以实现客观、科学的风险成本计量与风险分担[18]。项目风险成本的不合理计量与分担，将会低估 PPP 模式相对于政府传统模式的物有所值实现量[19][20]。

（2）折现率是净现值计算的重要参数，微小调整也将影响物有所值实现量。当前物有所值定量评价折现率选择较为粗糙，缺乏客观性[21]。

（3）世界主要国家所推行的物有所值定量评价均需在政府传统采购模式与 PPP 模式所提供的公共产品服务质量相同的假设基础上，进行定量计算。而该假设是否稳健存在广泛质疑，改变假设条件，将产生物有所值，这也是 PPP-PSC 评价受到质疑的因素之一[22]。

4. 物有所值定量评价的优化

纪鑫华[23] 认为实现 PPP 项目物有所值的关键在于项目风险

的合理分配，在项目前期可研、政府与社会资本谈判磋商及项目合同签署阶段均应该对 PPP 项目的风险分配进行优化。甄德云[24] 将实物期权引入物有所值定量评价体系，认为在计算 PPP 值的过程中，应考虑 PPP 项目所具有的实物期权价值，对物有所值定量评价体系作出了改进。江春霞[25] 在其论文中重新优化了物有所值定性评价指标体系，并在对定量评价的研究中，采用情景分析法量化了特定的风险成本，认为在 PPP 项目的前期决策过程中，应采取多次的物有所值定量评价。郝德强[26] 将 PPP 项目风险分为现金净流量风险与资本成本率风险，通过风险调整系数分别对净现值计算公式所涉及的现金流量与折现率进行了调整，改进了 PPP-PSC 评价方法。秦嘉斌[27] 从明确技术参数、完善风险处理方法、优化折现率选择及加强数据收集等几个方面，对物有所值定量评价提出了改进建议。赵晔[28] 认为国际上主流的物有所值定量评价方法分为公式法与计算机仿真法两种，我国目前使用公式法进行物有所值定量评价，而在未来，将会逐渐采用更高级的仿真法进行定量评价。刘磊[29] 认为企业在 PPP 项目投资决策的过程中具有柔性选择的特征，而这种柔性选择的权利具备期权属性，在物有所值定量评价的过程中，应当把这种期权的价值计算在内。徐文和孟枫平[30] 采用灰色关联度法，对物有所值定量评价的风险量化部分进行了改进，虽然灰色关联度法依然需要通过专家对风险成本进行判断，但专家分歧度指数可以在一定程度对主观性进行限制。张英婕和王洪强[31] 在其改进的物有所值评价体系中，引入了社会效益指标。

二、PPP 项目风险识别与风险分担

（一）PPP 项目风险识别

Lam 和 Chow[32] 认为基础设施涉及不同的行业，而每个行业

风险的表现形式不同，不同行业所面对的风险需要具体分，并通过对电力和交通项目的研究，总结出两个行业的风险要素，提出相应的应对方法。Ye 和 Tiong[33] 通过对中国两个电厂 PPP 项目的研究，提炼出电厂类 PPP 项目所面临的风险，对中国电力行业的 PPP 模式实施提供了宝贵的建议。Grimsey 和 Lewis[34] 在其研究中认为，PPP 项目主要集中于基础设施建设领域，其风险可以分为金融风险、环境风险、技术风险、政治风险、建设风险、运营风险、财务收益风险、违约风险、不可抗力等九大类。随后，对 PPP 项目案例的研究成为了 PPP 项目风险因素识别研究的主流。Xenidis 和 Angelides[35] 通过案例分析和文献研究结合的方法，从风险发生的项目进行阶段的角度出发，对 PPP 项目面临的风险进行总结。其在研究中归纳出 27 项风险因素，也给出了 PPP 项目面对具体法律风险的案例，丰富了相关研究。Li[36] 通过对英国 PPP 项目案例的研究，总结出共 47 项风险因素，并将所有风险因素分为宏观、中观、微观三个层面。Thomas 等[37] 按照项目全生命周期的阶段，将印度 BOT 公路项目风险分为项目初始阶段、建造阶段、运营阶段等阶段性风险。王守清等[38] 通过对 PPP 项目案例进行总结，认为 PPP 项目存在 50 项风险因素，并将风险归类为政治、法律、市场、财务、建造、经营等几大类风险。Hastak 和 Shake[39] 以及 Ke 等[40] 以国际工程项目为研究样本，总结出 73 项风险因素，并使用 AHP 层次分析法将 73 项风险因素进一步总结为三个风险层面，分别为国家、市场、项目三个层面。Shen 等[41] 通过对香港 PPP 项目的案例进行总结分析，从风险发生责任主体角度出发，认为 PPP 项目存在项目运营风险、项目内部风险及项目外部风险三种风险。

乌云娜等[42] 认为风险的识别，是制定有效的政府与社会资本间风险分担方案的保证，并将 PPP 项目面临的风险分为 10 大类，进而利用基于 ISM-HHM 方法对 PPP 项目风险的主系统和子系统进行判别。张亚静等[43] 从效用、信度角度对 PPP 项目案例进行了分析，总结归纳出 12 大风险指标，利用因子分析法，提炼出 4 大类风险，并给出了应对不用类别风险的方案。Song 等[44] 通过对 40 个 PPP 项目案例进行研究，认为 PPP 项目所面临的最重要风险分为 9 类，分别为：政策风险、合规风险、法律风险、环境风险、技术风险、文化风险、信用风险、财务风险及市场需求风险。夏塑杰等[45] 通过 PPP 模式相关案例的研究，总结了 PPP 项目社会风险涌现的三大主要影响因素为风险因素、风险注意和场域，并给出了应对社会风险对策建议。黄志雄和袁峰华[46] 通过对福建、青岛、新疆和内蒙古等地区的 PPP 示范项目的物有所值评价及风险分担情况的研究，认为经济下行时期，地方政府财政增长较过去出现下滑，地方政府对财政承受能力的乐观估计可能带来风险。

（二）PPP 项目风险分担

1. PPP 项目风险分担原则

PPP 项目风险分担应符合以下三项基本原则：第一，每一项风险应由对该风险掌控能力最强、应对成本最小的一方分担。Abednego 和 Ogunlana[47] 认为，政府与社会资本在进行风险分担的过程中，需要依据自身的比较优势，由某项风险应对能力最强的一方来控制风险，同时获取相应的收益，可以提升整个项目的收益风险比，进而提升项目的总体收益，如果不按照比较优势进行风险分担则容易造成 PPP 项目的失败[48]；第二，对超出政府与社会资本双方掌控之外的风险，应由双方分担，并应综合考虑双方的收益，做到风险收益对等；第三，对超出政府与社会资本某一方承受能力的风险，或风险造成的损害远超预测范围，应为某一方分担的风险成本设置上限[49]。另外，风险分担机制应促进某一项具体风险的分担方能够积极地做好风险的防范应对措施，并设置动态调整机制，使得项目进行一段时间后，政府与社会资本之间能够根据项目的具体情况调整风险分担比例[50]。

　　政府和社会资本达成合作并各司其职的一个基本前提是 PPP 项目的风险能够在双方进行合理的分配，即特许经营合同的定价能够符合政府与社会资本双方的利益，合同中的风险分担机制也能使得风险与收益相匹配。罗春晖[51] 认为，风险分担不只应该考虑各方资源禀赋的差异及收益与分担的风险对等，并且风险分担还应与各方在项目中的参与度相协调。但是政府与社会资本双方的风险承受能力存在本质的差异，并且政府往往在基础设施建设项目中处于强势地位；而社会资本是逐利的，在面对未来不确定风险时通常较为谨慎。所以对于需要分担的风险，社会资本往往会要求更多的权利（特许经营项目价格调整或政府承诺其更高比例的运营担保），这也会使得政府方的物有所值降低。Oudot[52] 认为，PPP 项目的经营成本中，交替成本和风险分担成本均会受到风险分担的影响。风险分担对运营成本的影响体现在，某项风险的主要分担者会在项目运营过程中采取行动来控制风险发生的可能并做好风险应对措施，降低风险对运营过程造成的损失。风险分担对风险分担成本的影响指的是，在项目中，分担某项风险的一方，当风险发生时，需要分担相应的损失，即造成项目总成本的增加。

　　刘新平和王守清[49] 认为，政府向社会资本进行合理的风险转移将会降低项目的总成本，增加项目的效率。但是，风险转移量需要政府与社会资本双方都能够接受，风险转移量过低或者超过社会资本方的承受能力都会降低项目的总体效率。Hwang 等[53] 通过对新加坡 PPP 项目案例的总结，也认为 PPP 项目合同双方能够有效对风险进行应对的前提是 PPP 项目风险能够合理分配。Chan 等[54] 认为，某些风险如通货膨胀、制度风险和特许价格变化等因素对 PPP 项目收益影响巨大，合理且具体的风险分担机制尤为重要，风险分担的过程中要考虑不同主体的特质和偏好。而也有一些学者提出，风险分担不存在严格的标准，参与项目的各方应立足项目的实际情况，充分综合考虑各方的风险控制能力和对风险的态度，从而进行风险分担。其他研究如陶思平[55]通过北京城市轨道交通 PPP 项目案例，如地铁 4 号线、14 号线和 16 号线，对 PPP 项目合理风险分担和实际风险分担进行了比较。邓雄[56]从风险分担与收益对等视角对英国海底隧道 PPP 项目和英国收费公路 PPP 项目的风险分担进行了研究。

2. PPP 项目风险分担方式

风险分担原则虽然有明确表述，但在实际执行层面却存在诸多障碍。例如风险分担原则第一条"每一项风险应由对该风险掌控能力最强、应对成本最小的一方分担"，如何评价对风险掌控能力最强的一方？面对共担风险时如何确定政府与社会资本双方的风险分担比例？又如何对某一方分担能力进行衡量，进而确定某一方风险分担的上限？PPP 项目实践过程中遇到的困难使学者们逐渐将目光投向了 PPP 项目风险分担方法的研究。Ahwireng-Obeng 和 Mokgohlwa[57]选取了包括政府官员、PPP 项目公司、PPP 项目贷款机构、PPP 项目咨询顾问等在内的 36 名专家，调查了现实中的 PPP 项目的风险分配情况，并结合理论文献研究，提出了 PPP 项目风险分担方式。Milner[58]的研究认为，应当在 PPP 项目合同中，对政府和私营资本的管理边界进行明确划分，确定各方在 PPP 项目享有的权利及分担的义务，以划分各方须要应对的风险。另外，政府可以通过对项目的补贴政策，来分担一部分风险。Hurst 和 Reeves[59]认为在 PPP 项目中，政府与私营资本之间存在委托代理关系，可以使用委托代理理论中的博弈模型来对 PPP 项目风险分配进行分析。Li[36]通过对英国 PPP 项目的整体实施方案进行考察，梳理了英国 PPP 项目的采购过程，并结合该采购过程建立了一套风险分担方案。在该方案中，政府首先对 PPP 项目可能遇到的风险因素进行罗列，并评估各项风险发生的概率和可能造成的损失。政府会对风险在政府与私营资本之间进行初次分配，然后将初步风险分配方案向私营资本进行报价，私营资本接收到初步风险分配方案后，结合自身的能力和要求收益率，与政府围绕风险分配方案进行谈判，并形成最终的风险分配方案，在合同中列示。孙淑云等[60] 认为，BOT 模式建设项目存在多个利益主体，即政府、私营资本和消费者，应从多方博弈的角度，对风险的分担进行研究，以达到各方风险收益最佳状态。Shen 等[41] 认为，政府部门应当分担审批风险、政策法规变更风险等，私营资本应当分担运营风险、设计建造风险等，而不可抗力风险和利率变动、通货膨胀、汇率风险等宏观风险应当由政府与私营资本共同分担。

柯永建和王守清[61] 认为，基于比较优势，在基础设施 PPP 项目中，政府应当分担政策风险、审批风险、法规变更风险及土地获取风险，而私人部门应当分担项目的建设风险、运营维护风险、融资风险等。陈玲[62] 认为，虽然在风险分配原则上，应当按照比较优势由风险掌控力更强的一方来掌控对应风险，但是在实际的风险分配过程中，由于政府和私营资本往往在权力结构中处于不对等的位置，风险往往是分配给了在权力结构中处于弱势地位的私营资本。黄恒振和周国华[63] 对 PPP 项目风险再分担问题进行了研究，采用"讨价还价"模型对 PPP 项目风险在分担过程中政府与社会资本的博弈过程进行模拟，并提出改进风险在分担谈判的建议。张红平和叶苏东[64] 通过对文献进行梳理，总结出 PPP 项目全过程风险因素，并利用结构方程模型对 PPP 项目全过程风险与 PPP 项目提前终止之间的因果关系进行了研究。王蕾等[65] 利用合作博弈理论建立 PPP 项目政府与社会资本的风险分担模型，并利用网络层次分析法研究了合作模式、风险性质、风险管理、项目属性和损失承受五类因素对风险分担比例的影响，随后以污水处理厂 PPP 项目为案例，利用建立的模型求得最优风险分担比例。王军武和余旭鹏[66] 认为，利用博弈论对 PPP 项目进行风险分担时并未考虑风险之间的关联性，并将风险关联这一视角引入城市轨道交通 PPP 项目的风险分担博弈中。其研究表明，风险控制成本、风险分担系数及项目收益等 9 个因素会对政府与社会资本间的博弈策略产生影响，并且演化博弈的结果会受到关联风险的影响。李妍和薛俭[67] 认为 PPP 模式中存在政府、项目公司和银行三方利益集团，政府属于强势一方，项目公司与银行为"弱势同盟"，PPP 项目风险在政府与"弱势同盟"之间、同盟内部之间进行再分配。其在研究中用一个"讨价还价"博弈模型模拟 PPP 项目风险分配过程，得到使各利益相关方均衡的风险分配方案。陈海涛等[68] 通过对参与 PPP 项目的社会资本的 214 份问卷调查，构建了结构方程模型并对 PPP 项目风险分担对社会资本行为的影响进行了研究。研究表明，合理的风险再分担会对社会资本的行为产生正向影响。

（三）PPP 项目风险量化与分担

在具体的物有所值评价研究中应用风险分配模型的研究并不多，袁竞峰等[4] 认为存在两种方式计算 PPP 项目的风险成本：第一种是识别风险种类并建立风险清单，通过专家打分，得到风险分担矩阵，结合风险可能造成的损失，计算自留风险与转移风险；第二种是直接采用同类别经典案例，采用比例法，计算项目的自留风险与转移风险。常雅楠和王松江[69] 通过专家对风险列表中的风险目标进行两两比较，构造模糊矩阵结合三角模糊数，计算得到三级风险指标的权重；另外，邀请专家对风险可能发生的概率进行估计，给出某项风险发生的概率区间，极值统计得到 N 个风险的发生概率，得到总的风险成本，而共担风险通过谈判决定。徐文和孟枫平[30] 将 PPP 项目风险分为三个层次，邀请专家对每种风险的损失权重进行打分，并利用灰色关联度法，求得各项风险的损失权重；另外，再次邀请专家对风险发生的概率进行判断，并利用极值统计法求得各项风险发生的概率，最终通过项目总成本与各项风险权重及各项风险发生的概率进行乘积加总，计算得到总的项目风险成本。李妍[70] 认为 PPP 是我国新型城镇化过程中的一种新型公共服务供给机制，然而 PPP 项目实施过程中风险因素众多且伴随众多不确定性，政府和社会资本一直在探索风险的有效分担机制。借鉴不完全信息条件下的讨价还价博弈模型，根据政府和社会资本出价顺序不同，分别构建了政府先出价和社会资本先出价的风险分担模型，得出子博弈精炼纳什均衡状态下的风险分担比例，并以上海莘庄 CCHP 项目为案例进行实证研究，给出基于实证研究的具体风险分担比例。

三、金融随机过程相关理论与基本模型

（一）期权定价理论与基本模型

PPP 模式不确定性现金流及政府担保价值模型的推导需要用到期权定价理论中的几何布朗运动随机微分方程模型，并需要在此基础上做出一些拓展。因此，本小节对期权定价理论中涉及的基础模型进行总结。

Black 和 Scholes[6] 通过对期权的风险敞口建立对冲资产组合，最早建立了期权定价理论。欧式看涨期权存在以下几点要素：期权到期日（expiration date），即期权凭证到期的时间点；敲定价格（strike price），即期权凭证持有者在期权到期日可以购买对应标的的价格；标的资产（underlying asset），即期权凭证对应的资产。期权购买者从期权出售者手中购买一份欧式看涨期权，如果期权的标的资产价格在期权到期日之前上涨超过了敲

定价格，则意味着期权出售者面临亏损的可能。欧式期权出售者为了降低其面临的亏损风险，将会买入一定数量的标的资产来对期权进行对冲。一份标的资产和一份期权组成的对冲策略，可以使标的资产和期权互相弥补可能存在的损失，并且，合适的标的资产与期权的比例可以形成一个无风险的投资组合，彻底消除标的资产价格波动的风险。在一个有效市场中，无风险套利机会均被消除，无风险投资组合只能获得市场上的无风险国债收益率。

根据 Black 和 Scholes[6] 的研究，首先利用无风险对冲理论来推导欧式看涨期权价格满足的偏微分方程。假设金融市场满足以下假设：

第一，交易在时间上可以连续发生；

第二，无风险利率 r 为已知常数，能够接入或贷出资金；

第三，资产在有效期内不支付红利；

第四，没买资产或期权时，无交易费用和税金；

第五，资产是高度可分的；

第六，允许卖空资产；

第七，不存在无风险套利机会；

第八，只能在到期日执行期权。

假设资产价格 $S(t)$ 服从几何布朗运动的随机过程：

$$\mathrm{d}S(t) = \alpha S(t)\mathrm{d}t + \sigma S(t)\mathrm{d}W(t) \qquad (1-1)$$

其中，α 是资产的期望收益率，σ 是漂移率，α 和 σ 均为常数，$W(t)$ 是一个标准的布朗过程。设在每个时刻 t，投资者组合资产的价值为 $X(t)$，这一投资组合投资于支付常数利率 r 的货币市场账户及股票账户。

假设在时刻 t 投资者持有的股票份额为 $\Delta(t)$，资产组合中余下部分 $X(t) - \Delta(t)S(t)$ 投资于货币市场账户。投资者在时刻 t 资

产组合价值的微分 $dX(t)$ 相关于股票头寸的资本增值 $\Delta(t)dS(t)$，以及现金头寸的利息收入 $r(X(t)-\Delta(t)S(t))dt$。换言之，有式 (1-2)：

$$dX(t)$$
$$=\Delta(t)dS(t)+r(X(t)-\Delta(t)S(t))dt$$
$$=rX(t)dt+\Delta(t)(\alpha-r)S(t)dt+\Delta(t)\sigma S(t)dW(t)$$
$$(1-2)$$

考虑贴现股价 $e^{-rt}S(t)$ 及贴现资产组合 $e^{-rt}X(t)$，根据伊藤-德布林公式 [其中 $f(t,x)=e^{-rt}x$]，贴现股价的微分为式 (1-3)：

$$d(e^{-rt}S(t))$$
$$=df(t,S(t))$$
$$=f_t(t,S(t))dt+f_x(t,S(t))dS(t)+\frac{1}{2}f_{xx}(t,S(t))dS(t)dS(t)$$
$$=(\alpha-r)e^{-rt}S(t)dt+\sigma e^{-rt}S(t)dW(t)\qquad(1-3)$$

贴现资产组合价值的微分为式 (1-4)：

$$d(e^{-rt}X(t))$$
$$=df(t,X(t))$$
$$=f_t(t,X(t))dt+f_x(t,X(t))dX(t)+\frac{1}{2}f_{xx}(t,X(t))dX(t)dX(t)$$
$$=-re^{-rt}X(t)dt+e^{-rt}dX(t)$$
$$=\Delta(t)(\alpha-r)e^{-rt}S(t)dt+\Delta(t)\sigma e^{-rt}S(t)dW(t)$$
$$=\Delta(t)d(e^{-rt}S(t))\qquad(1-4)$$

股价的贴现使得平均回报率从 α 减少到 $\alpha-r$。资产组合价值的贴现去除了保底回报率 r，贴现资产的组合价值的改变完全由贴现股价的改变引起。

考虑在时刻 t 支付为 $S(t)-K$ 的欧式看涨期权，敲定价格 K 为非负常数。看涨期权的价值在任何时刻都依赖 t 和该时刻的股价，令 t 时刻的股价 $S(t) = x$，用 $c(t,x)$ 表示看涨期权在时刻 t 的价值。计算 $c(t,S(t))$ 的微分，根据伊藤－德布林公式，得到式（1-5）：

$$dc(t,S(t))$$

$$= c_t(t,S(t))dt + c_x(t,S(t))dS(t) + \frac{1}{2}c_{xx}(t,S(t))dS(t)dS(t)$$

$$= \left[c_t(t,S(t)) + \alpha S(t)c_x(t,S(t)) + \frac{1}{2}\sigma^2 S^2(t)c_{xx}(t,S(t)) \right] dt +$$

$$\sigma S(t)c_x(t,S(t))dW(t) \qquad (1-5)$$

然后计算贴现期权微分，得到式（1-6）：

$$d\left[e^{-rt}c(t,S(t)) \right] = df\left[t,c(t,S(t)) \right]$$

$$= e^{-rt}\left[-rc(t,S(t)) + c_t(t,S(t)) + \alpha S(t)c_x(t,S(t)) + \right.$$

$$\left. \frac{1}{2}\sigma^2 S^2(t)c_{xx}(t,S(t)) \right]dt + e^{-rt}\sigma S(t)c_x(t,S(t))dW(t)$$

$$(1-6)$$

期权空头对冲组合以初始资本 $X(0)$ 投资于股票和货币市场账户，这样在每个时刻 $t \in [0,T]$，资产组合价值 $X(t)$ 与 $c(t,S(t))$ 相同。这等价于对所有 t，$e^{-rt}X(t) = e^{-rt}c(t,S(t))$，则有式（1-7）：

$$d(e^{-rt}X(t)) = d\left[e^{-rt}c(t,S(t)) \right], \forall t \in [0,T] \qquad (1-7)$$

由前文的推导，式（1-7）成立需要 $\Delta(t) = c_x(t,S(t))$，$\forall t \in [0,T]$，从而消除等式中的 $dW(t)$ 项。使 dt 项相等，得到式（1-8）：

$$rc(t,S(t))$$

$$= c_t(t,S(t)) + rS(t)c_x(t,S(t)) + \frac{1}{2}\sigma^2 S^2(t)c_{xx}(t,S(t)),$$

$$\forall t \in [0,T] \tag{1-8}$$

名为 Black-Scholes-Merton 偏微分方程，并有终值条件：$c(t,S(t)) = (x-K)^+$。这意味着期权空头被成功对冲，风险资产的预期收益率均为无风险利率 r。金融衍生产品的当前价格可以表示成到期收益以无风险利率 r 进行贴现的期望值。

利用风险中性定价方法，欧式看涨期权的价格可以表示为式 (1-9)：

$$c(t,S(t))$$

$$= e^{-r(T-t)}\widehat{E}[\max(S(t) - K,0)]$$

$$= e^{-r(T-t)}\int_0^\infty \max(S(t) - K,0)\varphi(S(t),T,S(t),t)\mathrm{d}S(t)$$

$$\tag{1-9}$$

其中，$\widehat{E}$ 表示风险中性测度下的期望值，$\varphi(S(t), T, S(t), t)$ 表示在风险中性测度下 T 时刻到期资产价格 $S(t)$ 的转移密度函数。在风险中性测度下，资产价格 $S(t)$ 服从漂移率为 r、方差为 σ^2 的几何布朗运动，则有式 (1-10)：

$$S(t) = S(t)e^{\sigma(\widetilde{W}(T) - \widetilde{W}(t)) + (r-\frac{1}{2}\sigma^2)\tau} = S(t)e^{-\sigma\sqrt{\tau}Y + (r-\frac{1}{2}\sigma^2)\tau} \tag{1-10}$$

其中，Y 是标准正太随机变量：

$$Y = -\frac{\widetilde{W}(T) - \widetilde{W}(t)}{\sqrt{T - t}}$$

其中，$\tau = T - t$ 是离到期日尚余时间。因此，期权价格为式 (1-11)：

$$c(t,x)$$

$$= \mathrm{e}^{-r(T-t)} \widehat{E}[\max(S(t) - K,0)]$$

$$= \mathrm{e}^{-r(\tau)} \widehat{E}[\max(x\mathrm{e}^{-\sigma\sqrt{\tau}Y+(r-\frac{1}{2}\sigma^2)\tau} - K,0)]$$

$$= \mathrm{e}^{-r(\tau)} \frac{1}{\sqrt{2\pi}} \int_{-\infty}^{\infty} \mathrm{e}^{-\frac{1}{2}Y^2} \max(x\mathrm{e}^{-\sigma\sqrt{\tau}Y+(r-\frac{1}{2}\sigma^2)\tau} - K,0)\mathrm{d}Y \quad (1-11)$$

被积函数 $(x\mathrm{e}^{-\sigma\sqrt{\tau}Y+(r-\frac{1}{2}\sigma^2)\tau} - K)$ 取正值当且仅当：

$$Y < \mathrm{d}_-(\tau,x) = \frac{1}{\sigma\sqrt{\tau}}\left[\ln\frac{x}{K} + \left(r - \frac{1}{2}\sigma^2\right)\tau\right]$$

因此，有式 (1-12)：

$$c(t,x)$$

$$= \frac{1}{\sqrt{2\pi}} \int_{-\infty}^{\mathrm{d}_-(\tau,x)} \mathrm{e}^{-r(\tau)} \mathrm{e}^{-\frac{1}{2}Y^2} (x\mathrm{e}^{-\sigma\sqrt{\tau}Y+(r-\frac{1}{2}\sigma^2)\tau} - K)\mathrm{d}Y$$

$$= \frac{1}{\sqrt{2\pi}} \int_{-\infty}^{\mathrm{d}_-(\tau,x)} (x\mathrm{e}^{-\frac{Y^2}{2}-\sigma\sqrt{\tau}Y-\frac{\sigma^2\tau}{2}}) \mathrm{d}Y - \frac{1}{\sqrt{2\pi}} \int_{-\infty}^{\mathrm{d}_-(\tau,x)} \mathrm{e}^{-r(\tau)} K\mathrm{e}^{-\frac{1}{2}Y^2}\mathrm{d}Y$$

$$= \frac{1}{\sqrt{2\pi}} \int_{-\infty}^{\mathrm{d}_-(\tau,x)} (x\mathrm{e}^{-\frac{1}{2}(Y+\sigma\sqrt{\tau})^2}) \mathrm{d}Y - \mathrm{e}^{-r(\tau)} KN\mathrm{d}_-(\tau,x)$$

$$= \frac{x}{\sqrt{2\pi}} \int_{-\infty}^{\mathrm{d}_-(\tau,x)+\sigma\sqrt{\tau}} \mathrm{e}^{-\frac{1}{2}z^2}\mathrm{d}z - \mathrm{e}^{-r(\tau)} KN\mathrm{d}_-(\tau,x)$$

$$= xN\mathrm{d}_+(\tau,x) - \mathrm{e}^{-r(\tau)} KN\mathrm{d}_-(\tau,x) \quad\quad (1-12)$$

其中，$\mathrm{d}_+(\tau,x) = \mathrm{d}_-(\tau,x) + \sigma\sqrt{\tau}$。

Black-Scholes 模型中的假设较为严格，随后学者们通过放宽期权定价模型中的假设，对期权定价理论进行了拓展。Leland[71]、Whalley 和 Wilmott[72] 认为资产买卖涉及交易费用，并且资产价值与交易费用存在相关关系，从而将交易费用引入期权定价模型。Merton[73] 认为资产价格并不严格遵循几何布朗运动，资产价格受到冲击性事件的影响会呈现跳跃的特征，为了刻画资产价格的跳跃，将泊松分布引入模型，建立跳扩散下的期权定价模型。Neuberger[74] 则将跳扩散过程与交易费用同时引入期权定价模型，并证明了期权价格的边界条件。Derman 和 Kani[75] 认为资产价格的波动率是资产价格及时间的函数，并将波动率函数引入期权定价模型，但是由于波动率很难建立随机模型，所以只能采用数值计算方法得到了期权价格的数值解。Heston[76] 认为资产价格的波动率具有均值回归过程，从而建立了带有随机波动率的期权定价模型，并采用傅里叶变换与风险中性原理得到了欧式看涨期权价格。以上学者为期权定价的理论模型奠定了基础，后续学者在动态跳跃到达率、动态波动率及跳跃的非对称回馈效应等方面对期权定价基本模型进行了拓展[77]~[83]。

除了资本市场关于金融衍生品的定价研究外，期权定价理论也被应用于实物资产的定价研究。Myers[84] 首先提出实物期权的概念，并利用期权定价公式计算了非金融资产的试用期权和未来出售期权的价值，实现了利用金融期货定价原理来对非金融资产进行价值评估。Amram 和 Kulatilaka[85] 认为投资者在投资过程中拥有的缩减或扩大投资、提前或延迟投资的权利具备期权价值。金融期权给予投资者以较小的金额锁定标的金融资产未来购买或卖出的权利。实物期权对应金融期权，则是投资者在不确定环境下，以有限的投资额锁定标的资产未来扩大投资的权利。

另外，也有不少学者在 PPP 模式定价及决策的研究中引入了实物期权理论。朱秀丽和邱菀华[86] 认为 PPP 模式投资评价体系存在缺陷，而投资评价体系直接关系 PPP 项目的成败，于是在传统 PPP 项目投资评价体系中引入期权定价模型，为基础设施项目投资价值评估提供了新视角。刘继才和宋金龙[13] 认为市场环境

的变化、运营环境的不确定性及政策环境的变化都可能会影响
PPP 项目的收益，而传统的现金流折现法无法对项目面临的不确
定性定价，需要通过实物期权方法来对这种不确定性进行识别、
发现及定价。其在研究中提出了模糊实物期权的整体框架。秦敏
和秦中伏[87] 计算了政府最低担保期权价值，并改进了传统净现
值评价方法。Martins 等[88] 采用蒙特卡罗模拟方法计算了一个机
场项目存在的期权价值，并将其引入 PPP-PSC 评价方法。司
彤[20] 在 PPP 项目的物有所值评价中引入了实物期权理论，将物
有所值评价与项目价值评价相融合，提出了基于实物期权理论的
物有所值评价框架。

（二）利率期限结构理论与基本模型

在 PPP 模式物有所值评价的框架下，对每年政府可行性缺口
补贴现值的计算需要考虑到通货膨胀率及利率等影响因素，所以
本小节将对利率期限结构相关理论进行总结。

债券的到期期限和收益率之间的函数关系称为债券的期限结
构。即期利率是零息债券的到期收益率。即期利率与期限之间的
函数关系是利率期限结构最直接的展现方式，也称为利率曲线。
由于即期利率无法直接观测，通常采用将有息债券息票剥离的方
法，获取相应期限的即期利率。即期利率随时间变化的可能性分
为三种情形：第一种为随着期限增加，即期利率水平上升；第二
种为随着期限增加，即期利率水平下降；第三种为随着期限增
加，即期利率水平不变。其中，第一种情形最为普遍，是正常的
债券市场所反映出来的即期利率曲线形态，而第二种与第三种情
形通常意味着金融市场动荡的加剧。

关于利率曲线是如何形成的这一问题，学术界存在三种
假说：

第一种是预期假说。该假说认为当前长期利率与短期利率的差别，来源于投资者对未来利率水平的一致预期。存在即期利率 r_{nt}，时刻为 t，期限为 n，则根据理论，存在式（1-13）：

$$(1 + r_{nt})^n = E_t\big[(1 + r_{1t})(1 + r_{1t+1})\cdots(1 + r_{1t+n-1})\big]$$
$$= (1 + r_{1t})E_t\big[(1 + r_{n-1,t+1})^{n-1}\big] \qquad (1-13)$$

式（1-13）的含义为，n 个期限为 1 的未来即期利率的乘积的期望即为期限为 n 的即期利率的期望。

第二种假说认为投资者通常更希望持有具有较强流动性的资产，即流动性偏好假说。债券期限较短意味着投资者可以更快地获利了结，类似短期国库券可以为资金提供短期避险的渠道，从而具有更强的流动性。而长期债券通常不受短线资金的青睐，交易量与交易活跃程度都较低，具有更高的期限风险，若想吸引投资者，通常需要提供更高的收益率，该假说同时也解释了为什么通常情况下利率曲线呈上升形态。

第三种假说认为债券市场可以以到期期限长短分割为不同的细分市场，即分市场假说。不同到期期限的细分市场的即期利率水平由该市场债券卖方与投资者之间的供需关系决定。每个细分市场在不同的经济环境下，存在各自的交易特点，也存在各自的均衡利率。一般情况下，将整个债券市场划分为长期债券市场与短期债券市场，每个市场有各自的价格形成机制，两个市场之间存在联系，但不存在必然的联系。

通常情况下，真实市场交易债券价格符合预期理论与流动性偏好理论，这两个理论也作为利率期限结构模型构建的基础。有息债券的发行者会在每年的特定时间支付给债券持有人一定数额的票面利息（coupon），并在债券的到期日，将债券的面值（face value）的金额支付给债券持有人。债券的价格是债券发行人支付给债券持有人的各期现金流现值的加总，折现率为债券的到期收益率（yield to maturity）。债券市场中的利率是存在随机波动的，那么债券价格也受这种随机波动的影响。

假设瞬时名义利率对时间 t 连续，且此刻的瞬时名义利率已知，瞬时名义利率在 $t+1$ 时刻的变化情况只受 t 时刻利率的影响，而与 $t-1$ 时刻利率不相关，即瞬时名义利率的变动服从马尔可夫过程。那么未来利率的变动可以用此刻的瞬时名义利率 $R(t)$ 来刻画。假设利率的变动服从式（1-14）：

$$dR(t) = v(R(t),t)dt + s(R(t),t)dW(t) \qquad (1-14)$$

其中，$v(r, t)$ 与 $s(r, t)$ 分别表示瞬时名义利率的漂移率和波动率，W 为概率空间 (Ω, F, P) 下的标准布朗运动，其中 Ω 为样本空间，F 为 Ω 上的 σ 信息代数，P 为 (Ω, F) 上的概率测度。

$P(t,T)$ 表示期限为 T 的零息债券在 t 时刻的价格，这个价格通过债券未来现金流折现得到，而折现率是 $R(t)$ 的函数。因此 $P(t,T)$ 也是 $R(t)$ 的函数，即：

$$P(R(t),t,T)$$

假设市场无套利机会、无摩擦且是有效的，投资者能够及时获取市场信息，并且接受市场价格，则由伊藤定理可得到式（1-15）：

$$dP = \left[\frac{\partial P}{\partial r} + \frac{\partial P}{\partial r}v(r,t) + \frac{1}{2}\frac{\partial^2 P}{\partial r^2}s^2(r,t)\right]dt + \frac{\partial P}{\partial r}s(r,t)dW(t)$$

$$(1-15)$$

令：

$$\mu(t,T) = \frac{1}{p}\left[\frac{\partial P}{\partial r} + \frac{\partial P}{\partial r}v(r,t) + \frac{1}{2}\frac{\partial^2 P}{\partial r^2}s^2(r,t)\right] \qquad (1\text{-}16)$$

$$\sigma(t,T) = -\frac{1}{p}\frac{\partial P}{\partial r}s(r,t) \qquad (1\text{-}17)$$

$$\mathrm{d}P = \mu(t,T)P\mathrm{d}t - \sigma(t,T)P\mathrm{d}W(t) \qquad (1\text{-}18)$$

引入风险市场价格这一概念，它可以衡量分担每单位风险所获得的回报。类似期权定价的方法，构建一个投资组合：卖空数量为 V_1 在 T_1 时刻到期的名义零息债券，同时买入数量为 V_2 在 T_2 时刻到期的名义零息债券。则该投资组合可以表示成 $V = V_1 P(t,T_2) - V_2 P(t,T_1)$，且满足式（1-19）：

$$
\begin{aligned}
\mathrm{d}V &= V_2 \mathrm{d}P(t,T_2) - V_1 \mathrm{d}P(t,T_1) \\
&= \left[V_2\mu(t,T_2) - V_1\mu(t,T_1)\right]\mathrm{d}t - \left[V_2\sigma(t,T_2) - V_1\sigma(t,T_1)\right]\mathrm{d}W(t)
\end{aligned}
$$
$$(1\text{-}19)$$

构建该组合的目的是无风险获利，所以瞬时波动率为 0，即：

$$V_2\sigma(t,T_2) - V_1\sigma(t,T_1) = 0$$

进而可以推出式（1-20）和式（1-21）：

$$V_1 = \frac{V\sigma(t,T_2)}{\sigma(t,T_1) - \sigma(t,T_2)} \qquad (1\text{-}20)$$

$$V_2 = \frac{V\sigma(t,T_1)}{\sigma(t,T_1) - \sigma(t,T_2)} \qquad (1\text{-}21)$$

代入式（1-19）得到式（1-22）：

$$\mathrm{d}V = V\frac{\mu(t,T_2)\sigma(t,T_1) - \mu(t,T_1)\sigma(t,T_2)}{\sigma(t,T_1) - \sigma(t,T_2)}\mathrm{d}t \qquad (1\text{-}22)$$

无套利的假设致使 V 的收益率只能是无风险收益率，即：

$$\frac{\mu(t,T_2)\sigma(t,T_1) - \mu(t,T_1)\sigma(t,T_2)}{\sigma(t,T_1) - \sigma(t,T_2)} = r(t)$$

进一步得出：

$$\frac{\mu(t,T_1) - r(t)}{\sigma(t,T_1)} = \frac{\mu(t,T_2) - r(t)}{\sigma(t,T_2)} \qquad (1-23)$$

令：

$$\frac{\mu(t,T_1) - r(t)}{\sigma(t,T_1)} = \frac{\mu(t,T_2) - r(t)}{\sigma(t,T_2)} = \lambda(r,t) \qquad (1-24)$$

其中，$\lambda(r,t)$ 就是市场风险价格，该价格度量的是每一单位瞬时波动率所对应的超额回报。表示每增加一个单位的风险时增加的预期收益，而且与到期期限 T 无关。将 $\sigma(t,T_i)$ 和 $\mu(t,T_i)$ 的具体形式代入到式（1-24）中，得到式（1-25）：

$$\frac{\partial P}{\partial r} + [v(r,t) + s(r,t)\lambda(r,t)]\frac{\partial P}{\partial r} + \frac{1}{2}\frac{\partial^2 P}{\partial r^2}s^2(r,t) - r(t)P = 0$$

$$(1-25)$$

式（1-25）即为期限结构方程，通过确定 $v(r,t)$、$s(r,t)$ 和 $\lambda(r,t)$ 的表达式就可以对名义零息债券进行定价。假设名义利率满足 Vasicek[7] 过程：

$$dR(t) = a(b - R(t))dt - \sigma dW(t) \quad a,\sigma > 0 \qquad (1-26)$$

其中，$a(b-R(t))$ 即为利率的瞬时漂移率；a 为利率均值回复系数，b 为长期利率均值，a、b 为常数；σ 表示名义利率的波动率。同时假设利率的风险价格为常数 $\lambda(r,t) = \lambda$。将随机利率方程代入到期限结构方程中得到式（1-27）：

$$\frac{\partial P}{\partial t} + \frac{\sigma^2}{2}\frac{\partial^2 P}{\partial r^2} + [a(b - R(t)) + \lambda\sigma]\frac{\partial P}{\partial r} - R(t)P = 0 \qquad (1-27)$$

假设债券价格满足式（1-28）：

$$P(t,T) = e^{[-h_1(t,T)r + h_2(t,T)]} \qquad (1-28)$$

可以解得：

$$h_1(t,T) = \frac{1}{a}\big[1 - e^{-a(T-t)}\big] \qquad (1-29)$$

$$h_2(t,T) = h_1(t,T)R_\infty - R_\infty(T-t) - \frac{\sigma^2}{4a}h_1(t,T)^2 \qquad (1-30)$$

以上为采用随机微分方程对债券进行定价的基础模型，后续学者以此为基础进行了拓展与丰富。关于利率的随机微分方程模型，存在单因素模型与多因素模型，其中单因素模型方面：Dothan[89]认为未来利率的变动只与波动项和当前利率相关，并在模型中剔除了漂移项，得到 $dr = \sigma r dz$；而 Brennan 和 Schwartz[90] 则在 Dothan[89] 模型中加入了漂移项得到 $dr = (a + br)dt + \sigma r dz$；Cox 等[8] 在利率模型的波动项中引入利率的平方根，此举是限制利率无法为负，以此提出平方根扩散模型（CIR 模型）：$dr = (a - br)dt + \sigma\sqrt{r}dz$。Ho 和 Lee[91]、Hull 和 White[92] 在利率漂移项中引入时间变量 t，从而提出了 Hull-White 模型。利率的多因素模型方面：Richard[93] 认为债券价格受瞬时通货膨胀率与瞬时真实利率两个因素的影响；Brennan 和 Schwartz[94] 认为短期利率和长期利率均能够影响债券价格，因此在模型中引入长期利率作为状态变量；Longstaff 和 Schwartz[95] 将利率与利率的波动率作为状态变量引入 CIR 模型，并较好地拟合了利率期限结构；Heath 等[96] 在利率的漂移项中引入了随时间变化的远期利率，在波动项中引入了随时间变化的波动率，建立了 HJM 模型。

第三节　研究内容与研究框架

一、研究内容

目前，我国 PPP 模式物有所值定量评价存在的核心问题在于：第一，物有所值定量评价是否具有足够客观性，从而在 PPP 项目的前评估过程中起到关键作用。物有所值评价是决定相关项目是否能够采用 PPP 模式的关键程序，合理的物有所值评价可以筛选出真正能够实现 PPP 模式物有所值的项目，进而发挥社会资本的效率优势，减轻财政支出压力，提供更高品质的公共产品。传统物有所值定量评价在进行风险成本的计量时，通常采用专家打分法。该方法较为简便，但结果容易受到专家主观因素的影响，由于参与打分的专家均由政府邀请，专家在评价打分的过程中容易做出符合政府倾向的决定。正因如此，几乎没有项目因为物有所值评价而取消采用 PPP 模式。本书认为，应在 PPP 模式物有所值定量 PPP-PSC 框架内，引入随机过程相关理论，尽可能降低专家打分法的使用范围和比重，以此得到更加合理的定量评价结果。第二，物有所值定量评价中所涉及的政府全特许运营期支出是否具备足够的科学性，从而为政府判断自身面临的财政压力提供依据。2017 年 11 月，财政部、国家发展改革委、国资委等相继印发包括《关于规范政府与社会资本合作（PPP）综合信息平台项目库管理的通知》《国家发展改革委关于鼓励民间资本参与政府和社会资本合作（PPP）项目的指导意见》《关于加强中央企业 PPP 业务风险管控的通知》在内的多个文件，对未与地方政府脱钩的融资平台参与项目、未严格执行财政承受能力评价与物有所值评价的项目进行了清理退库。退库高峰集中在 2018 年，全国各地累计清退库和整改项目达 4 562 项。2019 年后，中央多部委发文要求明确了 PPP 项目中地方政府的支出责任，不可过度加重政府财政负担。可见，PPP 模式的主要任务，已经由 2014 年前后的广泛拓宽融资渠道、拉动基础设施投资，转变为降低政府支出责任、缓解财政压力，并提供高质量、高效率的公共服务。而在此背景下，对 PPP 模式中政府支出的测算就变得尤为关键。PPP 模式物有所值定量 PPP-PSC 框架内的 PPP 值（概念来源：财政部《PPP 物有所值评价指引（试行）》），即为对政府在特许运营期内全过程支出进行的测算，因此，PPP 值计算的科学性直接关系到政府对自身面临财政压力的感知和判断。传统物有所值定量评价在计算 PPP 值的过程中，无论是现金流、风险成本还是折现率的计算都较为粗糙，而随机过程理论的引入，将会大大提高 PPP 值测算的科学性，为政府判断自身面临的财政压力进行财政承受能力评价提供依据。

　　PPP-PSC 物有所值定量计算框架下的 PPP 值计算的是政府在 PPP 项目中包括建设期、运营期在内的全生命周期的支出责任，计算的具体项目包括政府的股权支出、运营补贴、风险分担、配套投入等。从定义来看，PPP 值是物有所值定量评价与政府财政支出的共同依据，合理的 PPP 值计算，既可以在与 PSV 值的比较中判断项目是否物有所值，又可以衡量政府在 PPP 项目中的全生命周期支出成本，进而判断政府的财政承受能力。PPP 值的几个组成部分中，股权支出在项目合同中进行约定，是较为确定的支出，而配套投入通常较小，并不是左右项目成败的关键问题，真正值得关注的是运营补贴和风险分担。另外在技术经济层面，PPP 值估计的重要参数——折现率和期限等同样值得关注。然而，正如研究背景中所述，当前 PPP 值计算的多个环节均存在问题，包括对未来现金流及折现率的估计过于静态化、风险成本定量过于依赖专家的主观判断、风险分担方式过于简单粗糙等。基于此，确定本书的研究思路如图 1-3 所示，即对 PPP 值的组成部分运营补贴、风险分担，以及对估值过程所涉及的折现率、特许运营期限的计算进行优化，使其更加科学合理。

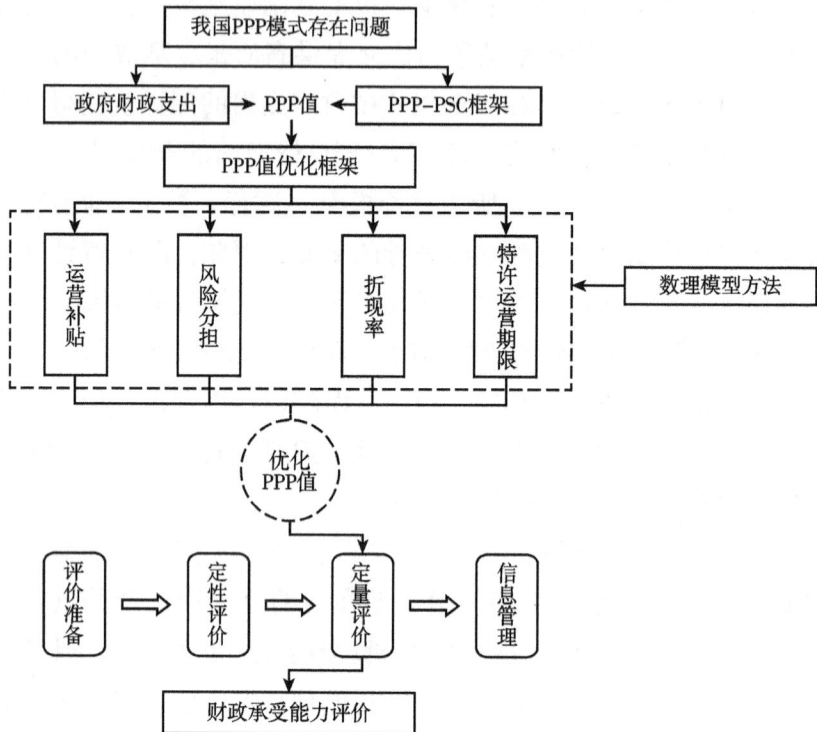

图 1-3   本书的研究思路

基于以上研究思路，本书的主要研究内容如下：

第一，基于随机过程的 PPP 值优化分析框架。PPP 项目面临多种风险，而风险的定量分析不可能面面俱到，这样既不经济也不现实。面对这一问题，本书在 PPP 模式物有所值理论、PPP 项目风险理论及金融随机过程理论的指导下，提出物有所值风险量化基本原则，并以基本原则为基础，首先对 PPP 项目关键风险进行筛选，并引入关键风险分担方式。随后，本书阐明 PPP 项目现金流在关键风险作用下的波动机理，并将未来现金流、关键风险分担与随机过程模型进行有机的结合，对 PPP 值测算不确定性的主要来源，包括未来现金流、风险量化及分担、折现率、特许运营期限等内容进行优化分析，形成基于随机过程的 PPP 值优化分析框架。

第二，PPP 项目未来现金流与收入端关键风险分担模型。在 PPP 项目所面临的收入端风险，如市场需求风险、不可抗力风险、替代竞争风险、法律政策变更风险等的影响下，基础设施 PPP 项目现金流具有波动性、跳跃性的特征。政府为吸引社会资本进行投资，通常会提供最低收入担保，这种担保是政府与社会资本共担风险的一种方式。政府担保是政府支出的一部分，也是 PPP 值的一部分，合理的政府担保价值测算，能够帮助政府进行物有所值的判断。本书构建了基于几何布朗运动和"跳"过程的随机微分方程模型模拟 PPP 项目现金流，用以表示需求风险、不可抗力风险、替代竞争风险、法律政策变更风险对 PPP 项目现金流的影响，并求出使用者付费模式和可行性缺口补贴模式下，政府担保价值的表达式。

第三，PPP 项目折现率与成本端关键风险分担模型。PPP 项目所面临的成本端关键风险为通货膨胀风险及利率变动风险。社会资本在 PPP 项目投资中资金的主要来源为银行贷款。对于基础设施来说，投资规模通常较为巨大，银行贷款资金动辄几十亿甚至上百亿元。因此，银行长期贷款利息的波动将会对 PPP 项目社会资本方的利润产生极大影响。另外，在长达 20～30 年的运营期内，可能产生的通货膨胀将会造成运营成本的大幅上涨，从而侵蚀社会资本的收益。而由于公共产品的价格调整程序烦琐且有较大阻力，社会资本通常无法通过提价的手段将通货膨胀产生的影响转移给消费者，因此需要政府与社会资本共担风险。利率风险与通货膨胀风险都是政府与社会资本的共担风险，政府的或有风险分担支出是PPP值计算的一部分，折现率也是PPP值计算的重要参数，较高的折现率将会使PPP值过小，而PSC值相对偏大，合理的折现率计算也是物有所值定量评价关键的一步。本书将贷款利率、通货膨胀率、折现率、利率风险上限选择、通货膨胀风险上限选择，纳入了统一的期限结构框架下，建立了基于利率溢价及通胀溢价因子的Vasicek多因素模型，得到了政府通货膨胀分担成本的表达式，计算出政府利率风险分担成本并对折现率进行了模拟。

第四，不确定环境下的PPP项目特许运营期限模型。特许运营期限是涉及PPP值计算期限的重要参数。对于社会资本来说，较长的特许运营期意味着更长的时间可以赚取收益。但对于政府来说，较长的特许运营期意味着较低的政府方收益，这会间接影响政府提供给公众的福利。特许运营期限的确定，是政府与社会资本间的博弈。本书基于"讨价还价"博弈模型，综合考虑建设运营成本、项目收益、社会资本方机会成本、政府补贴、政府风险分担等因素，建立了不确定环境下的特许运营期限模型。

第五，综合政府风险分担及特许运营期博弈的PPP值计算。基于上述研究内容，综合政府双端风险分担及特许运营期博弈，对不同类型的PPP项目的PPP值进行计算。具体在第六章中开展了使用者付费项目与可行性缺口补贴项目的案例计算。

二、研究框架

本书的研究重点是针对我国PPP模式传统物有所值定量评价存在亟待解决的关键问题，应用金融随机过程理论及工具优化物有所值定量评价方法，具体为对PPP值的组成部分运营补贴、风险分担，以及对估值过程所涉及的折现率、特许运营期限的计算进行优化，使其更加科学合理，以此为政府在基础设施领域的投融资提供更加规范科学的决策依据。

本书在第一章分析阐述我国 PPP 模式物有所值定量评价的应用现状、存在问题及研究现状的基础上，在第二章中建立了基于随机过程的 PPP 值优化框架，为风险分担定量模型的构建提供分析基础；在第三章中，利用期权定价随机微分方程模型，对 PPP 项目的未来现金流进行模拟，并通过模型的波动项及跳跃过程对 PPP 项目的收入端风险进行定量，进而构建了收入端风险的风险分担模型；在第四章中，采用期限结构微分方程模型，实现了 PPP 项目的成本端风险的计量及折现率的计算，并构建了成本端风险的风险分担模型；随后在第五章中，在计算得到政府风险分担支出的基础上，通过政府与社会资本间关于特许运营期的博弈，得到了 PPP 项目的特许运营期限；基于上述研究结论，在第六章中进行案例分析验证，开展了使用者付费项目与可行性缺口补贴项目的综合案例计算；最后，在第七章中提出了本书的研究结论、政策建议与未来展望。本书的研究框架如图 1-4 所示。

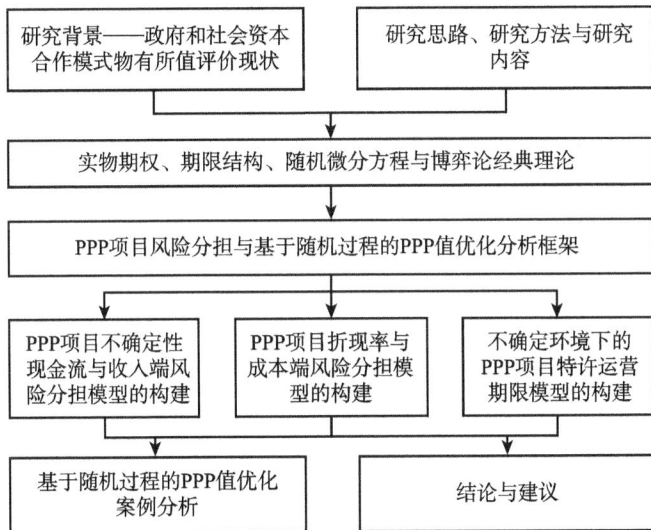

图 1-4　本书的研究框架

第二章

基于随机过程的PPP值优化分析框架的构建

本章首先对物有所值传统评价方法及物有所值定量评价方法具体流程进行梳理，随后分析了 PPP 模式面临的风险、其中的关键风险及风险分担问题，重点提出了基于随机过程的 PPP 值优化机理，阐释了随机过程模型对 PPP 值要素计算的优化作用，在此基础上构建了基于随机过程的 PPP 值优化框架，为后续章节的模型建立与优化提供了不可或缺的分析基础。

第一节　物有所值评价方法及存在问题分析

一、物有所值传统评价方法

根据国家颁布的《PPP 物有所值评价指引（试行）》，我国

PPP 项目物有所值评价总体分为四个步骤：评价准备、定性评价、定量评价、评价报告和信息披露。

（一）评价准备

评价准备主要规定了进行物有所值评价所需要准备的前期资料。这些资料包括：PPP 项目的初步实施方案、PPP 项目的产出情况说明、PPP 项目可能涉及的风险识别与分配情况、同类存量公共资产的项目数据、项目建设的工程可行性研究报告、项目施工设计文件等。表 2-1 为 Y 市城市轨道交通 X 号线 PPP 项目前期部分准备材料示例。

表 2-1　Y 市城市轨道交通 X 号线 PPP 项目前期部分准备材料示例

序号	文件资料名称
1	Y 市城市轨道交通 X 号线一期工程可行性研究报告
2	N 省发展和改革委员会关于 Y 市城市轨道交通 X 号线一期工程可行性研究报告的批复
3	Y 市城市轨道交通 X 号线一期工程可行性研究补充报告
4	N 省发展和改革委员会关于 Y 市城市轨道交通 X 号线一期工程可行性研究补充报告的批复
5	N 省发展和改革委员会关于 Y 市城市轨道交通 X 号线一期工程初步设计的批复
6	Y 市城市轨道交通 X 号线一期工程初步设计（修编）
7	Y 市城市轨道交通建设规划调整（2015—2023 年）（上报稿）
8	Y 市城市轨道交通 X 号线一期工程机电设备部分 PPP 项目实施方案

在该阶段除了需完成物有所值评价所需准备的前期资料以外，还需确定物有所值定量评价所要完成的评价内容、测算指标及方法等。

（二）定性评价

物有所值定性评价需围绕六项主要指标，包括全生命周期整合程度、风险识别与分配、绩效导向与鼓励创新、潜在竞争程度、政府机构能力、可融资性，以及少数补充指标进行综合评价。其中，六项主要指标占总体评价权重的80%，补充指标占总体评价权重的20%，六项主要指标单项指标占总体评价权重的比重不超过20%。定性评价指标说明与指标权重示例如表2-2所示。

表2-2 定性评价指标说明与指标权重示例

指标名称		指标说明	权重
主要指标	全生命周期整合程度	主要考核在项目全生命周期内，项目设计、投融资、建造、运营和维护等环节能否实现长期、充分整合	16%
	风险识别与分配	主要考核在项目全生命周期内，各风险因素是否得到充分识别并在政府和社会资本之间进行合理分配	15%
	绩效导向与鼓励创新	主要考核是否建立以基础设施及公共服务供给数量、质量和效率为导向的绩效标准和监管机制，是否落实节能环保、支持本国产业等政府采购政策，能否鼓励社会资本创新	13%
	潜在竞争程度	主要考核项目内容对社会资本参与竞争的吸引力	9%
	政府机构能力	主要考核政府转变职能、优化服务、依法履约、行政监管和项目执行管理等能力	15%
	可融资性	主要考核项目的市场融资能力	12%
补充指标	全生命周期成本估计准确性	主要考核对项目全生命周期成本的理解和认识程度，以及全生命周期成本被准确预估的可能性	7%
	资产利用及收益	主要考核社会资本方增加额外收入的可能程度	7%
	行业示范性	主要考核社会资本方增加额外收入的可能程度	6%

定性评价方法采用专家打分法，每个领域包括财政、资产评估、会计、金融经济、法律、区域发展规划、工程建设、项目运营管理和环境保护方面，由政府召集至少一名专家，开展物有所值定性评价报告专家论证会。在专家会议上，专家在打分表上对项目进行逐项打分，最终得出项目总评分，并给出专家意见，专家打分表部分示例如表2-3所示。

表 2-3　物有所值定性评价专家打分表部分示例

指标	评分参考标准		
	等级	对应分值	定性评判标准
全生命周期整合程度	有利	81 ~ 100	项目资料表明，设计、融资、建造和全部运营、维护将整合到一个合同中；对于存量项目采用 PPP 模式，至少有融资和全部运营、维护将整合到一个合同中
	较有利	61 ~ 80	项目资料表明，设计、融资和建造及核心服务或大部分非核心服务的运营、维护将整合到一个合同中；对于存量项目采用 PPP 模式，至少有融资和核心服务到大部分非核心服务的运营、维护将整合到一个合同中
	一般	41 ~ 60	项目资料表明，设计、融资、建造和维护等将整合到一个合同中，但不包括运营；或融资、建造、运营和维护等将整合到一个合同中，但不包括设计；对于存量项目采用 PPP 模式，仅运营和维护将整合到一个合同中
	较不利	21 ~ 40	项目资料表明，融资、建造和维护等将整合到一个合同中，但不包括设计和运营
	不利	0 ~ 20	项目资料表明，设计、融资、建造等三个或其中更少的环节将整合到一个合同中

相关专家通过对项目情况进行充分研究后，按照表 2-3 中的评分标准对项目的六项主要指标和补充指标进行打分，再按照各指标的权重，计算得到项目的最终加权评价分数。定性评价结果低于 60 分的项目，不可采用 PPP 模式进行建设。

（三）定量评价（PPP-PSC 评价）

现有的定量 VFM 值是在假定采用 PPP 模式与政府传统投资两种不同的采购方式产出绩效相同的前提下，通过在全生命周期内对 PPP 项目政府方净成本的现值（PPP 值）与公共部门比较值（PSC 值）进行对比，判断 PPP 模式能否降低项目全生命周期成本，参照《指引》及有关规定测算。具体计算步骤如下：

$$VFM = PSC - PPP \qquad (2-1)$$

其中，PSC 值为公共部门比较值，常用于物有所值评价体系中，用以描述公共部门采用传统模式采购同一项目所发生的包括设计、建设、运营维护及更新改造等所有成本；PPP 值是指 PPP 模式下的全生命周期成本。PPP 值与 PSC 值对比如图 2-1 所示。

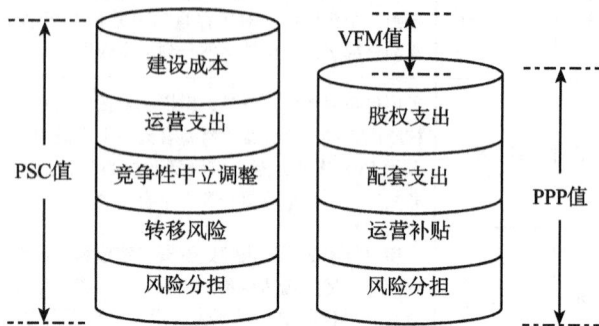

图 2-1　PPP 值与 PSC 值对比图

1. PPP 值含义

依据《指引》，PPP 值代表 PPP 项目全生命周期过程的财政支出责任，主要包括股权支出、运营补贴、风险分担、配套支出等。PPP 值计算遵循 DCF 模型，将未来的股权支出、运营补贴、风险分担、配套支出按照一定的折现率折算为现值，PPP 值的基本模型定义为：

$$PPP = \sum \frac{F_t}{(1 + r)^t} \qquad (2-2)$$

其中，F_t 代表未来的股权支出、运营补贴、风险分担、配套支出，r 代表选定的折现率。

1）股权支出

在政府与社会资本共同出资组建 PPP 项目建设公司的情况下，股权支出指的是，政府在项目公司中获得对应份额的股权所需要付出的支出责任，在社会资本单独出资组建 PPP 项目公司的情况下，政府的股权支出为零。

2) 运营补贴支出

社会资本参与 PPP 项目的核心诉求是获得合理的利润回报，而 PPP 项目通常为准经营性的基础设施项目，不具备向项目使用者收取较高费用的条件。因此社会资本通过正常经营所获取的收益与其投资合理利润率之间的差额，需要政府来分担。需要注意的是，政府对 PPP 项目的运营补贴支出责任，是在合同当中明确的直接付费责任。例如在城市轨道交通 PPP 项目中，政府向项目公司支付的运营亏损补贴，是在合同中有明确数值和调整方式的政府直接支出责任。政府对 PPP 项目的或有支出责任虽然也是补贴的一种，但应与运营补贴支出相区分。

3) 风险分担支出

PPP 项目面临诸多风险因素的影响，可能会造成项目成本增加或者收入降低。由于传统基础设施建设项目通常由政府独立建设，这些项目的风险通常也由政府独自分担，而 PPP 项目是政府与社会资本合作建设，因此政府与社会资本之间需要共同分担项目风险。在 PPP 项目中，政府分担的风险支出责任称为政府风险分担，社会资本分担的风险支出责任称为转移风险。政府与社会资本通常会根据自身的比较优势，实现风险共担。

4) 配套支出

配套支出是指政府提供的项目配套工程等其他投入，通常包括土地征收和整理、建设部分项目配套措施、完成项目与现有相关基础设施和公用事业的对接、投资补助、贷款贴息等。

2. PSC 值含义

English 和 Guthrie[97] 提出的 PSC 值是一套假想的概念，用来描述假定项目采用传统政府采购模式时公共部门的成本支出，PSC 值通过现金流折现分析把未来预期现金流的价值调整为现期的价值。这套理念是 PPP 项目 VFM 定量评估基准模型，因此 PSC 值的关键要素是：假定成本的预测、NPV，以及全生命周期成本和风险的调整。

基于文献分析，PSC 值主要由四个部分组成：初始的 PSC、竞争性中立调整、转移风险和保留风险。初始的 PSC 用来表示采用传统政府采购模式建设项目、公共部门的建设及成本支出。竞争性中立调整用来描述调整国有企业获得的竞争优势，一般包括社保和税收的优惠。转移风险用来描述转移给社会资本方的风险，保留风险用来描述政府部门仍需保留的风险。

1）初始的 PSC

初始的 PSC 值计算参照全社会该行业的平均建设水平和运营能力，以及建设和管理相同项目的成本。公式为：初始的 PSC 值＝（建设成本－资本性收益）＋（运营成本－第三方收入）＋其他成本。

建设成本主要包括参照项目设计、建造、升级、改造、大修等方面投入的现金及固定资产、土地使用权等实物和无形资产的价值，并扣除参照项目全生命周期内产生的转让、租赁或处置资产所获的收益；运营成本主要包括参照项目全生命周期内运营维护所需的原材料、设备、人工等成本，以及管理费用、销售费用和运营期财务费用等；第三方收入主要包括来自使用者的付费，以及广告、通信、商铺等经营开发收入等。

2）竞争性中立调整

竞争性中立调整的目的是排除传统政府采购模式国有企业获得的竞争性优势，确保两种采购模式在公正、公平的环境中进行比较。国有企业获得的竞争性优势主要包括税费优惠和豁免制度，通常地方政府赋予国有企业的竞争性优势包括税费优惠（企业所得税、营业税、教育附加、土地使用税），融资优惠（融资担保、利息补贴），政府补贴，管制优势（政府保护）。

在可行性缺口补贴模式下，政府年补贴支出的市政公用设施项目，政府方要确保为特许公司投资建设项目设施提供支持条件，故本项目中土地费用、行政审批费用等前期费用不予考虑调整。在传统模式下，项目周期内，增值税进项税额大于销项税额，因此不产生增值税及其附加税费。同时，由于政府拨付项目运营费用而实现收支平衡，可不予考虑企业所得税。

3）风险调整

在传统的建设模式下，政府需要承担全部的项目风险，即政府风险分担与转移风险。

3. 物有所值计算

PSC 值的构成主要包括参考参照项目的建设成本、运营成本、竞争性中立调整值、政府可以转移给社会资本的风险及政府仍需保留的风险。另外，可以通过参照项目成本确定 PSC 值，参照项目的选择依据：一是虚拟项目，即政府按照技术可行性、有效性虚拟出来的数值；二是周边区域 5 年内，采用传统政府采购方式建设，与本项目的产出十分接近、技术标准类似的项目。如果 PSC>PPP，则通过物有所值定量评价，可以采用 PPP 模式进行建设；否则，没有通过物有所值定量评价，需采用传统政府采购方式进行建设。判断项目是否可以采用 PPP 模式，需要考虑的核心问题是全生命周期的成本和大量的不确定性（政府风险分担和转移风险）。除此之外在 PPP 模式的实践中，尚需重点考虑折现率的选择。如何选择恰当的折现率数值，不同的风险如何在政府和社会资本之间分配，在当下我国 PPP 模式的实践中，这些关键问题的解决基本上凭借经验，科学性较差。

（四）评价报告和信息披露

经过物有所值定性评价与定量评价后，相关政府部门、机构与专家已经形成了关于项目是否物有所值的结论，随后将会完成项目物有所值评价报告的编制工作，该报告需要向省级财政部门提交并备案，并上传国家财政部 PPP 项目综合信息平台。在 PPP 项目绩效后评估的过程中，物有所值评价报告将会被用于统计与对照分析。

二、物有所值定量评价方法存在问题分析

本书通过对 19 篇有关物有所值定量评价的文献进行分析，总结出目前学者认为比较有代表性的问题，分别为未来现金流不确定性较强、风险成本量化合理性不够、缺乏长周期动态变化、测算结果误差较大、风险分担比例有效性不足、假设存在不合理、折现率选取科学性不强等问题。按照学者们关注的数量，将所有问题进行排序，如表 2-4 所示，风险成本量化合理性不够问题最为严重，其次为风险分担比例有效性不足问题，另外，折现率选取科学性不强、未来现金流不确定性较强等问题也受到了学者们的关注。

表 2-4　PPP 模式物有所值定量评价存在问题

文献	定量评价存在问题						
	未来现金流不确定性较强	风险成本量化合理性不够	缺乏长周期动态变化	测算结果误差较大	风险分担比例有效性不足	假设存在不合理	折现率选取科学性不强
[20]	√		√	√			√
[172]		√			√		
[173]					√	√	
[174]	√				√		
[175]	√	√	√				√
[176]							
[177]		√	√	√	√	√	√

续表

文献	定量评价存在问题						
	未来现金流不确定性较强	风险成本量化合理性不够	缺乏长周期动态变化	测算结果误差较大	风险分担比例有效性不足	假设存在不合理	折现率选取科学性不强
[178]							
[179]		√	√			√	√
[5]	√			√	√		√
[180]		√			√		√
[181]					√		
[182]	√					√	
[183]	√						
[184]		√		√			
[185]							
[186]		√					
[187]		√					
总计	6	8	5	3	7	4	6

本书对于学者们及实务界关注的主要问题，分析如下：

（一）未来现金流不确定性较强

对于未来现金流的估算，传统做法通常采用静态估计法，首先由专家对项目近、中、远期的产出情况给出预测，随后对现金流进行估算。PPP 项目收入及现金流预测传统方法示例如表 2-5 所示。

表 2-5　PPP 项目收入及现金流预测传统方法示例

项目期间	日客运量/万人次	平均运距/公里	高峰小时单向最大断面客流量/（万人次/小时）	平均票价/（元/人公里）
近期	31.9	7.5	1.69	0.334 7
中期	52.4	6.5	2.05	0.334 7
远期	76.9	6.7	3.28	0.334 7

这种静态估计方法较为简单和粗糙。PPP项目现金流的预测，是综合项目运营期间社会需求、特许经营价格、社会环境、运营效率、多种成本/费用、税金等多种因素的一个综合汇算结果，受多种风险及不确定性的影响。由于特许运营期长达20～30年，在此期间随着城市发展，项目的需求可能大大超出预期，也有可能面临萎缩；特许经营项目可能享受税金的减免，也可能面临费用的增加；特许经营者效率的提升可以降低运营成本，而通货膨胀又有可能蚕食股东利润。总之，PPP项目现金流的测算受到多种因素影响，将所有不确定性全部掌握是几乎不可能的。但如何在充满不确定性的环境中，既能保障社会资本的基本利益，让社会资本踊跃参与PPP项目的建设中来，又能激励社会资本提高运营效率和服务质量，是当前PPP项目政府担保机制设计及相应现金流测算的主要任务。

（二）风险成本量化合理性不够

PPP值的计算需要得到PPP项目中政府分担的风险成本，即自留风险。因此，要更准确地计算PPP值，就必须合理地对项目风险成本进行量化。

对于风险成本的货币化量化问题，目前实务界所采用的方法主要为两种：情景概率法和比例法。

1）情景概率法

情景概率法通过对某一问题进行情景假设，设置几种基本情形，即有利、一般、不利、较差、最坏，并对相应的情形预估风险后果和发生概率来对风险成本进行估算。情景概率法示例如表2-6所示。

表2-6　情景概率法示例

情景假设	风险后果	发生概率
有利	成本节约5%以上	10%
一般	成本节约5%～成本超支5%	40%

情景假设	风险后果	发生概率
不利	成本超支 5% ~15%	35%
较差	成本超支 15% ~25%	10%
最坏	成本超支 25% 以上	5%

情景概率表中，风险后果的估计和发生的概率由相关专家填写，风险成本支出的计算公式如下：

$$风险成本支出 = \sum（某情景风险后果值×某情景发生概率）$$

2）比例法

比例法主要是根据项目运营收入或项目建设成本的一定比例直接计算分担成本。采用比例法，通常是由于风险造成的损失和风险发生的概率难以推算。比例法计算公式如下：

$$风险分担支出 = 项目建设运营成本×风险分担比例$$

而对于风险的分担问题，政府与社会资本通常按照在项目公司中的股权比例或谈判确定的比例来进行分配。

3）二者的不足

情景概率法与比例法具有简单、快捷、方便的特点，但较为依赖报告编制人员的相关经验，具有较强的主观性，所计算出的风险支出科学性不足，缺乏令人信服的依据。另外，对于同一个 PPP 项目，不同的咨询机构可能会给出差距较大的结果。因此，在比例法具有较大局限性的背景下，PPP 项目的风险量化工作亟须寻求更加科学、合理的方法。

（三）风险分担比例有效性不足

计算 PPP 模式政府自留风险的另一个重要参数，是政府与社会资本的风险分担比例。第三方咨询机构通常按照政府与社会资本在 PPP 项目公司中的股权比例，来分配双方所分担的风险。学界则通常采用 AHP 层次分析法结合专家打分法对风险成本进行分配。无论实务界还是学界，对风险的分配都较为依赖专家的主观判断，缺乏合理性和科学性。为保证风险分配能够落实，政府与社会资本应围绕 PPP 项目所面临的关键风险的风险成本进行逐项谈判，并落实到合同中。每项风险的具体分担方式与分担比例，则需要数理工具进行精细计算，这是当前 PPP 项目风险分担研究文献所欠缺的内容。

（四）折现率选取科学性不强

PPP 值计算的是政府方在 PPP 项目的全生命周期中分担的支付责任的净现值，需要对政府与社会资本合作期间，政府付出的各类成本进行折现计算。净现值计算过程中的主要参数之一是折现率。折现率微小的变化，将会对物有所值定量评价结果产生较大的影响。因此，若想保证物有所值定量评价的权威性，需要科学、合理地确定折现率。

目前，我国大部分 PPP 项目的物有所值定量评价均是取同期地方政府债券利率进行确定。这也正是由于《指引》中关于折现率选取的规定——"折现率的确定可以参考同期地方政府债券收益合理确定"。然而需要思考的问题是，当期地方政府债券利率能否反映政府在长达 20～30 年的特许运营期内的资金成本？事实上，由于政府方在 PPP 项目可行性缺口补贴资金支付的时序安排，相对于传统投资建设方式来说，更高的折现率会使 PPP 项目更容易获得物有所值。传统物有所值定量评价确定方式较为主观，容易让专家选择符合地方政府预期的折现率。因此，更加合理、科学的折现率确定方式，才能反映 PPP 项目的物有所值情况，进而筛选出高质量的 PPP 项目。

第二节　PPP 项目风险与关键风险分析

根据上文分析，风险成本量化合理性不足及风险分担比例有效性不足是当前我国 PPP 模式面临的主要问题。在进行风险量化与风险分担之前，首先需要明确 PPP 模式风险量化的原则，并在风险量化原则的指导下，进行风险因素归纳及核心风险因素的筛选。

一、PPP 模式风险量化原则的提出

PPP 模式风险的量化是 PPP 值量化的重点部分，而在对 PPP 模式风险进行量化之前，需要有基本原则作为指导。本书根据多篇前人关于 PPP 模式定价及风险量化文献，提出了基于随机过程的 PPP 模式风险量化基本原则。

第一，PPP 模式项目风险因素可识别。政府风险分担与转移风险的量化是物有所值定量 PPP-PSC 框架下最具不确定性的内容，也是学术界与实务界关注的焦点。自留风险是 PPP 值计算的重要组成部分。只有进行合理的自留风险计量，才能更好地进行物有所值评价及财政承受能力评价。

第二，PPP 模式项目主要风险成本来源于其面临的关键风险，并且关键风险可归纳。PPP 项目可能面临多种风险，每种风险的概率分布均不同。到目前为止，多种风险只能进行模糊估计，这意味着对每种风险均进行建模估计会造成大量的累计误差，并且工作量巨大，不符合实际。根据二八定律，PPP 模式的不确定性主要来源于几种关键风险，而对关键风险进行估计是实务界与学术界的普遍做法。

第三，关键风险因素可计量。风险造成的风险成本可计量是 PPP 项目风险分担的前提。风险因素的可计量指的是风险因素可以与现实统计数据挂钩，且有较为稳定的概率分布，可以使用连续时间随机过程模型进行建模分析。这种建模方式的一大好处是可以采用蒙特卡罗方法对风险因素造成的影响进行模拟，且可调整模型中涉及的多种参数，进行多维度分析。

第四，关键风险可分担。关键风险可分担指的是能够区分现金流中政府与社会资本各自负担风险所造成的影响。风险分担的一大问题在于风险分担方案能否切实有效的执行。毕竟，如果政府与社会资本无法就风险分担方案达成共识，则风险分担将毫无意义。政府与社会资本需要经过谈判来分配风险成本支出。而在执行层面，则需要具体且明确可查的指标进行跟踪以形成双方都认同的风险发生及分配额，避免模糊的风险分担带来的权责不明和再谈判成本。在连续时间随机过程风险计量模型的基础上，通过设置风险分担参数可在项目决策阶段对具体风险成本进行模拟，以供政府及社会资本进行相关决策。风险能够合理分担的另一个基本前提是，现金流中政府与社会资本各自负担风险所造成的风险成本是可以区分的，例如刨除通货膨胀因素的运营成本上涨是可测的，只有在这一前提下，才能明确政府与社会资本的责任边界，并进行合理的风险分担测算。

二、PPP 项目主要风险分析

在明确 PPP 模式风险量化原则的基础上，本节进一步通过对该领域学者文献的总结分析，归纳得出我国 PPP 模式面临的风险因素。Xenidis 和 Angelides[35] 通过案例分析和文献研究结合的方法，从风险发生的项目进行阶段的角度出发，对 PPP 项目面临的风险进行总结。其在研究中归纳出 27 项风险因素，也给出了 PPP 项目面对具体法律风险的案例，丰富了相关研究。Li[36] 通过对英国 PPP 项目案例的研究，总结了共 47 项风险因素，并将所有风险因素分为宏观、中观、微观三个层面。Thomas 等[37] 按照项目全生命周期的阶段，将印度 BOT 公路项目风险分为项目初始阶段、建造阶段、运营阶段等阶段性风险。王守清等[38] 通过对 PPP 项目案例进行总结，认为 PPP 项目存在 50 项风险因素，并将风险归类为政治、法律、市场、财务、建造、经营等几大类风险。Hastak 和 Shaked[39]、Ke 等[40] 以国际工程项目为研究样本，总结出 73 项风险因素，并使用 AHP 层次分析法将 73 项风险因素进一步总结为三个风险层面，分别为国家、市场、项目三个层面。柯永建[98] 通过对涉及高速公路、供水、污水处理、隧道桥梁及发电厂等行业在内的大量案例进行研究，总结出中国 PPP 项目所面临的 38 项风险。孟惊雷[99] 通过对中国的轨道交通、高速公路、市政路桥、环保基础设施、污水净化、自来水务、发电厂等行业的 40 个经典 PPP 项目进行研究，认为中国 PPP 项目存在三个风险层级八类的核心风险。

本书借鉴前述学者们的研究成果，认为中国 PPP 项目主要存在以下 21 项风险：

（1）官员腐败。官员腐败将会增加 PPP 项目公司与公共部门沟通及维系关系的成本，有时会成为项目公司及时获取政府补贴的阻碍，使得项目公司收益存在下降风险。

（2）政府信用。对于已经签订的补偿价格或者政府担保条约，政府一旦拒绝履行将会对项目公司收益造成较大影响。

（3）建设运营期间社会环境的稳定性。稳定的社会环境是一切项目稳定持续运营的基础，在动荡的环境中，公共服务类项目随时有停产、停运的风险。另外，基础设施项目通常涉及人们的衣食住行，特许经营价格调整需要广大民众的支持与谅解。稳定的社会环境使得政府及项目公司的政策可以进行有效的实施，从而保证项目收益。

（4）法律政策变更。公共领域相关项目收费标准受到《价格法》管控，地方政府也会出台一些有关公共产品定价和税收的相关法律政策，政府对公共领域项目的有关收费、税收及投资政策的变更将会极大地影响社会资本的投资收益。

（5）政府审批延迟。基础设施项目的建设涉及征地拆迁、正式开工等环节，这些环节都需要政府审批，审批流程的烦琐和政府效率低下都将造成项目动工延误，造成成本超支。

（6）利率。基础设施涉及投资规模巨大，通常需要依靠较高比例的银行贷款进行融资，而贷款利率上升将导致融资成本的大幅攀升。

（7）通货膨胀。通常来讲，基础设施项目通常具有准公益性质，项目的收益都比较稳定，但利润率偏低。通货膨胀所带来的原材料、商品价格上涨会直接影响项目公司的成本，蚕食项目公司利润，给股东造成损失。

（8）汇率。涉及外商投资的项目通常需要考虑汇率是否稳定、外币本币是否可以自由兑换等问题，而国内资本投资项目则不需要考虑此风险。

（9）市场需求变化。高速公路项目、城市轨道交通项目等面向公众提供产品和服务，收入受市场需求变化的影响十分严重。如果项目开通后的实际客流量低于预测客流量，将会大幅降低项目公司的收益。

（10）替代竞争。替代竞争风险也可以称为唯一性风险，指政府在PPP项目经济区域内修建了另外的竞争性项目，那么对区域内的客户将造成分流，降低项目公司的收益。

（11）不可抗力。不可抗力是指突发的、无法规避的并且人力无法抗衡的社会事件或自然灾害，例如地震、台风、海啸、火山爆发及公共卫生安全事件等。不可抗力风险的发生可能会对项目本身造成直接的破坏，也可能间接通过改变社会环境进而影响项目收入，给项目公司造成损失。

（12）融资。PPP 项目的特许协议中规定了完成项目融资的期限，如果在规定时间内社会资本未完成融资，则会被取消特许资格。融资风险最主要的一个表现形式是项目资金迟迟不到位，影响项目的开工建设。

（13）征地。项目所需建设用地获取的顺利与否决定了项目是否能够顺利开工。如果项目无法顺利开工，则会使项目成本升高。

（14）工程变更。工程标准的变化、设计存在错误、合同的变更等问题都将导致工程变更。建设工程项目经常存在工程变更现象，工程变更的发生将会造成项目建设期限延长和成本超支等问题。

（15）配套设施。项目的建造和运营都需要相关配套保障及时到位。配套设施缺失将会影响项目正常运行，进而影响项目收益。

（16）工期。项目工期的延长意味着人工成本、机械成本、融资成本等的整体提升，项目开始运营时间的延后也会造成收入的减少。

（17）工程质量。项目建设施工质量不达标将会产生两种可能：一种是项目在运营过程中，由于建设质量低劣而出现重大安全事故，给公众生命安全带来威胁；另一种则是导致项目的后期运营维护成本大幅增加，并在项目移交后，给政府带来超额的修缮成本，进一步损害公众福利。

（18）特许经营人员能力不足。政府与社会资本合作的核心目标之一，就是希望社会资本能够带来运营效率的提升，而运营效率的提升主要依靠特许经营人员的能力水平。特许经营人员能力不足，将会在生产经营活动中带来一系列问题，最终影响项目收益。

（19）建设成本超支。建设成本超支将会使项目公司分担更多额外成本，增加债务和相应的利息，降低股东利润。

（20）运营成本超支。交通设施项目的运营涉及对公路、设施及车站等的维护，运营费用过高直接影响项目的成本和收益。铁路、地铁项目中对车辆的维修更新成本也是运营成本的主要构成，该部分如果安排不合理，也会影响项目的成本。

（21）项目测算方法。特许运营期、服务价格的设置与调整、政府补贴等项目参数的测算过于主观，使得项目没有达到理想的效果。

按照对风险因素的分析，可将PPP项目风险按照风险发生后造成的后果，分为收入端风险与成本端风险，如图2-2所示。

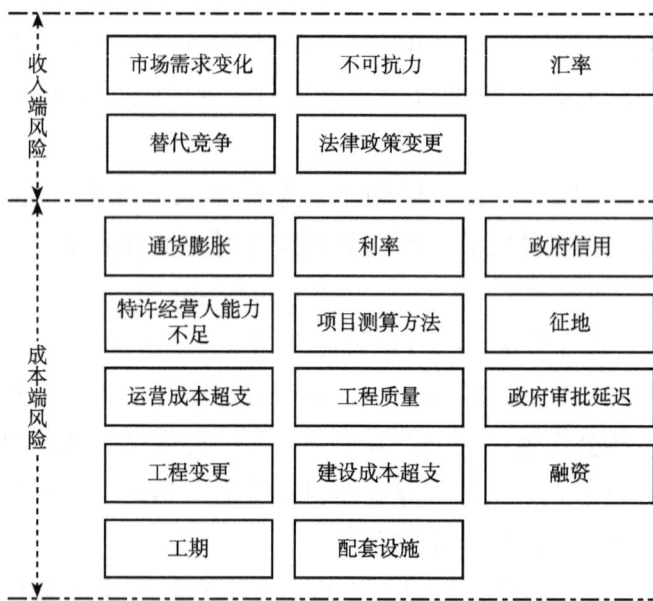

图2-2　PPP项目收入端与成本端风险

由图2-2可知，收入端风险通常为社会资本不具备掌控力的风险，需要政府分担或政府与社会资本共同分担。而成本端风险，除了通货膨胀、利率、政府信用、征地、政府审批风险之外，通常是社会资本的独立责任。PPP 值的组成部分——政府风险分担计算的是政府在 PPP 模式中需要分担的风险成本，社会资本独自分担的风险成本不在计算范围内。

本书区别于以往研究以宏观-中观-微观，或国家-政府-企业的风险层级分配方式，以收入端风险与成本端风险对项目风险进行分类，原因在于风险的计量需要与数理工具相适配。实物期权模型所采用的几何布朗运动随机微分方程能够较好地拟合资产价格及收入波动的特征，而期限结构模型所采用的 Vasicek 模型能够更好地处理通货膨胀率与利率等成本端风险问题。因此，本书采用收入端风险与成本端风险的分类方式，使研究逻辑更为顺畅。

三、PPP 项目关键风险与风险分担分析

正如上文 PPP 模式风险量化原则中所提到的，PPP 项目最主要的风险成本来自于其面临的关键风险，因此，PPP 项目的风险成本量化工作也应将工作重点集中于关键风险的量化。本节将对 PPP 项目所面临的关键风险因素进行识别，并通过风险分担原则，在政府与社会资本之间对关键风险进行分配。

（一）PPP 项目关键风险识别

对过往的 PPP 案例进行研究和总结是 PPP 项目风险识别领域专家的通常做法，大量专家对此领域的不断研究也将 PPP 项目风险集合不断地进行了充实完善。但案例研究通常是定性研究，大量案例总结出的 PPP 项目风险集合，通常只能起到参考作用。在真实的 PPP 项目中，不可能对所有风险进行考虑，所以，如何从众多风险中筛选出关键风险，进而量化，将 PPP 项目风险研究从定性转换到定量，具有重要意义。Gallimore 等[100] 对包括 PPP 项目私营资本、政府机构及 PPP 项目融资方在内的 53 个项目参

与人进行了问卷调查,并对调查问卷数据进行统计分析处理,得到相关结论,认为对于 PPP 项目来说,最为关键的风险为项目收益风险,其次为管理风险和建设风险。王守清等[38]通过对参与过 PPP 项目的 40 位相关人员进行问卷调查,并建立风险关键度指数模型得到结论,认为中国的 PPP 项目面临的关键风险主要为政府信用风险,另外,法律变更、不可抗力风险、政府审批、公有化都较为关键。Lam 和 Chow[32]通过对香港 PPP 项目的研究,认为完工风险和成本超支风险是 PPP 项目建设阶段的关键风险,而需求风险则是运营期的关键风险,另外,通货膨胀风险和不可抗力风险也较为关键。Askar 和 Gab-Allah[101]通过对埃及的 PPP 项目相关人员的问卷调查,认为在埃及的 PPP 项目中,政治风险最为关键,其次为运营风险和市场风险。而对于泰国的 PPP 项目来说,Ghosh 和 Jintanapakanont[102]通过调查后发现,完工风险是最关键的风险。Flyvbjerg 等[103]调查了欧洲、北美等地 167 个公路项目、58 个轨道项目及 33 个隧道桥项目,发现成本超支对大型交通基础设施项目影响最大,并随后认为,项目规模和工期的不可控导致了成本超支的发生。而 Miller 和 Lessard[104]则认为,对于经营性交通项目来说,需求风险对项目收益影响最大,其次为利率变动、通货膨胀等金融风险。另外,有学者通过数学统计分析对 PPP 项目关键风险因素进行研究,Wibowo 和 Kochendoerfer[105]采用拉丁超立方体抽样技术(latin hypercube sampling)对收费公路 PPP 项目数据进行了分析,发现 PPP 项目的核心风险包括法律变更风险、建设成本超支风险、需求风险、通货膨胀风险及利率变化风险。Wilmot 和 Mei[106]则将通货膨胀和政治风险作为主要风险因素,采用多层前向网络,对收费公路 PPP 项目的建设成本进行了预测。

戴大双等[107]通过对世界上 40 个典型 PPP 项目案例的研究,总结出 5 个可量化的核心风险,分别为需求风险、利率风险、通货膨胀风险、汇率风险、原材料风险。亓霞等[1] 通过对高速公路、供水、隧道桥梁等行业 16 个失败的 PPP 项目的研究,认为中国 PPP 项目的主要风险为法律变更风险、通货膨胀风险、政府信用风险、不可抗力风险、需求风险、替代竞争风险及收费政策变更风险。宋金波等[108] 通过对中国垃圾焚烧发电行业 18 个项目进行分析后认为,中国的垃圾焚烧发电 PPP 项目面临的关键风险为政府审批风险、运营风险、通货膨胀风险及政策法规风险等。周国光和江春霞[109] 认为 PPP 项目一旦失败,造成的影响是巨大的,不仅影响公共部门公共产品的提供,还会给私营部门造成重大损失。他们选取了 24 个失败的 PPP 项目案例并对失败原因进行了分析,按照责任的主要负责方和项目进行阶段对风险因素进行分类,进一步找到了因素之间的关系链。其研究表明,我国当前 PPP 模式失败的主要因素与政府相关,法律框架不完善和监管的失位是我国 PPP 项目失败的主要原因。刘婷等[110] 在对中国发生再谈判的 38 个项目总结研究发现,造成 PPP 项目再谈判的主要风险为市场需求不足、政府信用及法律政策变更。孟惊雷[99] 在研究中对 PPP 项目面临的关键风险进行了评估,认为法律政策风险、政府风险、市场风险、建设风险、运营风险、组织协调风险发生的概率最高。柯永建[98] 通过对大量的 PPP 项目相关参与人员的德尔菲法调研和对数据的模糊梯度数据处理方法,认为对于中国的 PPP 项目,发生概率最高的 5 项风险为政府干预风险、政府决策失误/冗长风险、利率风险、通货膨胀风险及融资风险,而发生后危害程度最高的 5 项风险为政府干预、特许经营人员能力不足风险、政府信用风险、融资风险及市场需求变化风险。

　　本书将部分风险项目进行合并,例如将公有化风险、政治风险与政府信用风险合并,运营风险与经营人员能力不足风险合并,建设成本超支风险与工期风险合并,得到了如表 2-7 所示的 PPP 项目关键风险统计表。

表 2-7　PPP 项目关键风险统计表

文献	官员腐败	政府信用	社会环境的稳定性	法律政策变更	政府审批延迟	利率	通货膨胀	汇率	市场需求变化	替代竞争	不可抗力	融资	征地	工程变更	配套设施	工期	工程质量	特许经营人员能力不足	建设成本超支	项目测算方法
[100]									√							√		√		
[188]		√		√	√															
[32]		√					√		√											
[101]		√							√		√					√				
[102]									√		√							√		
[103]									√							√				
[104]				√		√	√		√											
[105]						√	√		√							√				
[106]		√				√	√	√	√											
[107]		√		√			√		√	√	√									
[1]		√		√			√		√	√										
[108]					√		√				√							√		
[110]		√		√					√											

续表

文献	官员腐败	政府信用	社会环境的稳定性	法律政策变更	政府审批延迟	利率	通货膨胀	汇率	市场需求变化	替代竞争	不可抗力	融资	征地	工程变更	配套设施	工期	工程质量	特许经营人员能力不足	建设成本超支	项目测算方法
[99]		√		√												√		√		
[98]		√		√	√	√	√		√			√				√				
总数	0	7	0	7	3	4	8	1	9	1	3	1	0	0	0	6	0	4	0	0

通过 PPP 项目关键风险统计分析，本书剔除掉了只有一个对勾和没有对勾的风险因素，认为中国 PPP 项目所面临的核心风险为：政府信用、政府审批延迟、工期、特许经营人员能力不足、市场需求变化、通货膨胀、利率、不可抗力、法律政策变更及替代竞争。其中，虽然替代竞争风险在统计中只得到一个对勾，但该风险在以往文献通常隐含于市场需求变化风险中，一旦发生，造成结果较为严重，所以也将其列为关键风险因素。

（二）PPP 项目关键风险分担

根据 Abednego 和 Ogunlana[47]、刘新平和王守清[49] 及 Roumboutsos 和 Pantelias[48] 的研究成果，政府与社会资本进行 PPP 项目风险分担须遵守基本原则：每一项风险由对该风险掌控能力最强的一方来分担；对超出双方掌控能力之外的风险，由双方共同分担；对于超出某一方承受能力的风险，应设置最大分担限额。

参考类似 PPP 项目的实践经验，根据上述风险分配原则及 Shen 等[41]、柯永建和王守清[61] 的研究成果，PPP 项目关键风险应按以下方式进行分担：

第一，由政府来分担全部风险，包括政府审批延迟、法律政策变更、替代竞争、不可抗力风险。

第二，由政府与社会资本共担市场需求变化、通货膨胀、利率风险，并且，社会资本对市场需求变化、通货膨胀及利率风险的分担应有一定限额。

第三，由社会资本分担特许经营人员能力不足及工期风险。

多位学者的文献研究均认为政府信用风险是关键风险，但是在一个政府失信的环境里，政府担保和政府风险分担是无稽之谈。基于关键风险可分担原则，本书假定政府不存在信用风险。

第三节　基于随机过程的 PPP 值
优化机理分析

在完成了 PPP 模式物有所值定量评价存在问题的分析、PPP 项目关键风险的筛选及 PPP 项目风险分担的研究后，PPP 值优化的前提铺垫已经完成。PPP 值优化所涉及的关键要素为：未来现金流、风险成本量化和分担、折现率及项目特许运营期限。这些要素在政府与社会资本合作框架下将会产生特定的结构关系，而这种结构关系将会对 PPP 值的优化过程产生影响。

本节将对政府与社会资本合作框架与 PPP 值优化要素的作用关系进行分析，并进一步研究 PPP 值优化要素之间的结构关系。在此基础上，将随机过程模型引入这种结构关系，实现基于随机过程的 PPP 值优化机理分析。

一、PPP 值优化要素分析

（一）政府与社会资本合作框架对 PPP 值优化要素作用分析

政府与社会资本通过 PPP 模式进行合作，双方共同投资，建立 SPC（special purpose company）项目公司以完成项目的前期建设与试运转。在这一阶段，社会资本方完成了对 SPC 项目公司的股权投资，并要求该部分投资能够获取合理的回报。而政府方通过向 SPC 项目公司注入基础设施不动产的方式，获取 SPC 项目公司的股权，同时为项目的开工建设提供前提条件与保障。在项目的运营过程中，社会资本方通过项目的销售收入回收前期投资并获取合理利润，而政府在这一过程中获得了基础设施项目运行所带来的社会效益。正如前文所分析的，PPP 项目通常面临多种关键风险，风险情况的发生将会给项目收益带来较大影响。基础设施项目通常投资金额巨大，运营期限和投资回收期限都较长，并且项目所面临的关键风险通常是社会资本无法掌控及应对的，这就需要政府在其中对有关风险进行合理的分担。

如图 2-3 所示，政府与社会资本通过"风险共担，收益共享"这一基本原则进行合作。其中，"风险共担"原则指的是政府方与社会资本方按照能力边界来划分风险的分担范围，双方各自分担自己能够掌控的风险因素，而对于超出双方能力范围的风险，则需要双方共同来分担。"收益共享"原则，则主要针对的是项目整体利益分配的问题。如果将项目在全过程生命周期内的收益看作是一块"蛋糕"，那么项目的特许运营期就是分配这块"蛋糕"的切割点。社会资本在特许运营期内，通过项目的运营

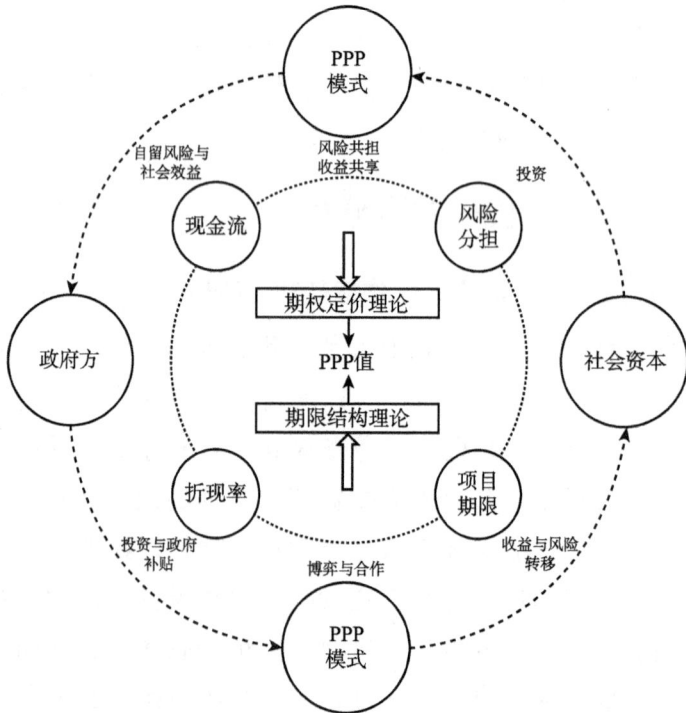

图 2-3　政府与社会资本合作框架下的 PPP 值优化要素

获取收益，而政府方则在特许运营期结束后回收项目，并继续运营项目至项目生命期的终点。社会资本在特许运营期获得收益是属于社会资本的经济利益，而政府在特许运营期结束至项目生命期终点之间的收益，是属于社会公众的社会效益。社会资本除了可以获取项目的运营收入外，还将获取政府支付的运营补贴及风险分担补贴等。政府补贴减去项目投资回收及运营成本后得到的是项目利润，通常来说，项目利润需要高于社会资本的要求收益。在社会资本要求收益之外的项目收益，则是政府方与社会资本之间"博弈与谈判"的目标。

（二）PPP 值优化要素之间的关联分析

在政府与社会资本"风险共担，收益共享"及"博弈与谈判"的双重作用下，将围绕项目现金流、项目风险分担、项目折现率、项目特许运营期限进行重点考量与测算。如图 2-4 所示，项目现金流、项目风险分担、项目折现率及项目特许运营期限之间存在着紧密的勾稽关系。项目现金流直接决定了项目的经营利润，从而影响项目的投资回收期。项目的投资回收是社会资本的底线，即项目特许运营期必然长于项目投资回收期。相对应的，项目特许运营期的延长或缩短都将导致社会资本获得超额盈利或亏损。在项目风险方面，项目风险事件的发生将会直接对项目的经营收益或成本造成影响，进而造成现金流的减少，而社会资本分担过多的风险成本，将削减其收益，因此社会资本可能会要求更长的特许运营期进行补偿。另外，折现率是项目现值计算的重要参数，较大的折现率不仅可以使项目现值降低，还能极大降低远期发生的风险对项目现值的影响。

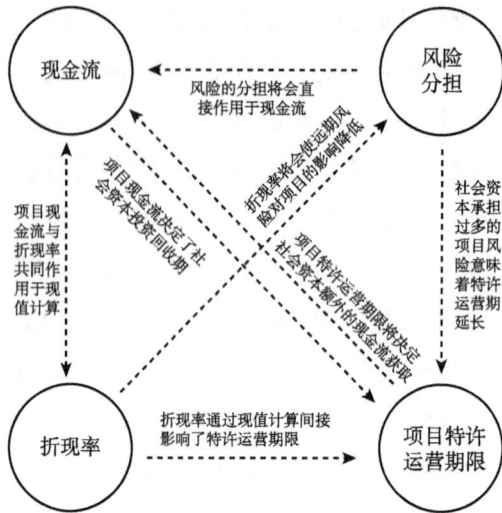

图 2-4　PPP 值量化要素间的关联

二、随机过程对 PPP 值优化要素的作用机理分析

通过以上分析得知，项目现金流、项目风险分担、项目折现率、项目特许运营期限既是政府与社会资本合作所涉及的关键要素，也是政府在项目特许运营期全过程成本，即 PPP 值，测算的关键要素。传统的 PPP 值测算过程中，专家的主观性会对未来现金流的估算、风险成本的计量、折现率的选取及特许运营期限的设定等产生极大影响，这种情况让 PPP 项目的物有所值定量评价缺乏可回溯性，不同地区的 PPP 项目缺乏可比性，极大妨碍了 PPP 模式的完善进程。

随机微分方程模型是非常好的数学建模及对相关参数进行动态模拟分析的工具，可以通过多种参数的设定，模拟未来现金流在多种风险条件下的变化，并可通过未来折现率，以及可变特许运营期的模拟及计算，确定政府风险分担及政府补贴的现值，如图 2-5 所示。首先，需要对初始的现金流进行赋值 V_0。现金流在随后的项目运营过程中，可能由于区域发展、经济周期等原因，出现增加或者减少，即出现了现金流要素在时间排布上的向上或者向下运动。现金流要素向上或者向下运动幅度的大小称之为现金流的波动率，而一些非常规的超额波动则称为现金流的跳跃，这通常是由较少发生的冲击性事件造成的。现金流要素向下波动，则认为是发生了风险事件；而向上波动，则认为是项目的超额收益。政府与社会资本将对风险成本进行分担，本书将会在现金流的随机运动模拟中设置包括最低限额担保及最高分担责任在内的政府与社会资本间的风险分担参数，以实现对政府风险分担额的计算。与每一期的现金流与风险分担相对应的，则是每一期的项目折现率。项目折现率的合理性也是非常重要的，在初始折现率 D_0 的基础上，项目折现率将围绕一个趋势进行均值回归运动，进行合理范围内的波动。在时空分布上，将每一期的政府风险分担与折现率进行结合，这样就得到了政府关于项目总的风险分担现值。值得注意的是，在项目特许运营期的确定过程中，存在政府方与社会资本方的博弈：社会资本方关注的是项目总收益减去风险分担后，是否能够满足自身的要求收益；政府方关注的重点则是，在项目特许运营期结束后，是否有足够长的时间来继续运营项目并增加公众的社会福利。当社会资本在特许运营期内遭遇风险事件，从而无法从正常的项目运营收入及政府补贴中获取要求收益时，政府需要对社会资本进行补偿。补偿的方式通常是延长特许运营期限，而特许运营期限的延长又意味着更多的政府风险分担与政府补贴，这也将损害公众福利。所以政府与社会资本将根据社会资本要求收益与公众福利，在谈判中寻求一个平衡点，而此过程将通过随机过程下的博弈模型来进行模拟分析。经过图 2-5 所示过程，本书通过随机过程对 PPP 项目的现金流、风险分担、折现率及特许运营期进行解析，并联通成了一个有机的系统，最终可以实现 PPP 值的优化计算。

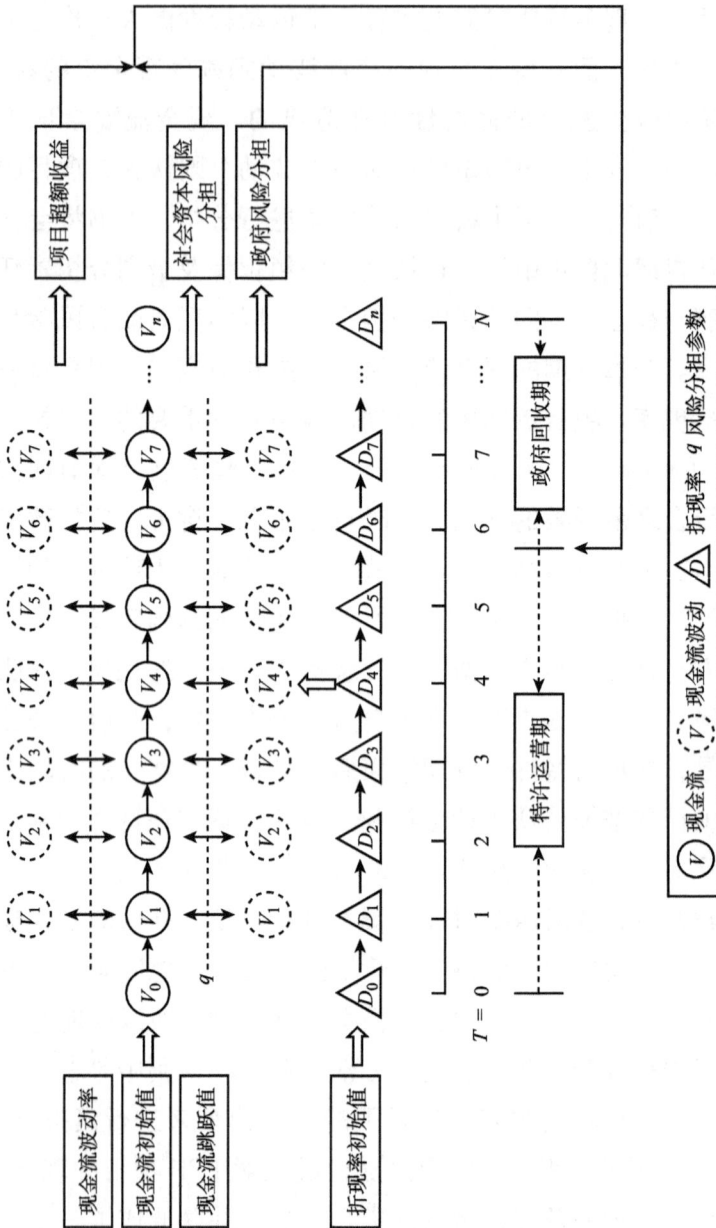

图2-5 随机过程对PPP值量化的作用机理

三、基于随机过程的 PPP 值科学性分析

正如前文所述，目前物有所值定量评价存在诸多问题，其中最主要的问题是专家对于多种现金流及风险指标的计量存在主观性，这就导致了相关专家学者很难对项目的评价结果进行回溯、项目与项目之间可比性较低、项目评价流程自由度大且可操作性差的问题。

基于随机过程的 PPP 值优化计算体系的核心宗旨是让 PPP 值的计算更加具有科学性、系统性。如图 2-6 所示，优化 PPP 值的模型计算环节可以分为初始值的获取、模型参数的估计、模型公式程序化、初始值和模型参数代入程序、最终计算得到 PPP 值这几个部分。输入程序的初始值通常是由项目的工程可行性研究报告得到，也可以通过可比项目及研究文献中的数据进行预估；未来现金流模型及风险成本计量模型的参数需要使用国家宏观经济数据库及 WIND 等商业数据库数据进行拟合；现金流模型及风险成本计量模型需要严格的推导过程，并且需要利用 MATLAB 等建模软件实现程序化。

此计算体系的优点在于：

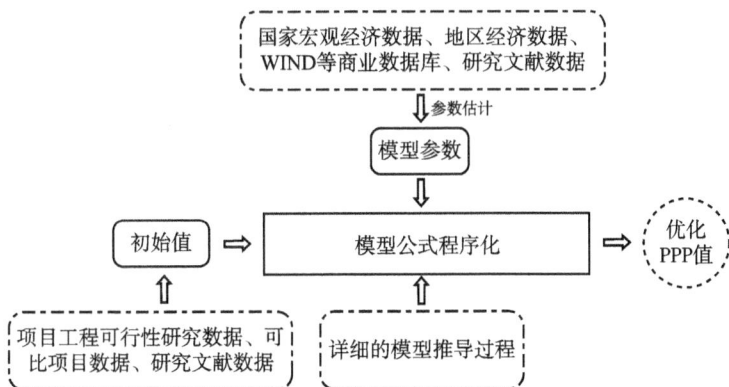

图 2-6　优化 PPP 值计算简化流程

第一，优化 PPP 值计算体系使其具备足够的严谨性。随机过程数理模型已被成功应用于金融、物理、材料、医学、化学等多个领域，尤其在金融风险资产定价方面，随机微分方程模型及风险中性定价理论已被证明可以解决不确定环境下的投资问题。这说明只要针对具体问题，选取合适的随机过程模型，进行正确的推导，就可以得到正确的结果。

第二，优化 PPP 值计算体系使其具备充分的客观性。随机过程模型可以通过程序来实现，只需要赋予模型参数及初始值，即可完成现金流的估计及风险的测算。这样一来就摒弃了专家估计的主观性。

第三，优化 PPP 值计算体系使其具备可回溯性。随机过程模型参数的估计、初始值的赋予，皆可通过公开数据库及备案可查的非公开项目数据来完成，第三方监察机构可查询随机过程模型的程序、参数估计所使用的数据及备案资料等内容，对 PPP 值估计的合理性进行检查。这样一来就摒弃了以往项目评审过程难以回溯的问题。

第四，优化 PPP 值计算体系使其具备可比性。国家总体宏观风险的定量数据可在全国采用统一标准，同一地区同类型项目的现金流估计、特定风险定量及折现率也可采用基本一致的模型与参数。这大大增加了不同项目物有所值定量评价的可比性，同时降低了不同项目、不同专家评判的差异性影响。

由于同时具备了客观性、可比性、可操作性，以及数理模型天然具备的扎实严谨的属性，本书的随机过程计算系统将会得到更加客观合理的政府运营补贴、政府风险分担、项目折现率及项目特许运营期限，而这些要素的精确计量将使得 PPP 值的计算更加具有科学性。

第四节 基于随机过程的 PPP 值优化分析框架的构建

PPP 值优化分析框架的建立以 PPP 值传统计算方式存在问题作为出发点。PPP 值传统计算方式存在静态、粗糙、主观性强等问题，而 PPP 值优化分析框架正是通过对 PPP 值计算各种要素客观分布规律的解析，建立精细化、数理化及科学化的连续时间模型，从而解决 PPP 值传统计算方式所存在的问题。如图 2-7 所示，金融期权定价理论与资产价格表达式可以使传统的对现金流的近、中、远期静态估计转化为连续时间的动态变化与模拟。而采用"风险中性"定价方法的连续随机微分方程模型可以实现对特定风险的货币化计量，且可以通过设置风险分担参数，实现政府与社会资本的风险成本分担。风险分担参数又可以作为具体的谈判标的，这解决了以往无法落实风险分担的难题。多因素的动态利率期限结构模型可以实现政府债券利率及贷款利率的拟合，可以实现折现率的多种期限结构变化，实现长周期多种情况模拟。

优化 PPP 值

多参数可视化分析

模型推导

$$dV = u_V V_t dt + \sigma_V V_t dW_V$$
几何布朗运动微分方程（期权定价模型）——未来现金流模型（第三章）

$$dV = u_V V_t dt + \sigma_V V_t dW_V(t) + V_t d(Q_{c-}\beta_i t)$$
带"跳"的几何布朗运动微分方程（期权定价模型）——收入端风险成本及政府风险分担模型（第三章）

$$dc(t) = \alpha_{c-}\beta_i c(t) dt + \sigma_c dW_c(t)$$
Vasicek随机微分方程（期限结构模型）——成本端风险成本及政府风险分担模型（第四章）

$$dr(t) = (\alpha_r-\beta_r r(t)) dt + \sigma_r dW_r(t)$$
Vasicek随机微分方程（动态折现率模型）——期限结构模型（第四章）

$$= T \int_0^{T_{c\_max}, T_{c\_max}} V_P^{-\gamma} dt - GV(T_{c\_min}) - GRT - Q_G$$
在政府双端风险分担基础上的特许运营期限可行域模型（第五章）

变量的连续时间变化

未来现金流的连续时间变化

收入端风险对现金流造成的冲击，政府收入端风险分担

成本端风险：通胀与利率变动，政府成本端风险分担

建立连续时间动态折现率模型

在政府双端风险分担基础上，政府与社会资本合作的边界

变量分布规律

现金流波动特征

收入端风险影响与风险分担

成本端风险影响与风险分担

地方长期贷款利率期限结构

政府与社会资本合作的边界

传统定量方法

近、中、远期未来现金流静态估计

情景概率法核算风险成本

按照地方长期债券利率确定折现率

直接确定10～30年运营期限

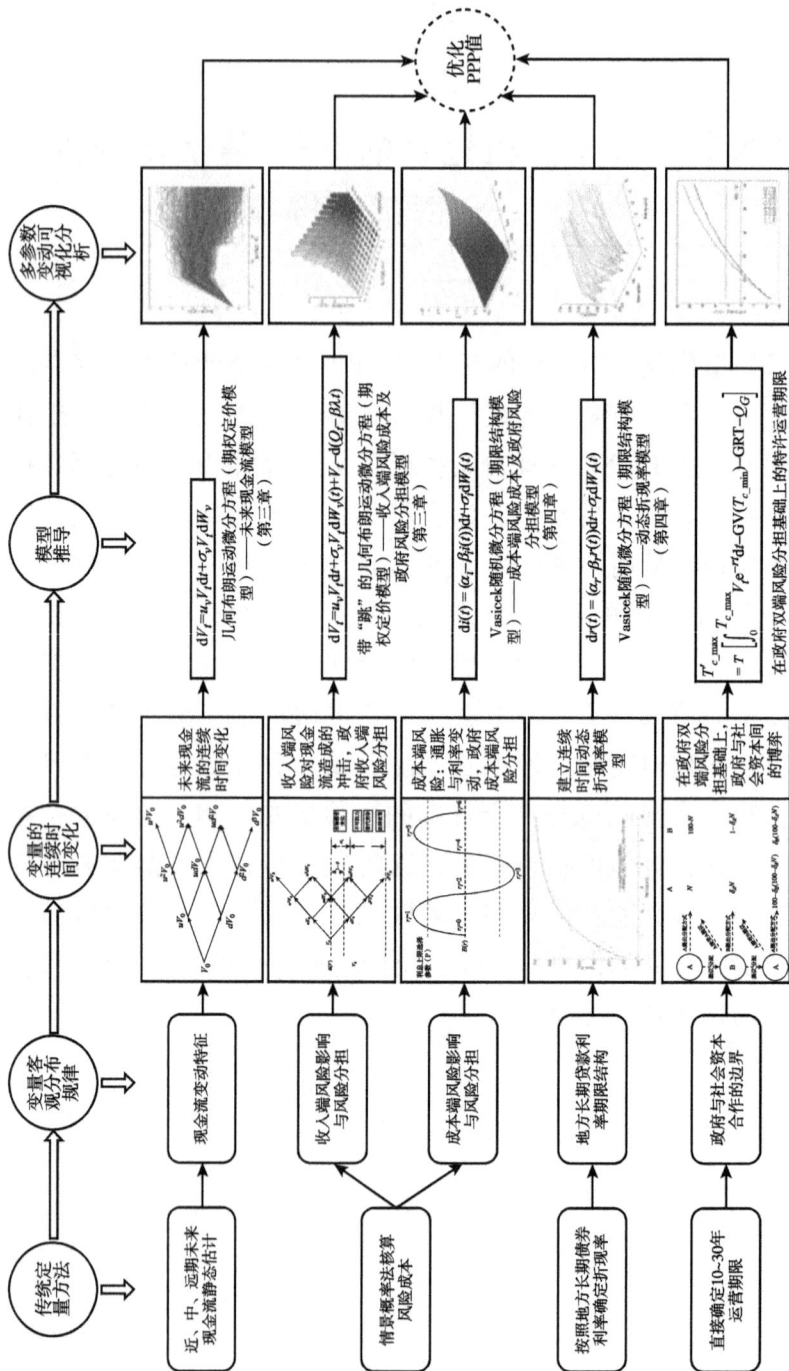

图2-7　基于随机过程的PPP值优化分析框架

一、不确定性现金流与收入端风险分担分析

（一）不确定性现金流的表达式

如前文所述，PPP 模式收入端的关键风险为：市场需求变化、不可抗力、法律政策变更及替代竞争。

基础设施 PPP 项目具有投资规模大、融资结构复杂、谈判周期长、风险因素众多、成本波动大等特点，如何有效地对基础项目进行经济性投资评价是决定基础项目投资成功的关键。PPP 项目的经营过程受到众多风险因素的影响，在不确定环境下，对 PPP 项目定价、特许运营期决策的研究中，学者们采用不同的概率分布对不同关键定价、决策要素进行模拟。侯丽[111] 在对风险条件下 PPP 项目的特许定价进行研究时，认为可以用三角分布、正态分布、均匀分布对建设期及成本超支进行模拟，用正态分布模拟了交通量及运营维护成本，并用均匀分布模拟了恶劣天气天数。王东波等[112] 研究了不确定环境下 BOT 项目特许运营期决策问题，同样利用了正太分布函数对运营和维护成本及交通量进行了估计。在研究多种不确定因素环境下的估值、决策问题时，对不确定性因素分别给出概率分布是一种可行的方法。但对 PPP 项目来说，其所涉及的不确定性因素太多，分别估计每种风险因素过于烦琐。另外，多种概率分布的组合也增加了整体的随机性，而且在实际操作中，将多种不确定因素匹配多种概率分布这一做法，缺乏标准化流程且过于依赖计算者的主观判断。因此，自 Myers[84] 首次提出利用实物期权来描述投资时机的价值之后，这一方法迅速为该领域的众多学者所广泛采用。在期权定价框架下，受到多种风险与不确定性影响的风险资产价格，如股票价格，服从几何布朗运动，而在实物期权领域，类似商业地产、高速公路、污水处理、城市轨道交通等资产的风险收益，也服从几

何布朗运动。这个方法的优点是，可以将多种风险因素下的项目现金流进行统一模拟，而无需分别对单个风险因素进行估计。这极大地简化了估计过程，也让估计过程更加标准化且更具有可操作性。风险因素对项目现金流的影响如图 2-8 所示。

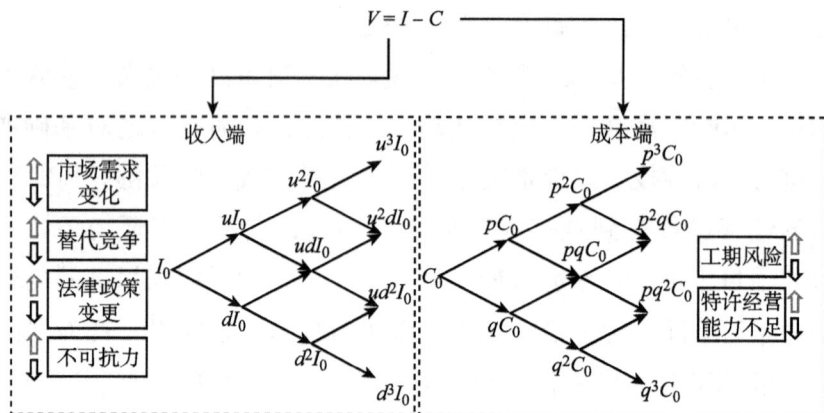

图 2-8　风险因素对项目现金流的影响

图 2-8 使用二叉树表现了在关键风险因素的综合影响下，PPP 项目现金流 V 可能的变化情况。V 等于收入 I 减去成本 C。每种不确定性因素都可能造成现金收入、成本变化等影响，进而使得离散化的每一期现金流都可能出现向上或向下的变化。u 和 p 分别表示初始收入 I_0 和初始成本 C_0 向上提升的幅度，d 和 q 分别表明原始现金流 V_0 和原始成本 C_0 向下下降的幅度。其上升和下降均遵循一定的概率分布，且 u、d 与 p、q 不同分布，因此，原始收入和成本的每一步变化均是多种不确定因素共同作用的结果。

PPP 值测算的是政府在 PPP 项目全生命周期的支出责任，这就意味着，在现金流变动中需要区分政府与社会资本各自的权责范围。政府与社会资本合作的前提是希望能够借助社会资本的市场化优势，为项目提质增效，具体表现在成本的控制和效率的提升。而由于 PPP 项目多处于提供公共产品或准公共产品服务的基

础设施行业，项目的收入通常不受社会资本的控制。所以，PPP
项目运营成本端的风险需要社会资本来进行控制，而政府往往负
责保障项目的收入端，这就意味着 PPP 值测算关注的重点在于政
府在项目收入端所分担的或有支出责任。那么根据前文物有所值
风险量化原则第四条"能够区分现金流中政府与社会资本各自负
担风险所造成的影响"，将通货膨胀造成的成本上涨（共担风
险）、工期风险与特许经营能力风险（社会资本自担风险）从现
金流模型中剔除，即认为在 PPP 值计算中的运营现金流波动只受
政府分担风险的影响，则在现金流模型中，将成本端设置为常
数，如图 2-9 所示。有关通货膨胀对成本造成的影响，将在期限
结构模型中进行计量，而不在现金流模型中进行考虑。

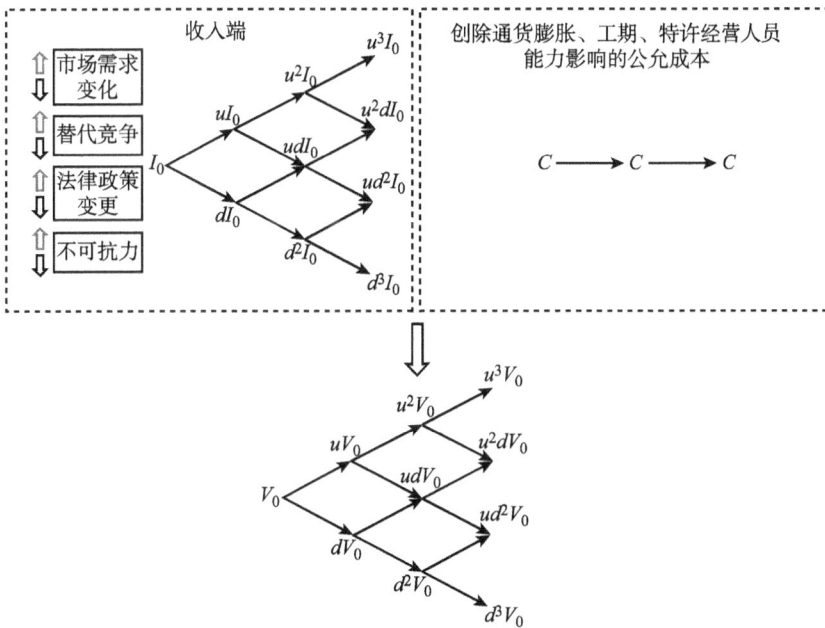

图 2-9　PPP 值计算过程中的未来现金流模型

而图 2-9 中现金流二叉树离散路径取极限得到的连续时间表
现形式即为几何布朗运动，如式（2-3）：

$$V_t = V_0 \exp\left[\int_0^t \sigma_v \mathrm{d}W_v(t) + \int_0^t \left(u_v - \frac{1}{2}\sigma_v^2\right)\mathrm{d}s\right] \qquad (2\text{-}3)$$

其中，σ_v 表示现金流波动率，u_v 表示现金流漂移率。

（二）不确定性现金流的"跳"过程

几何布朗运动可以捕捉资产价格变动的许多重要特征，并能为模型带来解析解。然而越来越多的证据显示，几何布朗运动并不能全面描绘资产价格的真实运动情况。实际上，受突发事件的影响，资产价格运动的随机过程往往呈现出一种不规则的跳跃，因此，有必要在分析中引入"跳"过程来模拟这种由突发事件所导致的"跳跃"，以期达到能更真实地描绘资产价格运动的随机过程，进而修正传统投资决策中存在的系统性偏差的目的。

对于 PPP 项目来说，在冲击事件的影响下，同样存在现金流跳跃的可能：

第一，不可抗力例如"非典型肺炎""新冠疫情"突发性公共卫生事件，会对如城市轨道交通、高速公路这类严重依赖客流量的行业造成严重影响。而部分南方城市在梅雨季节遭遇特大暴雨、强台风等天气不仅会造成客流量的大幅减少，还可能会破坏项目设施，造成修缮成本大幅增加。

第二，使用者付费类 PPP 项目的收入主要来源为项目的经营收入，而通常这类公共服务类项目收入与地方的经济环境、行业所处的经济周期、行业出台的法律政策密切相关。例如，节假日高速公路免费政策会对高速公路的收入造成影响；同样，电力行业的电费减免政策、供暖行业的取暖费降价等，都会对相关运营公司收入造成较大的影响。经济环境的周期性萧条，也会影响诸如供水、电力等与制造业关系密切的行业。

第三，替代竞争同样是基础设施行业公司必须面对的巨大风险，PPP 项目公司所提供的服务通常在一定区域具有垄断性，而打破区域垄断意味着收入被分流。高速公路、水务公司等都面临此类问题。另外，对于高速公路来说，除了替代竞争以外，高铁及航运的竞争也会对项目收益造成影响。

图 2-10 较为形象地展示了风险资产价格受到冲击事件影响产生"跳"的情况。事实上，冲击事件的发生通常没有预兆、不连续并且影响重大，从统计的角度来看，这个"跳"通常可以用泊松过程来表示[113]。加入了"跳"过程的 PPP 项目现金流表达式为：

$$V_t = V_0 \exp\left[\sigma_v W_v(t) + \left(u_v - \eta\lambda - \frac{1}{2}\sigma_v^2 \right) t \right] \prod_{i=1}^{Z(t)} (L_i + 1) \qquad (2-4)$$

其中，$\prod_{i=1}^{Z(t)} (L_i + 1)$ 即为泊松过程。

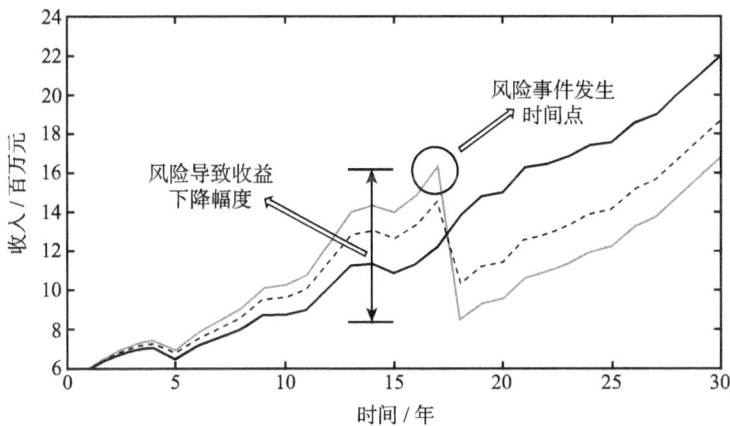

图 2-10　突发风险事件影响下的 PPP 项目现金流

（三）政府收入端风险分担

第一，政府采用 PPP 模式，主要目的是引入社会资本及其所带来的专有技术、资源禀赋，以期能够实现效率的提升及部分风险的转移，社会资本参加 PPP 项目，其目的主要是希望获取长期稳定的收益。社会资本通常需要向银行借贷大量的资金以完成项目的建设，并且在长达 20～30 年时间内，产出产品和服务并分担大量的风险。PPP 模式通常投资于基础设施行业，准公益性质的行业特性决定了项目回报率不会很高。从债券的角度来看，PPP 项目是一项久期较大的投资，政府部门为了吸引社会资本进入，通常会提供政府补贴。合理的政府补贴是促进政府与社会资本合作，降低社会资本风险分担，保证项目平稳有序运行的关键。

第二，有效的政府担保可以降低公共基础设施产品的费率水平，增加消费者使用量，从而增加消费者剩余，促进社会福利水平的提高。项目中政府担保主要是为了降低风险，保证投资人的一定收益水平。而诸如公路交通一类的基础设施项目，过路费是其唯一的收益来源，政府合理的担保可以抑制潜在的涨价风险，实际上是对消费者权益的保护。但是，政府担保支出所用的财政预算又来自于消费者的纳税所得，税收系统存在运作成本会对社会经济活动造成负面影响。简单来说，过低的政府担保可能会使项目的风险一部分转嫁给消费者，而过高的政府担保又会加重纳税人的赋税负担。因此，政府在提供担保时需要考虑到担保量与消费者剩余之间的均衡问题。此外，由于政府和私人部门之间存在着明显的信息不对称，如果不能提供足够的担保来激励特许权受益方努力提高服务水平，就会带来社会福利水平的降低，进而无法实现政府部门的预期目标。

第三，由于政府对项目提供的担保在未来某一时刻项目出现政府所承诺保护的不利情况时才会生效，因此这种担保并不会立刻产生现金成本，而是政府必须分担的一种或有责任或称为或有债务。在实际情况中，当一项投资被给予担保时，政府并不会计算这种或有债务，但或有债务却代表着一种实际的支付责任。有研究表明，政府实际支出的补贴，平均可以达到政府担保数额的三分之一。

政府对 PPP 项目公司收入端风险进行分担的模式多种多样，

其中最常见、应用最广泛的是政府进行"流量担保"。"流量担保"体现在高速公路项目当中为"最低交通量担保",体现在城市轨道交通项目当中则为"客流量担保",体现在污水处理项目当中则为"污水处理量担保"。形形色色的"流量担保",实际上相当于政府将一份流量看跌期权"卖"给了社会资本,这也意味着政府风险分担成本等同于担保期权价值。

政府担保价值示意图如图 2-11 所示。假设政府承诺的担保现金流为 V_k,则当项目现金流高于 V_k 时,政府无担保支出;而当项目现金流低于 V_k 时,则产生政府担保支出。如图 2-11 中第三期政府或有补贴支出额为 $V_k - d^3V_0$,这种政府或有的补贴支出也正对应了政府担保期权的价值。

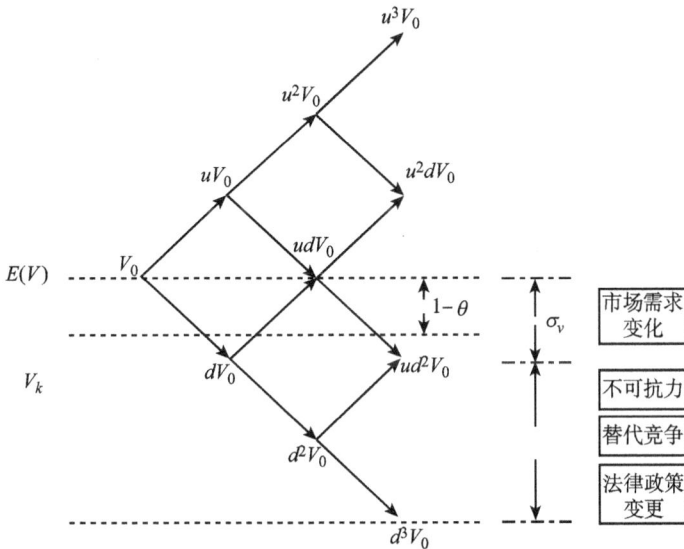

图 2-11 政府担保价值示意图

V_k 可根据政府的财政情况和社会资本的风险收益偏好来确定,通常与预测现金流成一定比例,比例的设置可结合周边地区同类项目现金流波动情况。如图 2-11 中所示,如果 $\theta = V_k/E(V)$,那么 $1 - \theta$ 应小于或等于现金流的波动率 σ_v 以达到市场需求波动风险共担，同时政府能够分担绝大部分不可抗力、替代竞争及法律政策变更风险的目的。

政府风险分担的测算是 VFM 框架下 PPP 值的重要组成部分，但由于政府风险分担只在项目收益不利的情况下才产生，并不是会计意义上的债务，这导致部分地方政府为了 PPP 项目尽快"上马"，而忽略了对于政府风险分担的测算，或者迫于"财政承受能力"红线，刻意调低了可能负担的政府分担量。另外，项目本身存在的大量不确定性也给政府补贴的计算造成了阻碍，而采用实物期权方法对此政府担保期权价值进行计算弥补了传统计算方法在不确定性及计算标准上的不足，这也是当前学术界一个重要的努力方向。本书将在第三章中完成本节的详细模型建立和公式推导。

二、折现率与成本端风险分担分析

如前文所述，PPP 模式成本端的关键风险包括通货膨胀风险与利率变动风险。对于政府付费项目及可行性缺口补贴项目，政府每年补贴支出主要涉及两个方面，即 PPP 项目建设期投资的回收和运营补贴支出。建设期投资主要来自社会资本自有资本金与银行贷款资金，对于高速公路和城市轨道交通等项目，由于所需资金量巨大，银行贷款资金通常占到总建设资金的三分之二左右，达到动辄几十亿元甚至上百亿元。因此，银行长期贷款利息的波动将会对 PPP 项目社会资本方的利润产生极大影响。为了避免债务成本对 PPP 项目现金流造成过度影响，保障基础设施项目平稳顺利运行，政府通常会选择与社会资本共担利息上涨风险。通常做法为，政府为社会资本设定最高利息分担上限，如图 2-12 所示，当利息超过上限时，政府将会分担多出的债务成本。例如，在香港的东区海底隧道 PPP 项目当中，为了将社会资本所分担的融资成本控制在一定程度，香港政府给予社会资本利率上限选择来对利率风险进行规避[114]。

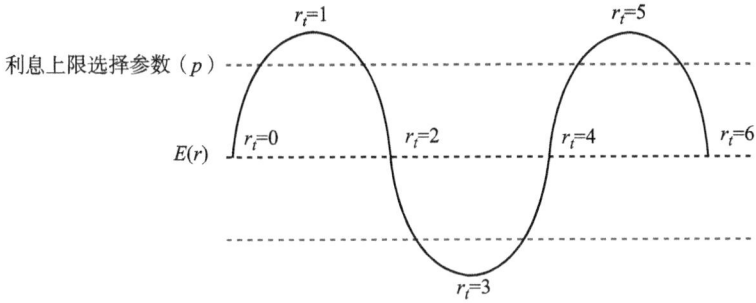

图 2-12　利率变动与利息上限选择参数示意图

在长达 20~30 年的运营期间内，可能产生的通货膨胀将会造成运营成本的大幅上涨，从而侵蚀社会资本的收益。价格调整是政府给予社会资本对抗通货膨胀的一种方式，例如我国的供暖公司收取的采暖费用通常与阶段煤炭价格高度相关。但 PPP 项目通常所具有的准公益特征使得项目在调高价格的过程中往往伴随着社会层面的阻力，例如智利地铁价格的调整直接引发了大规模社会动荡。所以政府与社会资本共担通货膨胀风险的另外一种方式与利息上限选择类似，即社会资本可以分担一定范围内的通胀成本，而政府则分担超出的部分。与利率变动风险不同的是，通货膨胀风险考虑的是累积通货膨胀，如图 2-13 所示，而利率变动风险考虑的是当期利率。

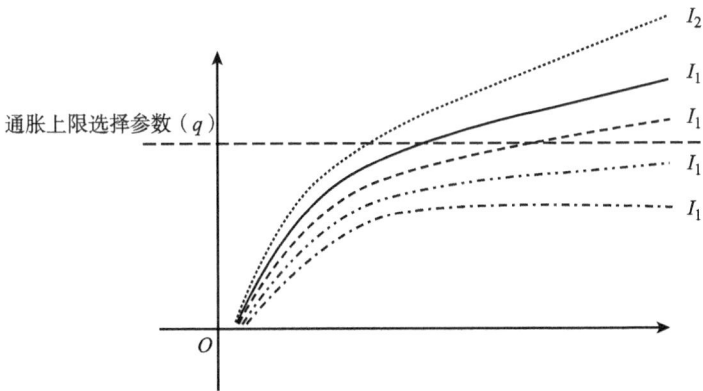

图 2-13　通货膨胀风险与通胀上限选择参数示意图

　　在 PPP 项目 VFM 框架下，根据《指引》，计算 PPP 值的折现率"应考虑财政补贴支出发生年份，并参照同期地方政府债券收益率合理确定"，将利率风险和通货膨胀风险单独提出作为与折现率相关风险的一个主要原因，是因为从统计学角度来看，通货膨胀率、贷款利率和地方政府债券收益率均为类均值回归过程（O-U Process），这就为建立统一随机微分方程模型提供了基础。

　　如图 2-14 所示，本书将贷款利率、通货膨胀率、地方政府债券利率、利率风险上限选择、通货膨胀风险上限选择，纳入统一的期限结构框架下，建立基于利率溢价因子及通胀溢价因子的 Vasicek 多因素模型。本书将在第四章中完成本节的详细模型建立和公式推导。

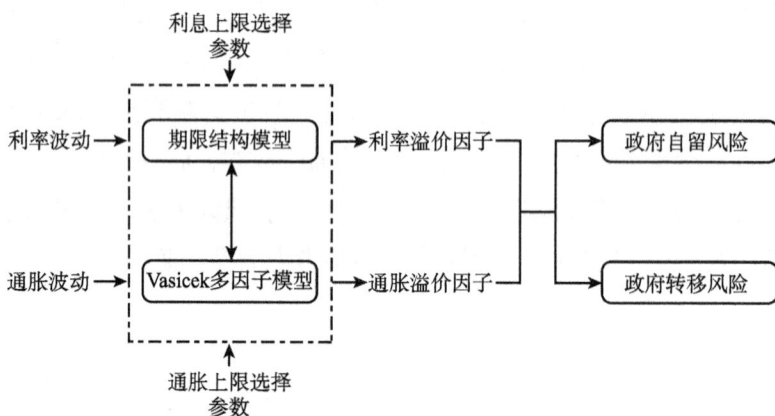

图 2-14　利率波动、通胀波动期限结构分析

三、双端风险分担下的 PPP 项目特许运营期限分析

　　特许运营期限即 PPP 项目的特许权协议的合同期限，是 PPP 项目特许权协议中的一个关键决策参数，是划分公共部门与私营部门各自权利、义务和职责的时间边界，也是确定项目所有权和

经营权归属的时间边界，同时也是一种有关时间和经济的重要指标[115]。特许运营期是 BOT 项目全寿命周期的一部分，项目全寿命周期包括项目的启动和筹备期、建设期、特许运营期、移交后运营期[116]。根据是否包含建设期，可以将特许运营期归为两类[33][117][118]：一类是明确划分项目的建设期与经营期，如图 2-15 所示，$0 \sim T_1$ 表示建设期，$T_1 \sim T_3$ 表示经营期；另一类是将建设期纳入特许运营期中，统称为特许运营期，如图 2-15 所示，$0 \sim T_3$ 表示特许运营期。本书采用第一类划分方法，即 PPP 项目特许运营期的长度不包括建设期。

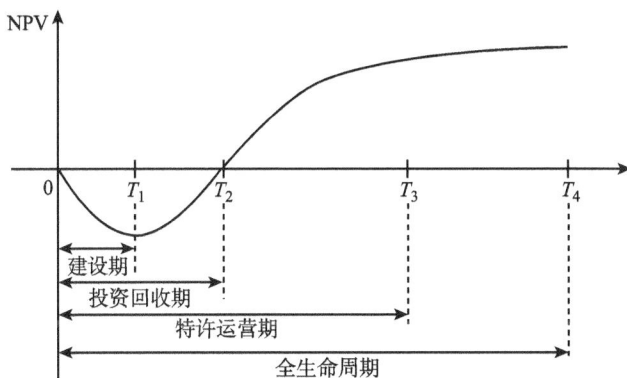

图 2-15　PPP 项目全生命周期 NPV 变化

　　图 2-15 所示为建设期、投资回收期、特许运营期、全生命周期内 PPP 项目 NPV 变化情况：在建设期内，项目只有现金流出没有现金流入，项目 NPV 随着建设期的进展逐渐负向增长，并随着建设期结束达到最低点；随着项目开始运营，在 $T_1 \sim T_2$ 时间段，项目收入逐渐增加，并覆盖掉了项目建设成本，项目 NPV 归零，这也意味着项目投资回收期的结束；随后项目平稳运行，由于这段时间项目收益远高于运营维护成本，所以项目 NPV 逐渐增大，但由于折现率的因素，NPV 增速逐渐放缓，社会资本特许运营期结束，时间也到达了时间点 T_3；社会资本将项目移交于政

府，政府继续运营到项目运行的理论终点 T_4。

NPV 随着时间的变化意味着特许运营期结束时间点 T_3 的确立将会极大地影响社会资本所获得的经济效益，是对政府与社会资本关于项目收益"蛋糕"的分割。社会资本与政府也将会围绕时间点 T_3 展开博弈。

从私营部门的角度分析，$T_1 \sim T_3$ 时间较短意味着缺少足够的时间赚取利益，这样私营部门就有可能通过提高使用者的收费来弥补利益，这样无疑会损害公众福利；另一种可能则是降低建设投入，使得特许运营期结束后政府的运营维护成本增加。对于政府方来说，特许运营期过长意味着 $T_3 \sim T_4$ 时间较短，这会损害政府方的利益[119][120]，间接地降低政府提供给公众的福利。因此如图2-16所示，特许运营期博弈的结果既要满足社会资本的获利要求，也要兼顾社会福利。

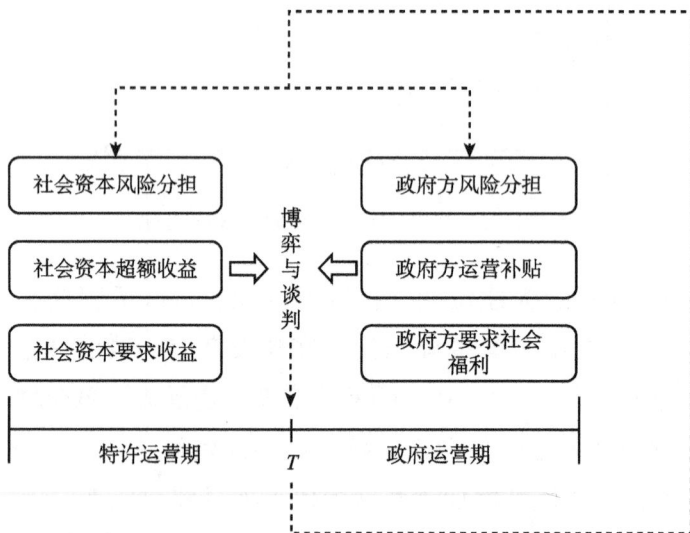

图2-16　政府与社会资本关于特许运营期的博弈

特许运营期博弈模型需综合考虑社会资本建设运营成本、收益、机会成本与政府方建设运营成本、收益、政府补贴、政府风

险分担等内容，在本书第三、四章研究基础上，第五章将会建立
在政府风险分担模式下的特许运营期决策模型。

第五节 优化 PPP 值对物有所值评价
体系的提升分析

通过上述分析可以得知，PPP 物有所值评价体系中的定性评
价虽然存在提升的空间。但无论是再科学细化的指标体系、再先
进的流程规范，都难以克服专家评价的主观性问题。物有所值评
价体系的科学规范还是应从物有所值定量评价入手，以点带面，
最终实现 PPP 模式项目管理体系的整体提升。

从全局整体角度出发，如图 2-17 所示，在评价准备阶段开
始，地方政府与社会资本方应提升对定量评价的认识，积极着手
准备物有所值定量评价需要的相关数据，通读国家在 PPP 领域的
政策，熟悉对应流程，完成对从业人员的选拔与培训等工作。而
在定性评价阶段，本书建议修改相关规定，由原来的定性评价高
于 80 分可直接通过物有所值评价，定性评价介于 60～80 分需进
行定量评价，低于 60 分无法采用 PPP 模式，改为定性评价高于
60 分则可进行定量评价，低于 60 分无法采用 PPP 模式。这样的
改动可以大幅提升物有所值定量评价的重要性，以实现对定性评
价的约束，同时可以促进专业化人才队伍的培养，并与世界主流
国家的现行政策相一致。而在定量评价阶段，正如上文所述，通
过数理模型工具，对定量评价 PPP-PSC 框架进行全面改进，受
限于篇幅，本书的研究重点在 PPP 值的改进。而 PSC 值的改进计
算工作，可作为未来的研究方向。

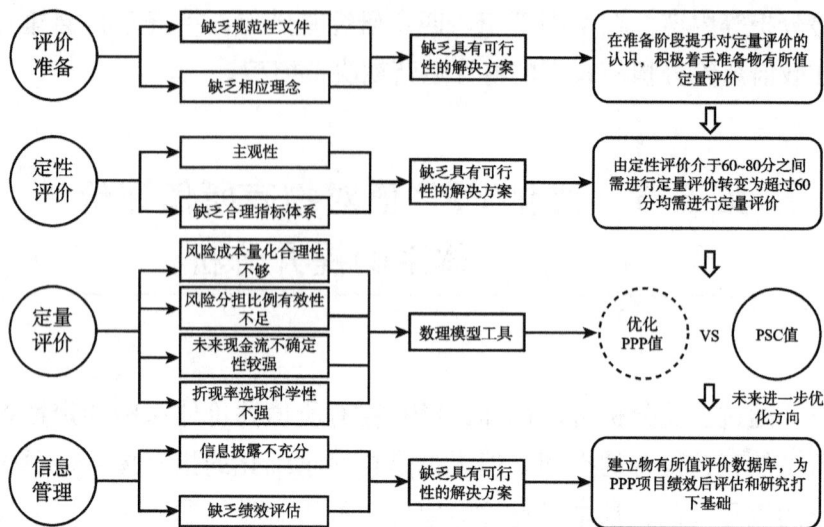

图 2-17　优化 PPP 值与物有所值评价体系

　　除了对于物有所值评价体系本身的提升之外，优化 PPP 值还将有利于财政承受能力评价效能的提升。根据《指引》规定，地方政府每年安排在 PPP 项目上的支出责任不得超过地方一般公共预算支出的 10%。优化 PPP 值可以使地方政府更清晰地掌握每年需要对 PPP 项目进行支出的直接责任与或有责任，并采取更加审慎的方式进行管理，也可以让地方财政压力较大的地区，停止继续"上马"低效益、不合规、高投入的 PPP 项目。

第三章

PPP项目不确定性现金流与收入端
风险分担模型的构建

        PPP 项目的经营收入受市场需求变化的影响，政府为了保护社会资本的合理收益，通常会与社会资本进行风险分担。对于市场需求变化风险，政府通常采用的风险分担方式是为社会资本方提供最低收入担保。本章首先对使用者付费项目和可行性缺口补贴项目的现金流特点进行了论述，并采用几何布朗运动随机微分方程模型分别对两种模式项目的现金流进行了建模。在现金流模型的基础上，为了实现政府与社会资本间关于 PPP 项目收入端风险的分担，本章引入最低收入担保机制，并推导出两种模式项目各自的政府担保价值表达式。随后，为了模拟外生冲击事件如经济危机、替代竞争、法律政策变更等对 PPP 项目经营收入的影响，本章在现金流模型的基础上加入带"跳"扩散过程，并进一步推导除带"跳"扩散过程的政府担保价值表达式，从而拓展期权定价理论在 PPP 模式领域的应用。

第一节 基于实物期权的 PPP 项目现金流模型的构建

一、使用者付费项目现金流模型的构建

使用者付费是指由最终用户直接付费购买公共产品和服务。项目公司直接从最终用户处收取费用,以回收项目的建设和运营成本并获得合理收益。由于在该模式下项目大部分收入来自于项目的运营,所以对于政府方来说,通常需要评估项目公司在特许运营期内的净现金流情况,并在项目面临风险时,提供合适的担保以保障社会资本的合理利益。

假设项目净现金流量为 V_t ,令 V_t 服从几何布朗运动,在风险中性条件下,提出基础理论模型[13][121][122][123][124]:

$$dV_t = u_v V_t dt + \sigma_v V_t dW_v \qquad (3-1)$$

方程的另外一个形式可以写为:

$$V_t = V_0 \exp\left[\int_0^t \sigma_v dW_v(t) + \int_0^t \left(u_v - \frac{1}{2}\sigma_v^2\right) ds\right] \qquad (3-2)$$

其中, V_t 为第 t 年 PPP 项目的净现金流入量; u_v 为 PPP 项目净现金流入的预期变化率; σ_v 为 PPP 项目净现金流入的波动率; $dW_v(t)$ 代表 PPP 项目的净现金流入的波动是标准的布朗运动。

二、可行性缺口补贴项目现金流模型的构建

与使用者付费模式不用,在可行性缺口补贴模式下,政府需

要承担两方面的支出责任：一方面是对社会资本建设投资的偿付，另一方面是对项目运营亏损的弥补。另外，除了《指引》中明确规定的政府支付责任外，政府还需要为社会资本设定一定的运营绩效激励机制以激励社会资本实现更高的运营效率。政府与社会资本通常以最终签订的特许协议约定运营亏损补贴数额作为基准。当实际运营亏损小于协议运营亏损时，其差额按一定比例在政府和社会资本间进行分成；大于或等于协议运营亏损时，以协议运营亏损计算补贴额度，超出部分由社会投资人分担。由于在项目建设期并无经营收入且不涉及绩效激励，所以对投资补贴的研究并不是本章重点。对于建设成本中，债务资金所承受的利率风险，本书将在第四章中进行分析。

通过上文可知，在运营期间，处于可行性缺口补贴模式下的项目通常不具备盈利的能力，运营现金流表现为净现金流出，需要政府对运营亏损进行补偿。假设项目运营亏损 V_t，令 V_t 服从几何布朗运动，在风险中性条件下，提出基础理论模型：

$$\mathrm{d}V_t = u_v V_t \mathrm{d}t + \sigma_v V_t \mathrm{d}W_v \tag{3-3}$$

需要注意的是，虽然此处与使用者付费模式下净现金流表达式相同，但方程所代表的意义完全不同。在使用者付费模式下，V_t 代表现金流入；而在可行性缺口补贴模式下，V_t 代表运营亏损情况。方程的另外一个形式可以写为：

$$V_t = V_0 \exp\left[\int_0^t \sigma_v \mathrm{d}W_v(t) + \int_0^t \left(u_v - \frac{1}{2}\sigma_v^2\right) \mathrm{d}s\right] \tag{3-4}$$

其中，V_t 为第 t 年 PPP 项目的运营亏损；u_v 为 PPP 项目运营亏损的预期变化率；σ_v 表示 PPP 项目运营亏损的波动率；$\mathrm{d}W_v(t)$ 代表 PPP 项目经营亏损的波动是标准的布朗运动。

三、政府担保价值模型的构建

（一）使用者付费模式

在使用者付费模式下，PPP 项目公司通过运营收入获取主要收益，然而 PPP 项目通常需要巨额投资，各种风险造成的收入波动可能会使社会资本遭受巨大损失，这使得社会资本缺乏参与 PPP 项目的动力。这种情况下，地方政府通常会在收入方面为项目提供最低收入担保，以降低社会资本的风险，以吸引社会资本进行投资。假设政府与社会资本约定，当项目收入在第 t 年低于约定值 $V_{k,t}$，则在第 t 年政府担保的价值 GV_t 的表达式为：

$$\mathrm{GV}_t = (V_{k,t} - V_t)P(V_t < V_{k,t}) \tag{3-5}$$

这里：

$$V_{k,t} = \theta \cdot E(V_t)$$

θ 为政府担保比例。

在模型式（3-2）中，令 $Y = \dfrac{W(t) - W(0)}{\sqrt{t}}$，则有：

$$
\begin{aligned}
V_t &= V_0 \exp\left[\int_0^t \sigma_v \mathrm{d}W_v(t) + \int_0^t \left(u_{v,t} - \frac{1}{2}\sigma_v^2\right)\mathrm{d}s\right] \\
&= V_0 \exp\left[\sigma_v(W(t) - W(0)) + \left(u_{v,t} - \frac{1}{2}\sigma_v^2\right)t\right] \\
&= V_0 \exp\left[-\sigma_v\sqrt{t}\,Y + \left(u_{v,t} - \frac{1}{2}\sigma_v^2\right)t\right]
\end{aligned}
\tag{3-6}
$$

所以：

$$\mathrm{GV}_t = \frac{1}{\sqrt{2\pi}}\int_{-\infty}^{+\infty}\left[V_{k,t} - V_0\,\mathrm{e}^{-\sigma_v\sqrt{t}\,Y + (u_{v,t} - \frac{1}{2}\sigma_v^2)t}\right]^+ \mathrm{e}^{-\frac{1}{2}Y^2}\mathrm{d}Y$$

在这里 Y 需要满足条件：

$$V_{k,t} - V_0\,\mathrm{e}^{-\sigma_v\sqrt{t}Y + (u_{v,t} - \frac{1}{2}\sigma_v^2)t} > 0$$

即：

$$Y < -\mathrm{d}_-(t, V_0) = -\frac{1}{\sigma_v\sqrt{t}}\left[\ln\frac{V_0}{V_{k,t}} + \left(u_{v,t} - \frac{1}{2}\sigma_v^2\right)t\right]$$

则在使用者付费模式下，GV_t 的解为：

$$\begin{aligned}
&\mathrm{GV}_t\\
&= \frac{1}{\sqrt{2\pi}}\int_{-\infty}^{-\mathrm{d}_-(t,V_0)}\left[V_{k,t} - V_0\,\mathrm{e}^{-\sigma_v\sqrt{t}Y + (u_v - \frac{1}{2}\sigma_v^2)t}\right]^+\,\mathrm{e}^{-\frac{1}{2}Y^2}\,\mathrm{d}Y\\
&= V_{k,t}(\mathrm{d}_-(t, V_0)) - V_0\,\mathrm{e}^{\int u_{v,t}\mathrm{d}t}N(-\mathrm{d}_+(t, V_0)) \qquad (3\text{-}7)
\end{aligned}$$

由于 PPP 项目的现金流变化率 $u_{v,t}$ 及政府担保最低限额 $V_{k,t}$ 均不为常数，在实际计算过程中，通常采取分阶段法对二者进行确定，计算得到每年的政府担保额 GV_t。

（二）可行性缺口补贴模式

对于可行性缺口补贴项目来说，由于项目无法依靠经营活动实现盈利，政府会为 PPP 项目公司提供运营亏损补贴，帮助社会资本获得合理利润，PPP 项目运营亏损补贴也是政府担保的一种形式。假设政府与社会资本签订的特许协议约定在第 t 年的项目运营亏损最大补贴值为 $V_{k,t}$，另外，为了激励社会资本改进效率、节约成本，设置激励参数 δ_v，使得在第 t 年项目运营成本加合理利润低于 $V_{k,t}$ 时，社会资本可以获得 $\delta_v(V_{k,t} - V_t)$ 的额外收益，则政府对社会资本的政府担保价值 GV_t 可以表示为：

$$\mathrm{GV}_t = V_{k,t}P(V_t > V_{k,t}) + [V_t + \delta_v(V_{k,t} - V_t)]P(V_t < V_{k,t})$$

$$(3\text{-}8)$$

其中，

$$V_{k,t}P(V_t > V_{k,t})$$
$$= \frac{1}{\sqrt{2\pi}}\int_{-\infty}^{\mathrm{d}_-(t,V_0)} V_{k,t}\mathrm{e}^{-\frac{1}{2}Y^2}\mathrm{d}Y = V_{k,t}N(\mathrm{d}_-(t,V_0))$$

另外，

$$(V_t + \delta_v(V_{k,t} - V_t))P(V_t < V_{k,t})$$
$$= \frac{1}{\sqrt{2\pi}}\int_{-\infty}^{-\mathrm{d}_-(t,V_0)} V_0\,\mathrm{e}^{-\sigma_v\sqrt{t}Y+(u_v-\frac{1}{2}\sigma_v^2)t}\mathrm{e}^{-\frac{1}{2}Y^2}\mathrm{d}Y +$$
$$\frac{\delta_v}{\sqrt{2\pi}}\int_{-\infty}^{-\mathrm{d}_-(t,V_0)} (V_{k,t} - V_0\,\mathrm{e}^{-\sigma_v\sqrt{t}Y+(u_{v,t}-\frac{1}{2}\sigma_v^2)t})\,\mathrm{e}^{-\frac{1}{2}Y^2}\mathrm{d}Y$$
$$= (1-\delta_v)V_0\,\mathrm{e}^{\int u_{v,t}\mathrm{d}t}N(-\mathrm{d}_+(t,V_0)) +$$
$$\delta_v V_{k,t}N(-\mathrm{d}_-(t,V_0))$$

所以，可行性缺口模式下政府担保 GV$_t$ 的解为：

$$\mathrm{GV}_t$$
$$= V_{k,t}N(\mathrm{d}_-(t,V_0)) + (1-\delta_v)V_0\,\mathrm{e}^{\int u_{v,t}\mathrm{d}t}N(-\mathrm{d}_+(t,V_0)) +$$
$$\delta_v V_{k,t}N(-\mathrm{d}_-(t,V_0)) \tag{3-9}$$

第二节　带"跳"扩散过程的 PPP 项目政府担保价值模型的构建

本章第一节的研究是建立在标的资产价格运动严格遵循布朗运动的基础上的，然而实践中标的资产价格运动往往受到重要不确定性的影响，特别是不断改革的微宏观经济政策影响，例如税制改革、定价机制变动、垄断地位的消失等。这些重要的利空或利好的消息在期权有效期内非随机到来，形成价格非连续运动，即价格暴涨或暴跌会对 PPP 项目实物期权的定价产生重要影响，该影响需要用"跳"来刻画标的资产的价格运动。因此本节的核心研究内容是如何在标准布朗运动的基础上引入泊松分布，更好地拟合标的资产运动的实践。

一、"跳"扩散的相关研究与应用分析

Merton[73] 认为几何布朗运动是一种较为苛刻的资产价格变化形式，并且 B-S 模型建立的前提假设并不符合现实情况，现实世界存在种种偶然因素和突发事件，使得资产的价格出现大幅跳跃。在此情况下，Merton 将"跳"过程引入 B-S 模型，利用复合泊松过程表示资产价格的跳跃，跳的幅度服从对数正态分布。汪昌云和李楠[125] 认为金融市场中的资产价格变动存在尖峰厚尾的特征，而统计学上的尖峰厚尾现象意味着资产价格会频繁地出现极端值，极端值的出现则意味着资产价格出现了跳跃现象。而从经济学的角度来看，市场中的投资者通常只具有有限理性，当重大冲击事件发生时，投资者通常会进行趋同操作，使得资产价格出现大幅度的极端变化。在这种情况下，正态分布显然缺乏对更加频繁出现的极端值的刻画能力，而在资产价格模型中引入"跳"过程将会大幅提升期权价格预测的科学性。朱霞和葛翔宇[126] 认为重大政治变革、经济变革和战争等重大冲击性事件的发生将会使得资产价格形成断点，需要引入非随机的跳跃过程来刻画现实世界的资产价格变动情况。本书则认为重大冲击往往并不持续，资产价格在冲击过后将会回复正常的价格，因此构建了带有均值回复属性的指数 O-U 跳跃-扩散模型。王凤荣和李全军[127] 通过构建跳跃扩散模型 $dS(t)/S(t) = udt + \sigma dW(t) + d(\sum_{i=1}^{N(t)}$

$V_i - 1$）刻画 REITs 基金价格的变化，该模型分为两部分：一部分为几何布朗运动 $udt + \sigma dW(t)$；另一部分为 Merton 跳跃过程 $d(\sum\limits_{i=1}^{N(t)} V_i - 1)$，其中跳跃均值遵循对数正态分布。

　　除了对资本市场股票价格变动的研究，跳扩散模型也被很多学者引入到了其他领域，对不同类型的资产进行定价。葛翔宇和周艳丽[128] 在对企业并购投资行为的研究过程中，认为目标公司的价值通常受到行业竞争、技术革新和替代产品竞争的影响，而此类冲击性事件通常具有突然性，且无法预测，标的资产价值在冲击下往往呈跳跃性的变动。因此本书将泊松分布引入资产定价模型，对并购过程中，收购企业所拥有的增长期权、延迟期权、转换期权及放弃期权等内容进行了研究。王良等[129] 选择了中国与美国的 ETF 基金一年期的历史数据作为研究样本，实证检验了双指数跳扩散 ETF 基金价格模型预测的准确性，认为双指数跳扩散模型对 ETF 基金价格的预测更加符合实际，利好及利空消息对 ETF 基金的价格影响具有显著的非对称效应和杠杆效应。俞金平和李胜宏[130] 在 Merton-Black-Cox-Longstaff-Schwartz 的结构化模型基础上引入跳扩散过程，对资产证券化产品进行了分级定价。化宏宇和程希骏[131] 在对可转债进行定价时应用了跳扩散模型。

　　在以往研究基础上，可以认为跳扩散模型能够对资产价格在冲击性事件影响下的非连续突然暴涨或暴跌有较好的刻画。该模型在金融衍生品定价领域、ETF 基金定价领域及可转债定价领域均有较好的应用，拟合效果良好。政府与社会资本合作通常持续 20 ~ 30 年，在如此长的时间段内，冲击性事件发生的可能性急剧增加，因此有必要在 PPP 项目现金流服从几何布朗运动的前提下，在模型中加入跳扩散过程以更好地对资产进行定价。

二、PPP 项目现金流跳跃形成机理分析

　　第一，法律政策变更风险。高速公路项目的主要收入为通行

费收入，城市供暖项目的主要收入为采暖费收入，城市轨道交通项目的主要收入为地铁票务收入，公交项目的主要收入为公交票务收入，通信行业项目的主要收入为通信流量收入，这些行业的收费价格受到政府管制，政府关于相关行业收费政策的法律变更将会对项目收入产生极大的影响。例如，地方政府关于高速公路的降费政策将会极大地降低高速公路项目的通行费收入，地方政府关于冬季取暖费价格的制定又将会极大地影响供暖项目的收入。另外，政府关于具体行业的税收减免政策也将会极大地影响项目的利润。例如，当前政府对新能源行业项目的税收优惠政策有力地支持了行业的发展，而未来对该行业税收优惠政策的取消就成为了进入该领域投资者的一项重要风险。除此以外，国家宏观战略方向的转变也会对相关行业造成重大影响。例如，能源环境领域相关战略如"碳达峰"及"碳中和"等极大地降低了火力发电、锅炉供热等项目未来的发展前景。由此可见，国家及地方政府关于行业相关法律政策的变更有造成相关项目现金流大幅下"跳"的可能。

　　第二，替代竞争风险。PPP 项目的特许经营权，是政府赋予社会资本的，在一定地区、一定时间内对区域内某行业的垄断经营权，从而确保 PPP 项目公司能够获取足够的收入。然而，在区域内的相关项目的替代竞争通常是无法规避的。例如，高速公路PPP 项目通常会受到周边地区国道、省道的冲击，国道、省道等低速公路虽然在道路质量上不如高速公路，但通常具有较低的通行费甚至免费，这对公路运输车流造成较大的分流，而航空、高速铁路等又会对区域内的小汽车通行费收入造成冲击。锅炉供热PPP 项目则常常面临火力发电供热及核电供热项目的竞争，虽然供热行业公司通常在一定区域内拥有特定的供热管网，但热电企业具有的成本优势通常会影响一个城市取暖费收费标准的制定，间接对 PPP 项目公司的收入造成影响。另外，热电企业甚至可能通过管网兼并的方式缩减锅炉供热项目的收费区域，使 PPP 项目失去收入来源。PPP 项目相关区域内一旦发生替代竞争的冲击，将会改变整个地区的垄断经营态势，会在短期或者长期对项目现金流造成重大冲击，导致项目价值的重估。

第三，不可抗力风险。基础设施领域 PPP 项目提供的产品具有公共产品的属性，注重项目带来的外部性和公众福利的提升。不可抗力风险，例如"非典型肺炎""新冠疫情"这类突发性公共卫生事件，不仅会对如城市轨道交通、高速公路这类严重依赖客流量的行业造成影响，也会增加相关行业的防疫支出成本，降低项目利润。部分南方城市在梅雨季节遭遇特大暴雨、强台风等天气，不只会造成客流的大幅减少，也可能会破坏项目设施，造成修缮成本大幅增加。

经济周期的起伏对项目收入带来的影响也是不可抗力风险的一种形式。经济周期包含繁荣、衰退、萧条、复苏四个阶段，这也是经济运行过程中必然要面对的周期性从扩张到收缩再到扩张的基本规律。大到国家尚且需要通过复杂的宏观调控来对冲经济周期对国民经济生活造成的影响，小到 PPP 项目公司根本无法避免经济周期下行如"亚洲金融危机""次贷危机""欧债危机"等对项目收益造成的冲击。例如，经济大萧条意味着整个社会的需求端大幅萎缩，订单的缺乏造成处于供给端的制造业大幅亏损破产，进一步造成整个社会的用电量、用水量及交通量的大幅缩减，这无疑会对处于相关行业的 PPP 项目公司的收入造成重大冲击，引发项目现金流向下大幅"跳"跃。

三、带"跳"扩散过程的 PPP 项目政府担保价值模型的构建

（一）使用者付费模式

充分考虑经济周期、替代竞争及突发事件引致 PPP 项目标的

资产的价格运动变化的可能性，在式（3-1）与式（3-3）的基础之上，加入一个复合泊松过程，用来刻画非随机事件对预期现金流产生的影响。则模型变为：

$$dV_t = u_v V_t dt + \sigma_v V_t dW_v(t) + V_{t^-} d(Q_t - \beta\lambda t) \qquad (3-10)$$

其中，Q_t 为一个复合泊松过程：

$$Q_t = \sum_{i=1}^{Z(t)} L_i, t \geqslant 0$$

$Z(t)$ 是强度为 λ 的泊松过程，其分布函数为 $P\{Z(t) = k\} = (\lambda t)^k e^{-\lambda t}/k!$ ，L_i 为跳跃的振幅，且 $\ln(L_i + 1) \sim N(\mu_L, \sigma_L^2)$ ，令 $E(L_i) = \eta$ ，式中 u_v、σ_v、η、μ_L、λ、σ_L 为常数，$W_v(t)$ 为标准布朗运动，$Z(t)$、L_i 与 $W_v(t)$ 之间相互独立。

由伊藤-德布林公式可以证明式（3-10）的解为：

$$V_t = V_0 \exp\left[\sigma_v W_v(t) + \left(u_v - \eta\lambda - \frac{1}{2}\sigma_v^2\right)t\right]\prod_{i=1}^{Z(t)}(L_i + 1)$$

$$(3-11)$$

由式（3-11）及期望独立性定理，易得每年的政府担保价值为：

$$E[\text{GV}_t]$$

$$= E\left(\left\{V_{k,t} - V_0 \exp\left[\sigma_v W_v(t) + \left(u_v - \eta\lambda - \frac{1}{2}\sigma_v^2\right)t\right]\prod_{i=1}^{Z(t)}(L_i + 1)\right\}^+\right)$$

$$= E\left[E\left(\left\{\begin{array}{c}V_{k,t} - V_0 e^{-\eta\lambda t}\exp\left[-\sigma_v \sqrt{t}Y + \left(u_v - \frac{1}{2}\sigma_v^2\right)t\right] \\ \prod_{i=1}^{Z(t)}(L_i + 1)\end{array}\right\}^+ \Bigg| \sigma\left(\prod_{i=1}^{Z(t)}(L_i + 1)\right)\right)\right]$$

其中，

$$Y = -\frac{W_v(t) - W_v(0)}{\sqrt{t}}$$

Y 是标准正态随机变量，条件 σ - 代数 $\sigma\left(\prod_{i=1}^{Z(t)}(L_i + 1)\right)$ 是由随机变量 $\prod_{i=1}^{Z(t)}(L_i + 1)$ 生成。由于 Y 与 $\sigma\left(\prod_{i=1}^{Z(t)}(L_i + 1)\right)$ 相互独立，利用期望的独立性可得：

$$E\left[E\left(\left(V_{k,t} - V_0\,e^{-\eta\lambda t}\exp\left\{-\sigma_v\sqrt{t}\,Y + \left(u_v - \frac{1}{2}\sigma_v^{\,2}\right)t\right\}\prod_{i=1}^{Z(t)}(L_i + 1)\right)^+ \middle| \sigma\left(\prod_{i=1}^{Z(t)}(L_i + 1)\right)\right)\right]$$

$$= V_{k,t}N\left[-d_-\left(t, V_0\,e^{-\eta\lambda t}\prod_{i=1}^{Z(t)}(L_i + 1)\right)\right] - V_0\prod_{i=1}^{Z(t)}(L_i + 1)\,e^{\int u_{v,t}\mathrm{d}t - \eta\lambda t}N\left[-d_+\left(t, V_0\,e^{-\eta\lambda t}\prod_{i=1}^{Z(t)}(L_i + 1)\right)\right]$$

$$= \sum_{j=0}^{\infty} e^{-\lambda t}\frac{\lambda^j t^j}{j!}\left\{V_{k,t}N\left[-d_-\left(t, V_0\,e^{-\eta\lambda t}\prod_{i=1}^{j}(L_i + 1)\right)\right] - V_0\prod_{i=1}^{j}(L_i + 1)\,e^{\int u_{v,t}\mathrm{d}t - \eta\lambda t}N\left[-d_+\left(t, V_0\,e^{-\eta\lambda t}\prod_{i=1}^{j}(L_i + 1)\right)\right]\right\}$$

由此可得，存在"跳"过程的政府担保价值的解为：

$$E[\,GV_t\,]$$

$$= \sum_{j=0}^{\infty} e^{-\lambda t}\frac{\lambda^j t^j}{j!}\Big\{ V_{k,t}N\big[-d_-\big(t,V_0\,e^{-\eta\lambda t}\prod_{i=1}^{j}(L_i+1)\big)\big] -$$

$$V_0\prod_{i=1}^{j}(L_i+1)\,e^{\int u_{v,t}\mathrm{d}t-\eta\lambda t}N\big[-d_+\big(t,V_0\,e^{-\eta\lambda t}\prod_{i=1}^{j}(L_i+1)\big)\big]\Big\}$$

$$(3-12)$$

（二）可行性缺口补贴模式

同理在可行性缺口补贴模式下，带"跳"过程的政府担保额可以表示为式（3-13）。要明确的是，虽然在使用者付费模式与可行性缺口补贴模式的政府担保价值表达式中，模拟"跳"的泊松过程的形式是一样的，但在两种模式中"跳"的含义是不同的，如果说在使用者付费模式中，"跳"是收入的突然下降，那么对于可行性缺口补贴来说，"跳"的含义则是运营亏损的突然上升。

$$E[\,GV_t\,]$$

$$= V_k P(V_t > V_{k,t}) + (1-P)(V_t + \delta_v(V_k - V_t))$$

$$= \sum_{j=0}^{\infty} e^{-\lambda t}\frac{\lambda^j t^j}{j!}\Big\{ V_{k,t}N\big[d_-\big(t,V_0\,e^{-\eta\lambda t}\prod_{i=1}^{j}(L_i+1)\big)\big] +$$

$$(1-\delta_v)V_0\,e^{\int u_{v,t}\mathrm{d}t-\eta\lambda t}\prod_{i=1}^{j}(L_i+1)N(-d_+(t,V_0)) +$$

$$\delta_v V_{k,t}N\big[-d_-\big(t,V_0\,e^{-\eta\lambda t}\prod_{i=1}^{j}(L_i+1)\big)\big]\Big\} \qquad (3-13)$$

实际上，对于使用者付费模式和可行性缺口补贴模式来说，在不同的运营阶段，现金流的特征存在差异。例如，运营初始阶段，随着项目的运营，运营收入将会逐渐增加。在项目运营中期，项目收入将会相对平稳。项目运营中后期，随着经济区内替代项目的增加，项目运营收入可能出现断崖式下跌的情况。分阶段现金流预测将在数值模拟案例当中体现。

第四章

PPP项目折现率与成本端风险分担模型的构建

PPP项目的运营成本通常会受到通货膨胀与利率变动风险的影响，政府为了保障社会资本的合理收益，通常会与社会资本共担通货膨胀与利率变动风险。政府与社会资本共担风险的最主要方式是为社会资本设立通胀上限选择参数与利率上限选择参数，将社会资本分担的风险成本控制在一定范围内。

本章的主要内容为：为了实现通货膨胀风险的量化，在第一节中建立了基于通货膨胀率、折现率的双因子连续时间微分方程模型，并在此基础上，引入通胀上限选择参数，进而推导出政府通货膨胀分担模型的表达式；为了实现利率变动风险的量化，在第二节中建立了利率双因子 Vasicek 模型，并通过静态利率期限结构估计与卡尔曼滤波模型相结合的方式得到了利率双因子 Vasicek 模型的参数，进而通过利息上限选择参数实现了政府与社会资本关于利率变动风险的分担。本章为利率期限结构模型理论在 PPP 模式领域的应用拓展了空间。

对于可行性缺口补贴模式项目，根据《指引》，在该模式下，第 t 年政府对项目公司年财政可行性缺口补贴现值 NPV（subsidy）$_t$ 的简化计算公式为：

$$\text{NPV}(\text{subsidy})_t$$

$$= \frac{\text{INV}_{\text{total}} \cdot (1 + r_e)}{T_1} + \frac{\text{Deb}_t \cdot r_{\text{loan}}}{e^{r_g t}} + \frac{(\text{CO}_t(1 + r_e) - I_t) \cdot e^{it}}{e^{r_g t}}$$

$$(4-1)$$

其中，$\text{INV}_{\text{total}}$ 为项目总投资，r_e 为协议合理利润率，Deb_t 为第 t 年时剩余债务，r_{loan} 为银行贷款利率，r_g 为地方政府债利率，CO_t 为 PPP 项目运营成本，I_t 为 PPP 项目运营收入，i 为通货膨胀率。收益率与其到期期限之间的函数关系通常称为收益率的期限结构。在传统物有所值评价框架下：

债务回收：$\dfrac{\text{Deb}_t \cdot r_{\text{loan}}}{e^{r_g t}}$

运营亏损补贴：$\dfrac{\text{CO}_t(1 + r_e) \cdot e^{it} - I_t}{e^{r_g t}}$

银行贷款利率 r_{loan}、地方政府债利率 r_g 和通货膨胀率 i 均被设定为常数，并没有考虑到在长达 20～30 年的期限内银行贷款利率、地方政府债利率和通货膨胀率的变化情况，即银行贷款利率、地方政府债利率和通货膨胀率应该为时间 t 的函数，则债务部分与运营部分变为：

债务回收：$\dfrac{\text{Deb}_t \cdot r_{\text{loan}}(t)}{e^{\int_0^t r_g(t)\,dt}}$

运营亏损补贴：$\dfrac{(\text{CO}_t(1 + r_e) - I_t) \cdot e^{\int_0^t i(t)\,dt}}{e^{\int_0^t r_g(t)\,dt}}$

由此可知，债务及运营亏损补贴部分均与银行贷款利率、地方政府债利率和通货膨胀率的期限结构存在勾稽关系。并且，通货膨胀风险与利率变动风险均为政府与社会资本共担风险，因此，本章将会设计风险分担机制，对政府分担的通货膨胀风险成本和利率变动风险成本进行研究。

相比可行性缺口补贴模式，政府付费模式项目不存在运营收入，其运营补贴计算过程与可行性缺口补贴模式计算过程类似，本书不再赘述。

对于使用者付费模式项目，使用者付费模式下，政府不存在固定的补贴责任，社会资本的投资回报主要通过向使用者收费来实现。社会资本通常需要向银行借贷大量的资金以完成项目的建设，在长达20~30年时间内，产出产品和服务，并分担大量的风险。在此情况下，政府通常会对社会资本面临的关键风险进行担保承诺，以吸引社会资本参与PPP项目的投资建设。其中，利率变动风险与通货膨胀风险均为政府需要担保的风险因素。因此，由使用者付费模式下的政府风险分担机制，政府分担风险成本均与银行贷款利率、地方政府债利率和通货膨胀率的期限结构相关。需要说明的是，在使用者付费模式与可行性缺口补贴模式下，政府关于通货膨胀风险与利率变动风险在风险分担机制和具体计算方式上并不存在本质差别，所以本章将两种模式进行统一论述。

第一节　基于 Vasicek 模型的通货膨胀
风险分担及折现率模型的构建

一、通货膨胀率及折现率基础模型的构建

（一）PPP 项目的通货膨胀率及折现率传统模型分析

PPP 项目的运营期限通常在 20 年以上，通货膨胀是 PPP 项

目面临的关键风险之一[32][101][132]，通货膨胀造成的人工成本、运营维护成本增长对 PPP 项目收益影响显著[32][60][133][134][135]。例如，阿根廷自 2002 年开始的通货膨胀，使得参与布宜诺斯艾利斯供水系统 PPP 项目的企业成本大幅增加，而政府为了维持社会稳定，锁定了供水系统的收费水平，最终使得社会资本退出了 PPP 项目。

1994 年发生在中国的通货膨胀也让参与广州-深圳-珠海项目的社会资本成本大幅增加，造成损失。发生同样情况的还有巴基斯坦卡拉奇的电力项目、马来西亚的南北高速公路项目和加拿大爱德华王子岛大桥项目等。政府债利率同样是 PPP 项目价值评估体系中的重要参数，政府通常需要选取合适的政府债利率作为 PPP 项目 DCF 估值的折现参数。而通货膨胀、政府债利率变化等金融不确定性风险在当前 PPP 项目评估中并没有被很好地衡量[4][5][21][136]。Park[19] 和司彤[20] 认为应在 PPP 项目的决策评估中，对项目存在的不确定性予以充分考虑，否则容易低估在 PPP 项目中政府所需要投入的补贴[137]，而不确定性带来的风险在政府和社会资本之间的不合理分配则有可能导致社会资本退出、PPP 项目失败[110]。因此，如何对通货膨胀、政府债利率及风险分担对政府补贴的影响进行更加科学的估计，计算出更加合理的 PPP 模式政府补贴现值，具有重要的研究意义。

通常政府补贴净现值的年度折现率应考虑财政补贴支出发生年份，并参照同期地方政府债券收益率合理确定，但该方法并没有考虑通货膨胀带来的成本、收入的增加。因此，现有对 PPP 模式政府补贴的研究当中，通常会综合考虑利率与通货膨胀率两个因素。Seneviratne 和 Ranasinghe[138] 对基础设施项目特许经营项目进行了研究，并给出了第 j 年营运成本的计算表达式 $OMC_j = c_m \prod_{k=0}^{j} (1 + f_k^M)$，其中 c_m 为项目初始年运营成本，f_k^M 为考虑通胀因素的增长系数。

Shen 等[139] 在计算基础设施 BOT 项目特许运营期净现值（NPV）时，认为政府部门和私营部门的折现率为：

$$d = (1 + I)/(1 + I_{nf}) - 1$$

其中，I 表示利率，I_{nf} 表示通货膨胀率。在此基础上，Shen 和 Wu[140] 计算了经风险调整的 BOT 项目特许运营期 NPV，为了体现折现率在特许运营期内的变动情况，认为折现率服从正态分布，运用蒙特卡罗模拟对折现率进行了仿真模拟。Wu 等[141] 对 BOT 项目转移净价值进行了计算，Hanaoka 和 Palapus 对菲律宾公路 BOT 项目合理特许运营期进行了研究。这些学者在计算公共部门补贴折现率时，均沿用了 Shen 等[139] 的方法。

（二）随机过程模型的适用性分析

已有研究表明，通货膨胀与利率在当前的 PPP 模式政府补贴计算过程中估计方法较为简单，不能体现在长达 20～30 年的特许运营期内通货膨胀与地方政府债利率对政府补贴的影响。并且，传统模型中并没有体现政府与社会资本之间的风险分担。为了模拟 PPP 项目政府补贴受通货膨胀的影响，需要将 PPP 项目未来现金流与利率、通货膨胀率的期限结构相结合。Fisher[142] 提出名义利率等于实际利率与预期通货膨胀率之和，这也是著名的费雪方程式。Richard[93] 借助 Merton[143]、Black 和 Scholes[6] 的期权定价研究，阐明了连续时间随机环境中实际利率和通货膨胀率之间的联系。该模型需要借助通货膨胀相关证券来观察实际利率，这也是该模型的缺点，如果没有通货膨胀相关证券，则无法观测实际利率。Malliaris[144] 利用伊藤过程，给出了基于费雪方程式的连续时间随机模型，模型为包含名义利率与通货膨胀率的双变量模型。Jarrow 和 Yildirim[145] 对标准息票债券进行了剥离，获取实际和名义零息债券价格曲线，并使用一个三因素无套利期限结构模型与消费者物价指数（CPI）、实际和名义零息债券价格曲线的时间序列数据进行拟合，估计出了期限结构参数，进而完成了通胀指数看涨期权的定价。Mercurio 和 Moreni[146] 利用几何布朗运动对预期通胀指数进行建模，该几何布朗运动在其前向测度下是一个鞅。该模型没有保留费雪方程，并且相比 Jarrow 和 Yildirim[145] 需要估计更多参数。Ang 和 Wei[147] 通过两个潜变量表示实际利率，一个潜变量表示通货膨胀，建立三因子无套利期限结构模型，并使用滤波方法对名义利率时间序列数据进行了分析，得到美国实际利率与通货膨胀率期限结构的最优解。近年来，随着通货膨胀相关衍生品的发展，众多学者利用通胀保护债券（TIPS）收益率时间序列数据对通货膨胀率的期限结构进行分析。例如，Gurkaynak 等[148] 利用 TIPS 价格数据拟合出了通胀债券的收益率曲线，并用该曲线与相应的名义收益率曲线比较进而计算出通货膨胀补偿值。该研究发现通货膨胀补偿可能会由于通胀债券流动性不足而被压低。Pelizzari 和 Paolo[149] 提出了一种基于利率与 CPI 指数的随机模型，并通过美联储公布的 TIPS 价格数据进行了验证，发现该模型适用于 TIPS 定价，该方法没有采用对实际利率期限结构进行横截面估计的标准方法，简化了估计过程。

政府部门折现率的模拟，关键难点在于其金融结构的复杂性，需要将未来多期的政府补贴与地方政府债利率、通货膨胀率及政府与私营部门的通货膨胀风险分担相结合。但在以往研究中，学界通常沿用的式（4-1）的计算方法并不能体现通货膨胀率及利率的动态变化，也无法计算政府与私营部门关于通货膨胀风险的分担。在有关利率、通货膨胀率相关研究当中，一部分学者尝试从 TIPS 债券收益率中分离出利率与通货膨胀率，另一部分学者如 Pelizzari 和 Paolo[149] 则尝试通过利率、CPI 指数来对 TIPS

进行拟合，并取得了良好效果。由于中国并未发行类似 TIPS 的通货膨胀保护债券，因此本书在式（4-1）的基础上，结合 Pelizzari 和 Paolo[149] 的研究，采用通胀抑价计算方式，建立通货膨胀率、折现率双因素随机微分方程模型，对通货膨胀率、折现率进行计算，进而计算出 PPP 项目通货膨胀风险成本现值，并设置了风险分担参数，模拟了政府与私营部门的风险分担，既考虑了不同期限的通货膨胀率、折现率对政府通货膨胀风险分担的影响，也体现了 PPP 模式所倡导的"风险分担原则"。

（三）基础模型的构建

PPP 模式的运营亏损补贴现值计算模型可以用式（4-2）表示：

$$GS = \sum_{0}^{T} \frac{(CO_t(1 + r_e) - I_t) \cdot e^{\int_0^t i(t)\,dt}}{e^{\int_0^t r_g(t)\,dt}}, 0 \leqslant t \leqslant T \qquad (4-2)$$

GS 即为根据运营成本、运营收入与折现率计算出的运营亏损补贴现值。

在式（4-2）基础上，构建基于通货膨胀率、折现率的双因素模型。令通货膨胀率 $i(t)$ 与名义利率 $r(t)$ 满足 Vasicek（1977）随机微分方程模型。$r(t)$ 与 $i(t)$ 满足以下动态随机过程：

$$di(t) = (\alpha_i - \beta_i i(t))\,dt + \sigma_i dW_i(t) \qquad (4-3)$$

$$dr(t) = (\alpha_r - \beta_r r(t))\,dt + \sigma_r dW_r(t) \qquad (4-4)$$

其中，α_i、β_i、α_r、β_r、σ_i、σ_r 为常数，α_i/β_i 为长期均衡通货膨胀率，σ_i 为通货膨胀率的波动率，α_r/β_r 为长期均衡利率，σ_r 为名义利率的波动率，$W_i(t)$ 与 $W_r(t)$ 均为概率空间（Ω, F, P）下的标准布朗运动，F 是样本空间 Ω 中使得概率有定义的子集的 σ 代数，P 为概率测度，并且假设 $W_i(t)$ 与 $W_r(t)$ 具有相关性：$dW_i(t)dW_r(t) = \rho_{i,r}dt$。

二、基于 Vasicek 模型的通货膨胀风险分担模型的构建

（一）政府对于通货膨胀风险的分担

政府对参与 PPP 模式项目的社会资本通常按年进行补贴，补贴的主要原因包括人工成本、运营维护成本都受到通货膨胀率的影响。当通货膨胀率升高，超过社会资本分担额时，相应的政府补贴金额增加；当通货膨胀率降低，即通货紧缩时，政府补贴金额降低。在暂不考虑 PPP 项目产品价格随通货膨胀调整的情况下，根据上述特点，令 $C_t = \mathrm{CO}_t(1 + r_e)$ ，$\mathrm{CI}_t = \mathrm{e}^{\int_0^t i(t)\,dt}$ ，则在 t 时刻政府通货膨胀风险分担金额 GV_t 的表达式为：

$$\mathrm{GV}_t = C_t \max(\mathrm{CI}_t - 1 - q, 0) \tag{4-5}$$

式（4-5）中，设置通胀上限选择参数 q 表示社会资本对通货膨胀风险的最大分担量；其中 CI_t 为第 t 年进行补贴金额计算时的累积通货膨胀率。令 $\mathrm{e}^{D_i(0,t)} = \mathrm{CI}_t = \mathrm{e}^{\int_0^t i(t)\,dt}$ 表示从 0 到 t 时刻，通货膨胀率的随机复合变化情况，令 λ_i、λ_r 分别表示通货膨胀率与名义利率的风险市场价格，则 $D_i(0, t)$ 具有以下形式：

$$D_i(0,t) = \int_0^t i(s)\,ds + \int_0^t \lambda_i(s)\,dW_i(t) - \frac{1}{2}\int_0^t \lambda_i^2(s)\,ds, t > 0 \tag{4-6}$$

根据《指引》，需要对项目运营期每一年的 GV_t 从 0 到 t 时刻进行折现。用 $\mathrm{e}^{D_r(0,t)} = \mathrm{e}^{-\int_0^t r_g(t)\,dt}$ 表示名义利率的随机复合折现过程，具有以下形式：

$$D_r(0,t) = -\int_0^t r(s)\,ds + \int_0^t \lambda_r(s)\,dW_i(t) - \frac{1}{2}\int_0^t \lambda_r^2(s)\,ds, t > 0 \tag{4-7}$$

（二）模型求解

令 E 表示随机过程的期望，则 GV_t 的现值总和 GV 可以表示为：

$$GV = \sum_{0}^{T} (C_t - I_t) E[\max(e^{D_i(0,t)} - q, 1) e^{D_r(0,t)}]$$

将 $\max(e^{D_i(0,t)} - q, 1)$ 记为通胀算子 IA_t，将 $e^{D_r(0,t)}$ 记为折现率算子 RA_t。为了求出 PC_t 的表达式，利用风险中性方法，将现实测度 P 转换为风险中性测度 $\widetilde{P}$，使得 $i(t)$ 与 $r(t)$ 在 $\widetilde{P}$ 下为鞅。由哥萨诺夫定理和拉东-尼科迪姆导数，在概率测度 $\widetilde{P}$ 下，通货膨胀率 $i(t)$ 与名义利率 $r(t)$ 可以表示为：

$$d\tilde{i}(t) = (a_i - b_i i(t)) dt + \sigma_i d\widetilde{W}_i(t) \tag{4-8}$$

$$d\tilde{r}(t) = (a_r - b_r r(t)) dt + \sigma_r d\widetilde{W}_r(t) \tag{4-9}$$

其中，$a_x = \alpha_x + \lambda_x \sigma_x$，$b_x = \beta_x$，$d\widetilde{W} = -\lambda_x dt + dW(t)$，$x = i, r$。$\widetilde{W}(t)$ 为 $\widetilde{P}$ 下的标准布朗运动，$d\widetilde{W}_r(t) d\widetilde{W}_i(t) = \rho_{i,r} dt$。在风险中性测度下，$\widetilde{D}_i(0,t)$ 与 $\widetilde{D}_r(0,t)$ 存在简化形式：

$$\widetilde{D}_i(0,t) = \int_0^t \tilde{i}(s) ds \tag{4-10}$$

$$\widetilde{D}_r(0,t) = -\int_0^t \tilde{r}(s) ds \tag{4-11}$$

Vasicek 利率随机微分方程具有显示解：

$$\tilde{i}(t) = e^{-b_i t} IR(0) + \frac{a_i}{b_i}(1 - e^{-b_i t}) + \sigma_i e^{-b_i t} \int_0^t e^{b_i s} d\widetilde{W}_i(s)$$

$$\tag{4-12}$$

随机微分方程具有以下形式：

$$\tilde{i}(t) - \tilde{i}(0) = \int_0^t (a_i - b_i \tilde{i}(s)) \, \mathrm{d}s + \int_0^t \sigma_i \mathrm{d}\widetilde{W}_i(s) \quad (4-13)$$

将式（4-12）代入（4-13）得到不含积分的 $\widetilde{D}_i(0,t)$ 表达式：

$$\widetilde{D}_i(0,t)$$

$$= \int_0^t \tilde{i}(s) \, \mathrm{d}s = \frac{a_i t}{b_i} + \left(\tilde{i}(0) - \frac{a_i}{b_i} \right) \left(\frac{1 - \mathrm{e}^{-b_i t}}{b_i} \right) + \quad (4-14)$$

$$\frac{\sigma_i}{b_i} \int_0^t (1 - \mathrm{e}^{-b_i t} \, \mathrm{e}^{a_i s}) \, \mathrm{d}\widetilde{W}_i(s)$$

同理可求，折现率算子 RA_t 的表达式：

$$\mathrm{e}^{D_r(0,t)}$$

$$= \exp\left\{ - \int_0^t \tilde{r}(s) \, \mathrm{d}s \right\}$$

$$= \exp\left\{ - \left(\begin{array}{l} \dfrac{a_r t}{b_r} + \left(\tilde{i}(0) - \dfrac{a_r}{b_r} \right) \left(\dfrac{1 - \mathrm{e}^{-b_r t}}{b_r} \right) + \\[2mm] \dfrac{\sigma_r}{b_r} \displaystyle\int_0^t (1 - \mathrm{e}^{-b_r t} \, \mathrm{e}^{a_r s}) \, \mathrm{d}\widetilde{W}_r(s) \end{array} \right) \right\} \quad (4-15)$$

根据伊藤积分的性质，令 $M_{it} = E(\widetilde{D}_i(0,t)) = \dfrac{a_i t}{b_i} + \left(\tilde{i}(0) - \dfrac{a_i}{b_i} \right) \cdot$

$\left(\dfrac{1 - \mathrm{e}^{-b_i t}}{b_i} \right)$，$\mathrm{Cum}V_{it} = \mathrm{Var}_i(\widetilde{D}_i(0,t)) = \displaystyle\int_0^t \dfrac{a_i^2}{b_i^2}(1 - \mathrm{e}^{-b_i t} \, \mathrm{e}^{a_i s})^2 \mathrm{d}s$，

$$Y = - \frac{\dfrac{\sigma_i}{b_i} \displaystyle\int_0^t (1 - \mathrm{e}^{-b_i t} \, \mathrm{e}^{a_i s}) \, \mathrm{d}\widetilde{W}_i(s)}{\sqrt{\dfrac{a_i^2}{b_i^2}(1 - \mathrm{e}^{-b_i t} \, \mathrm{e}^{a_i s})^2 \mathrm{d}s}} \sim N(0,1)$$

则通胀算子 IA_t 的期望为：

$$E[\max(e^{\widetilde{D}_i(0,t)} - q, 1)]$$

$$= E\left[(e^{\widetilde{D}_i(0,t)} - q) \mid e^{\widetilde{D}_i(0,t)} > 1 + q\right] + E\left[1 \mid e^{\widetilde{D}_i(0,t)} > 1 + q\right]$$

$$= \frac{1}{\sqrt{2\pi}} \int_{-\infty}^{\frac{\ln\frac{1}{(1+q)} + M_{it}}{\sqrt{CumV_{it}}}} \exp\{M_{it} - \sqrt{CumV_{it}}\, Y\} e^{-\frac{Y^2}{2}} dY - \frac{1}{\sqrt{2\pi}} \int_{-\infty}^{\frac{\ln\frac{1}{(1+q)} + M_{it}}{\sqrt{Var_{it}}}} e^{-\frac{Y^2}{2}} dY + 1$$

$$= e^{M_{it} + \frac{CumV_{it}}{2}} N\left(\frac{\ln\frac{1}{(1+q)} + M_{it} + CumV_{it}}{\sqrt{CumV_{it}}}\right) - N\left(\frac{\ln\frac{1}{(1+q)} + M_{it}}{\sqrt{CumV_{it}}}\right) + 1$$

$$(4-16)$$

综上，由式（4-15）与（4-16）可得政府通货膨胀风险分担现值的总额 GV 的表达式为：

$$GV = \sum_{0}^{T} (C_t - I_t) E[IA_t \cdot RA_t]$$

$$= \sum_{0}^{T} \left\{ (C_t - I_t) E\left[\max(e^{\widetilde{D}_i(0,t)} - q, 1)\, e^{\widetilde{D}_r(0,t)}\right] \right\}$$

$$= \sum_{0}^{T} \left\{ (C_t - I_t) \left[e^{M_{it} + \frac{CumV_{it}}{2}} N\left(\frac{\ln\frac{1}{(1+q)} + M_{it} + CumV_{it}}{\sqrt{CumV_{it}}}\right) - \right.\right.$$

$$\left.\left. N\left(\frac{\ln\frac{1}{(1+q)} + M_{it}}{\sqrt{CumV_{it}}}\right) + 1 \right] E(e^{\widetilde{D}_r(0,t)}) + (C_t - I_t)\, Cov_t \right\}$$

$$(4-17)$$

从公式结构可得，每一期的（$C_t - I_t$）均与当期的通胀算子（IA_t）与折现率算子（RA_t）挂钩，体现了既受利率影响，也受通货膨胀率影响的特征。通胀算子当中的通胀上限选择参数（q），体现了政府与社会资本在每一期现金流当中关于通货膨胀风险的分担。

第二节　基于 Vasicek 模型的利率变动
风险分担模型的构建

基础设施所需的建设资金规模巨大，银行贷款通常占到总建设资金的三分之二以上，动辄达到几十亿元甚至上百亿元的资金规模。因此，银行长期贷款利率的波动将会对 PPP 项目社会资本方的利润产生极大影响。为了避免债务成本对 PPP 项目现金流造成过度影响，保障基础设施项目平稳顺利运行，政府通常会选择与社会资本共担利息上涨风险，通常做法为，政府为社会资本设置利息上限选择参数。

如图 4-1 所示，r 表示随时间波动的贷款利率，而 p 表示政府为社会资本设置的利息上限选择参数。当贷款利率上涨超过利息上限选择参数时，政府将会承担超出利息上限选择参数的那部分利息成本。

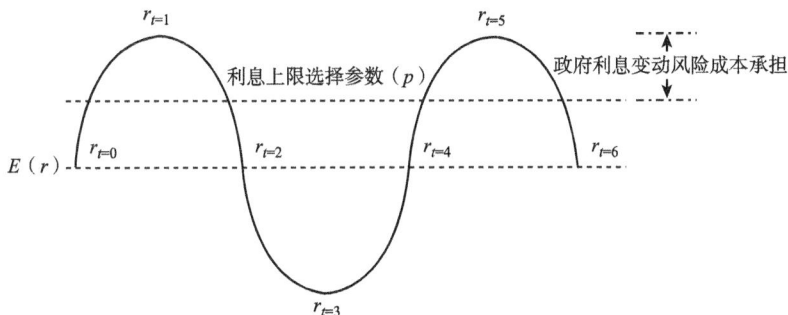

图 4-1　政府利率变动风险成本分担示意图

为了计算政府分担的利息成本，需要知道在什么时候，银行贷款利率可能会超过利息上限选择参数，这就需要模拟利率随时间变动的形态，即利率的期限结构。银行贷款为信用债，信用债利率由两部分组成：一部分为无风险利率，通常取自国债利率；另一部分为信用风险利差，对于存在政府隐性担保的基础设施项目而言，通常取自 LPR。

学界通常采用国债利率期限结构叠加 LPR 的方式，间接构造银行贷款利率的期限结构。对于参与 PPP 项目的政府与社会资本方来说，若想实现风险的分担，就需要将利息上限选择参数与利率期限结构相结合，这就意味着需要构建的利率连续时间动态模型更加复杂，模型中将会包含快和慢两个均值回复因子，需要采用双因子 Vasicek 模型对其期限结构进行拟合。而国债利率期限结构中的双因子是无法直接观测的，这就需要借助卡尔曼滤波方法对双因子 Vasicek 模型中的参数进行估计。但在使用卡尔曼滤波方法之前，首先需要通过静态利率期限结构估计方法，生成卡尔曼滤波方法所能使用的数据集。

本节针对 PPP 模式下政府利率变动风险成本分担问题，创造性地采用了静态和动态相结合的利率期限结构模型，以及利息上限选择参数相结合的方式，在对银行贷款利率期限结构进行拟合的基础上，完成了政府与社会资本关于 PPP 项目利率变动风险的分担，拓展了利率期限结构理论在基础设施投融资领域的应用。

一、NS 模型与 SV 模型的拟合

区别于前文中的通货膨胀率及折现率模型，用于模拟银行贷款利率的双因子 Vasicek 模型的两个因子是不可观测的，需要采用卡尔曼滤波方法进行参数估计。卡尔曼滤波方法是一种迭代优化方法，需要静态即期利率数据集在模型中进行迭代，对模型参数进行优化。因此，在进行卡尔曼滤波估计之前，需要先获取静态即期利率数据集。本节采用 Nelson-Siegel 模型的改进模型 SV 模型作为利率期限结构的估计模型，生成即期利率数据。

（一） NS 模型的拟合

Nelson 和 Siegel[150] 提出的 NS 模型，通过参数与期限 t，给出在未来 t 时刻的瞬时远期利率 $f(t)$，β_0、β_1、β_2、τ_1 为常数，且 τ_1 为正值：

$$f(t) = \beta_0 + \beta_1 \exp\left(-\frac{t}{\tau_1}\right) + \beta_2\left(\frac{t}{\tau_1}\right)\exp\left(-\frac{t}{\tau_1}\right) \qquad (4-18)$$

瞬时远期利率 $f(t)$ 在时间区间 $[0, t]$ 上的积分即为即期利率 $R(t)$：

$$R(t) = \int f(t)\,\mathrm{d}t$$

对式（4-18）进行积分后，得到即期利率 $R(t)$ 与期限 t 之间的关系：

$$R(t) = \beta_0 + \beta_1\left[\frac{1 - \exp\left(-\frac{t}{\tau_1}\right)}{\frac{t}{\tau_1}}\right] + \beta_2\left[\frac{1 - \exp\left(-\frac{t}{\tau_1}\right)}{\frac{t}{\tau_1}} - \exp\left(-\frac{t}{\tau_1}\right)\right]$$

$$(4-19)$$

将债券市场真实交易的债券数据代入式（4-19）中，对模型参数 β_0、β_1、β_2、τ_1 进行估计，进而可以计算出对应期限 t 的即期利率估计值。通过即期利率估计值和式（4-20），可以计算出对应债券的估计价格 P_i^*：

$$P_i^* = \sum F_t^i \exp[-tR^*(0,t)] \qquad (4-20)$$

债券的估计价格是将各期现金流量对估计即期利率 $R^*(0, t)$ 的折现值进行加和得到。F_t^i 是债券 i 在时间 t 产生的现金流。找到能够使债券估计价格与真实价格差距最小的一组参数满足目标式（4-21），即为最优模型参数：

$$\min \sum_{i=1}^{n} \frac{(P_i^* - P_i)^2}{n} \tag{4-21}$$

其中，第 i 个债券的真实市场交易价格为 P_i，P_i^* 为利用参数估计得到的债券估计价格，n 为样本债券容量。

（二）SV 模型的拟合

NS 模型虽然较为简洁，但也存在一些缺点，如不能拟合多峰曲线等。基于此，Svensson[151] 对 NS 模型进行了改进并提出了 SV 模型。相较 NS 模型，为改善模型对复杂多峰曲线的拟合情况，SV 模型增加了两个参数 β_3 和 τ_2。在 SV 模型中，瞬时远期利率函数 $f(t)$ 的表达式为式（4-22），即期利率 $R(t)$ 的表达式为式（4-23）：

$$f(t) = \beta_0 + \beta_1 \exp\left(-\frac{t}{\tau_1}\right) + \beta_2 \left(\frac{t}{\tau_1}\right) \exp\left(-\frac{t}{\tau_1}\right) + \beta_3 \left(\frac{t}{\tau_2}\right) \exp\left(-\frac{t}{\tau_2}\right) \tag{4-22}$$

$$R(t) = \beta_0 + \beta_1 \left[\frac{1 - \exp\left(-\frac{t}{\tau_1}\right)}{\frac{t}{\tau_1}}\right] + \beta_2 \left[\frac{1 - \exp\left(-\frac{t}{\tau_1}\right)}{\frac{t}{\tau_1}} - \exp\left(-\frac{t}{\tau_1}\right)\right] +$$

$$\beta_3 \left[\frac{1 - \exp\left(-\frac{t}{\tau_2}\right)}{\frac{t}{\tau_2}} - \exp\left(-\frac{t}{\tau_2}\right)\right] \tag{4-23}$$

同 NS 模型参数估计一样，将债券市场数据代入式（4-22），得到满足目标函数的参数 β_0、β_1、β_2、β_3、τ_1 和 τ_2，将不同的 t 代入式（4-23），得到期限 t 年的到期收益率。

二、双因子 Vasicek 模型与卡尔曼滤波方法的构建

(一) 双因子 Vasicek 模型适用性分析

NS 模型与 SV 模型适用于静态利率期限结构的估计，PPP 项目面临的则是动态利率带来的风险问题，这就意味着需要一种方法将静态利率转化为连续时间的动态模型。

目前学界通常采用 Vasicek 模型或 CIR 模型来模拟利率的较为复杂的连续时间动态期限结构。CIR 模型的波动项为 $\sigma_i\sqrt{r}\mathrm{d}W_i(t)$，从该结构可以看出，CIR 模型中的利率严格为正；而相比之下，Vasicek 模型则将限制放宽了很多，可能会出现负利率的情况。PPP 项目持续期在 20~30 年之间，在此期间，世界及国内的经济形势可能会出现很大的变化。目前，在欧洲和日本等地区，已经出现了实质负利率的情况，这意味着 CIR 模型中利率严格为正这一限制，已经无法适应时代的发展。基于此，本书选用双因子 Vasicek 模型对 PPP 项目银行贷款利率的期限结构进行拟合，是非常合适且必要的。

(二) 双因子 Vasicek 模型的构建

假设瞬时利率 $R(t)$ 是两个因子 $Y_1(t)$ 和 $Y_2(t)$ 的仿射函数，服从二因子 Vasicek 模型，δ_0、δ_1 和 δ_2 为常数，则 $R(t)$ 的表达式为：

$$R(t) = \delta_0 + \delta_1 Y_1(t) + \delta_2 Y_2(t) \qquad (4-24)$$

根据 Vasicek 模型，真实概率测度下因子 $Y_1(t)$ 和 $Y_2(t)$ 具有以下表达式 (4-25) 与 (4-26)，式中 $Y_1(t)$ 仅受自变量 t 的影响：

$$Y_1(t) = \mathrm{e}^{-\lambda_1(t-s)}Y_1(s) - \int_s^t \mathrm{e}^{-\lambda_1(t-u)}q_1\mathrm{d}u + \int_s^t \mathrm{e}^{-\lambda_1(t-u)}\mathrm{d}B_1(u)$$

$$(4-25)$$

$$Y_2(t) = \mathrm{e}^{-\lambda_2(t-s)} Y_2(s) - \int_s^t \mathrm{e}^{-\lambda_2(t-u)} q_2 \mathrm{d}u + \int_s^t \mathrm{e}^{-\lambda_2(t-u)} \mathrm{d}B_2(u)$$

$$(4-26)$$

进一步，计算因子 $Y_1(t)$ 和 $Y_2(t)$ 的期望和方差。

根据伊藤积分的性质，$\int_s^t \mathrm{e}^{-\lambda_1(t-u)} \mathrm{d}B_1(u)$、$\int_s^t \mathrm{e}^{-\lambda_2(t-u)} \mathrm{d}B_2(u)$ 是鞅，鞅的期望为 0，所以：

$$E\left[\int_s^t \mathrm{e}^{-\lambda_1(t-u)} \mathrm{d}B_1(u) \,\middle|\, F(s) \right] = 0$$

$$E\left[\int_s^t \mathrm{e}^{-\lambda_2(t-u)} \mathrm{d}B_2(u) \,\middle|\, F(s) \right] = 0$$

因此 $Y_1(t)$ 和 $Y_2(t)$ 的期望为：

$$E[Y_1(t) \,|\, F(s)] = \mathrm{e}^{-\lambda_1(t-s)} Y_1(s) - \frac{q_1}{\lambda_1}[1 - \mathrm{e}^{-\lambda_1(t-s)}] \quad (4-27)$$

$$E[Y_2(t) \,|\, F(s)] = \mathrm{e}^{-\lambda_2(t-s)} Y_2(s) - \frac{q_2}{\lambda_2}[1 - \mathrm{e}^{-\lambda_2(t-s)}] \quad (4-28)$$

对于伊藤积分 $I(t) = \int_0^t \Delta(u) \mathrm{d}W(u)$，有 $E[I^2(t)] = E\int_0^t \Delta^2(u) \mathrm{d}u$。因此 $Y_1(t)$ 与 $Y_2(t)$ 的条件方差为：

$$\mathrm{Var}[Y_1(t) \,|\, F(s)] = \frac{1}{2\lambda_1}[1 - \mathrm{e}^{-2\lambda_1(t-s)}] \quad (4-29)$$

$$\mathrm{Var}[Y_2(t) \,|\, F(s)] = \frac{1}{2\lambda_2}[1 - \mathrm{e}^{-2\lambda_2(t-s)}] \quad (4-30)$$

通过瞬时利率 $R(t)$ 对时间区间 $[0, t]$ 进行积分得到即期利率 $I(t, \tau)$：

$$I(t,\tau) = \frac{\delta_1}{\lambda_1 \tau}(1 - e^{-\lambda_1 \tau}) Y_1(t) + \frac{\delta_2}{\lambda_2 \tau}(1 - e^{-\lambda_2 \tau}) Y_2(t) -$$

$$\frac{\delta_1^2}{2\lambda_1^2 \tau}\left(\tau - \frac{1}{2\lambda_1} e^{-2\lambda_1 \tau} + \frac{1}{2\lambda_1} + \frac{2}{\lambda_1} e^{-\lambda_1 \tau} - \frac{2}{\lambda_1}\right) -$$

$$\frac{\delta_2^2}{2\lambda_2^2 \tau}\left(\tau - \frac{1}{2\lambda_2} e^{-2\lambda_2 \tau} + \frac{1}{2\lambda_2} + \frac{2}{\lambda_2} e^{-\lambda_2 \tau} - \frac{2}{\lambda_2}\right) + \delta_0$$

$$(4-31)$$

式（4-31）体现了即期利率 $I(t, \tau)$ 与两个因素之间的函数关系，这也是卡尔曼滤波方法状态空间中的观测方程。

（三）卡尔曼滤波估计方法的构建

卡尔曼滤波方法分为状态空间和观测方程两个部分，式（4-27）～（4-30）即为状态空间的基础。

将式（4-27）和（4-28）变换为式（4-32）和（4-33）：

$$E\left[Y_1(t) + \frac{q_1}{\lambda_1}\bigg| F(s)\right] = e^{-\lambda_1(t-s)}\left(Y_1(s) + \frac{q_1}{\lambda_1}\right) \quad (4-32)$$

$$E\left[Y_2(t) + \frac{q_2}{\lambda_2}\bigg| F(s)\right] = e^{-\lambda_2(t-s)}\left(Y_2(s) + \frac{q_2}{\lambda_2}\right) \quad (4-33)$$

将 $Y_1(t) + \dfrac{q_1}{\lambda_1}$ 和 $Y_2(t) + \dfrac{q_2}{\lambda_2}$ 转化为 $\boldsymbol{\xi}_t$，$\boldsymbol{\xi}_t$ 为状态变量，有：

$$\boldsymbol{\xi}_t = \begin{bmatrix} \xi_{1t} \\ \xi_{2t} \end{bmatrix} = \begin{bmatrix} Y_1(t) + \dfrac{q_1}{\lambda_1} \\[2mm] Y_2(t) + \dfrac{q_2}{\lambda_2} \end{bmatrix}$$

卡尔曼滤波法需要的状态方程，即为式（4-32）和（4-33）的变形：

$$\boldsymbol{\xi}_{t+1} = \boldsymbol{F}\boldsymbol{\xi}_t + v_{t+1}$$

其中，F 为系数矩阵：

$$F = \begin{bmatrix} e^{-\lambda_1 \frac{1}{t-s}} & 0 \\ 0 & e^{-\lambda_2 \frac{1}{t-s}} \end{bmatrix}$$

令 $E(v_t v_\tau') = Q$，由式（4-27）和（4-28）可得：

$$Q = \begin{bmatrix} \dfrac{1}{2\lambda_1}(1 - e^{-2\lambda_1 \frac{1}{t-s}}) & 0 \\ 0 & \dfrac{1}{2\lambda_2}(1 - e^{-2\lambda_2 \frac{1}{t-s}}) \end{bmatrix}$$

观测方程描述了观测向量和状态向量之间的关系。令观测向量的具体形式为：

$$I_t = \begin{bmatrix} R(t, \tau_1) \\ R(t, \tau_2) \\ \vdots \\ R(t, \tau_7) \end{bmatrix}$$

其中，τ_1，$\cdots$，τ_7 代表债券在时间 t 的剩余期限，同样以年为单位。设 A 为 1×7 行向量，表示为 (a_i)：

$$a_i = -\frac{\delta_1 q_1}{\lambda_1^2 \tau_i}(1 - e^{-\lambda_1 \tau_i}) - \frac{\delta_2 q_2}{\lambda_2^2 \tau_i}(1 - e^{-\lambda_2 \tau_i}) -$$

$$\frac{\delta_1^2}{2\lambda_1^2 \tau_i}\left(\tau_i - \frac{1}{2\lambda_1} e^{-2\lambda_1 \tau_i} + \frac{1}{2\lambda_1} + \frac{2}{\lambda_1} e^{-\lambda_1 \tau_i} - \frac{2}{\lambda_1}\right) -$$

$$\frac{\delta_2^2}{2\lambda_2^2 \tau_i}\left(\tau_i - \frac{1}{2\lambda_2} e^{-2\lambda_2 \tau_i} + \frac{1}{2\lambda_2} + \frac{2}{\lambda_2} e^{-\lambda_2 \tau_i} - \frac{2}{\lambda_2}\right) + \delta_0$$

令 H 为一个 2×7 矩阵，表示为 $(h_{ij})_{2 \times 7}$：

$$h_{ij} = \frac{\delta_i}{\lambda_i \tau_j}(1 - e^{-\lambda_i \tau_j}) \qquad i = 1, 2 \; ; j = 1, 2, \cdots, 7$$

因此，可以得到观测方程：

$$I_t = A' + H' \boldsymbol{\xi}_t + \boldsymbol{\omega}$$

其中

$$E(\boldsymbol{\omega\omega'}) = \boldsymbol{R}$$

$\boldsymbol{R}$ 是一个7×7 矩阵。期望对角线元素 $\sigma_1^2, \sigma_2^2, \cdots, \sigma_7^2$ 大于零，其他元素都设置为 0。扰动项 $\boldsymbol{\omega}$ 的存在意味着状态空间系统允许即期利率的观测值 I_t 与由状态变量计算的即期利率理论值之间存在误差，但系统对该误差进行了假设。本书假设 7 个干扰项相互独立，且每个干扰项不存在自相关问题。

需要估计 δ_0、δ_1、δ_2、λ_1、λ_2、q_1、q_2 和 σ_1，$\cdots$，σ_7 等 14 个参数。这 14 个参数共同决定了矩阵 $\boldsymbol{A}$、$\boldsymbol{H}$、$\boldsymbol{R}$、$\boldsymbol{F}$ 和 $\boldsymbol{Q}$ 的值，进而决定了卡尔曼滤波器中对数似然函数的值。

卡尔曼滤波方法可以根据每个周期的观测数据计算下一个周期状态向量的最小二乘预测，进而预测下一个周期的观测向量。当得到下一个周期的实际值时，会对现有数据进行修正，从而影响后续的预测行为。计算中还有一个重要的矩阵即均方误差（MSE）矩阵。它是一个 r 阶矩阵，用来表示状态向量预测的均方误差：

$$P_{t|t-1} \equiv E\left[\left(\boldsymbol{\xi}_t - \widehat{\boldsymbol{\xi}}_{t|t-1}\right)\left(\boldsymbol{\xi}_t - \widehat{\boldsymbol{\xi}}_{t|t-1}\right)'\right]$$

确定初始值后，递归过程将计算每个周期的预测状态向量及其对应的均方误差矩阵。然后，进一步计算每个时期的预测观测向量。具体步骤如下：

第一，根据周期 $t-1$ 的数据计算 I_t 的预测值：

$$\widehat{I}_{t|t-1} = H' \widehat{\boldsymbol{\xi}}_{t|t-1} + A'$$

第二，计算增益矩阵：

$$K_t \equiv FP_{t|t-1}H(H'P_{t|t-1}H + R)^{-1}$$

第三，根据周期 t 的数据预测下一个周期的状态变量：

$$\widehat{\xi}_{t+1|t} = F\widehat{\xi}_{t|t-1} + K_t(I_t - \widehat{I}_{t|t-1})$$

在这个循环中，可以找到 $\widehat{\xi}_{t|t-1}$ 和 $P_{t|t-1}$（$t = 1，2，\cdots，T$），T 表示总的时间段数量。在上述步骤中，I_t 表示每个周期的观测向量的实际值，并以此获得了每个时期的预测 $\widehat{\xi}_{t|t-1}$。计算出这些值后，可以生成卡尔曼滤波方法的对数似然函数。如果定义 $Z_t \equiv H'P_{t|t-1}H + R$，那么对数似然函数的形式为：

$$\ln L = -\frac{9T}{2}\ln 2\pi - \frac{1}{2}\sum_{t=1}^{T}\ln|Z_t| -$$
$$\frac{1}{2}\sum_{t=1}^{T}\left[(I_t - \widehat{I}_{t|t-1})'Z_t^{-1}(I_t - \widehat{I}_{t|t-1})\right]$$

通过实际观测数据，可以计算出对数似然函数值。对于某个参数矩阵 A、H、R、F、Q，其对数似然函数的值是确定的。可以最大化对数似然函数的参数矩阵是最佳估计。利用得到的参数矩阵，引入二因子 Vasicek 模型，可以模拟未来利率的期限结构。

（四）PPP 项目政府利率变动风险成本分担的构建

由于银行对地方政府的贷款并不存在公开市场，所以直接对其价格进行测算难度较大。在《指引》中规定，银行长期贷款利率取当期的 5 年期以上 LPR 获得，而 LPR 制度在 2019 年开始实施，距离当前期限较短，无法进行期限结构的拟合分析。所以基于数据的可得性，本书采用国债利率数据进行模型拟合与参数估计，进而模拟动态利率期限结构。在国债动态利率期限结构的基础上，叠加 LPR 与国债利率的平均利差，进而得到银行贷款利率的动态利率期限结构。在此基础上，可以通过设定利息上限选择参数以实现政府与社会资本关于利率变动风险的分担。当利率变动在利息上限选择参数以内时，利率变动产生的额外财务成本由社会资本分担；当利率上涨超过利息上限选择参数时，超额利息费用由政府分担。

第五章

不确定环境下的PPP项目特许运营期限模型的构建

  特许运营期是影响 PPP 项目实施的关键因素。特许运营期的长短直接影响到社会资本和政府的利益。一般来说，较长的特许运营期对社会资本更为有利，但延长特许运营期可能会给公众带来损失。另外，如果特许运营期太短，投资者将拒绝合同或被迫减少项目运营维护费用，造成公共安全风险。本章以 BOTCcM 模型为基础，引入政府风险分担要素，提出了在不确定环境下，结合政府风险分担价值的改进博弈区间项目收益计算方法；进而以博弈区间项目收益作为博弈标的，在 PPP 项目政府与社会资本"讨价还价"博弈下，推导出符合政府与社会资本双方利益的调整特许运营期区间。本章的创新之处在于将政府担保价值和政府风险分担这两个要素囊括进"讨价还价"模型，提出了基于政府风险分担的特许运营期合理区间，从而拓展了"讨价还价"博弈理论在 PPP 模式领域的应用。

第一节　PPP 项目特许运营期决策基础模型

一、PPP 项目特许运营期决策传统方法分析

学界传统以净现值计算为基础的 PPP 项目特许运营期决策模型确立了公共与私营部门合作的边界条件[152]，如式（5-1）和（5-2）所示：

$$\text{NPV}_P = \sum_{t=1}^{T_c} \text{NPV}_t = \sum_{t=1}^{T_c} \frac{\text{CI}_t - \text{CO}_t}{(1+r)^t} = I_c R \tag{5-1}$$

$$\text{NPV}_G = \sum_{t=T_c+1}^{T_f} \text{NPV}_t = \sum_{t=T_c+1}^{T_f} \frac{\text{CI}_t - \text{CO}_t}{(1+r)^t} \geqslant 0 \tag{5-2}$$

其中，NPV_P 为社会资本方项目净现值；NPV_G 为政府项目净现值；T_f 为项目整个生命周期；T_c 为私营部门的协议特许运营期；CI_t 为第 t 年的现金流入；CO_t 为第 t 年的现金流出；r 为现金流的折现率；I 为通货膨胀率；i 为银行贷款利率；I_c 为私营部门的总投资额；R 为私营部门的要求回报率；$I_c R$ 为私营部门的机会成本。

在李启明和申立银[152] 的研究基础之上，Shen 等[139] 提出了 BOT 项目特许经营模型（BOTCcM），其基本原理是，BOT 项目的特许运营期跨度应保护政府和私人投资者的基本利益。BOTCcM 由下式定义：

$$I_c R \leqslant \text{NPV}_P \leqslant \text{NPV}_f$$

这也意味着特许运营期 T_c 处在一个区间之内：

$$T_{c\_\min} \leqslant T_c \leqslant T_{c\_\max}$$

其中，$T_{c\_\min} = T(\text{NPV} = I_c R)$，$T_{c\_\max} = T(\text{NPV} = \text{NPV}_f)$ 作为项

目特许运营期的上限。

秦旋[115] 认为在计算私营部门 NPV 时，应综合考虑项目公司的股权及债权的回报率，并借鉴上市公司估值时通常使用的资本资产定价模型（CAPM），计算了项目公司的加权资本成本，改进了 BOTCcM 模型的折现率。

二、不确定环境下的特许运营期决策分析

正如前文所述，PPP 项目在建设和运营过程中面临诸多风险与不确定性，不确定性对项目收益的影响将会对特许运营期产生直接影响。Shen 和 Wu[140] 在 Shen 等[139] 研究的基础上，将高速公路交通量设定为多阶段正态分布，将通行费设定为离散分布，将建设期设定为三角分布，采用蒙特卡罗模拟方法，基于 BOTCcM 模型，模拟了 NPV 的可能分布，并给出了不确定条件下特许运营期范围。另外，考虑到 PPP 项目移交时的净残值问题，Wu 等[141] 在 BOTCcM 模型基础上，在公共部门的经营期计算公式里加入了残值条件，得到式（5-3）：

$$\mathrm{NPV_G} = \sum_{t=T_c+1}^{T_f} \mathrm{NPV}_t = \sum_{t=T_c+1}^{T_f} \frac{\mathrm{CI}_t - \mathrm{CO}_t}{(1+r)^t} \geq \mathrm{NAV}_{T_c} \quad (5\text{-}3)$$

其中，NAV_{T_c} 即为私营部门移交时，PPP 项目的净残值。

由上文分析可知，特许运营期可行域通常可以通过净现值模型进行粗略计算，但通过该方法估计得出的特许运营期可行域间隔较大，对实践的指导作用不大。学者们尝试通过博弈论的方法进一步缩小特许运营期可行域范围。PPP 项目通常涉及多个利益相关者，而在多个利益相关者中，政府和社会资本是特许协议谈判的主要对手方，也是博弈过程的主要对手方。因此，学者们通过政府与社会资本双方博弈作为切入点展开了研究。

杨宏伟等[153] 认为，PPP 项目的运营维护成本与建设期投入

相关，建设期投入越高，则工程质量越高，后续的运营维护成本就会降低；而建设期投入较低，则意味着工程质量较低，那么后续的运营维护成本较高。如果特许运营期较短，那么私营部门缺乏提高项目质量的动力，则会减少建设期投入，这将会使得项目移交给政府后，政府后续的运营维护成本提高；如果特许运营期较长，那么私营部门为了持续经营，会在建设期进行较大投入以提高工程质量，这样将会降低项目移交后政府方的运营成本。基于此，杨宏伟提出假设，并建立政府与社会资本博弈模型，最终得出政府方最优特许运营期及社会资本期望建设期投入。

高丽峰等[154] 将 PPP 项目的特许运营期视为政府与社会资本之间争夺的战略空间，并且设定双方的支付函数，其在研究中阐述了"分蛋糕"博弈模型的博弈过程及三阶段"分蛋糕"的博弈最终解，并将"分蛋糕"模型拓展到了 PPP 项目特许运营期分配领域，基于谈判协商成本与利息费用，引入"消耗系数"，得到了政府与社会资本间的特许运营期分配比例。

Shen 等[155] 在 Shen 等[139] 建立的 BOTCcM 模型之上，将"讨价还价"博弈模型扩展至 PPP 项目特许运营期分配领域，引入政府方与社会资本各自的"耐心系数"与协商成本，得出基于博弈最优的特许运营期可行域，这个可行域相较 BOTCcM 模型来说得到了进一步缩小。

杨屹等[156] 以政府方获取最大社会效用、社会资本获取要求收益为条件，建立有约束条件的最优解模型，并通过构造拉格朗日函数，求得满足约束条件的最优特许运营期。

以上学者在特许运营期的研究过程中，较为集中地考虑了社会资本方的机会成本与项目剩余社会效用，而缺乏对政府风险分担的考量；而从技术方法来看，较多学者采用了 NPV 计算与"讨价还价"博弈相结合的方法，并且将博弈论引入 PPP 模式特许运营期分配领域，对细化特许运营期可行域具有积极的作用。本章在参考相关文献的基础上，以 Shen 等[155] 与杨屹等[156] 研究为基础，在政府与社会资本的博弈中引入政府风险分担要素，对 PPP 项目特许运营期可行域进行优化计算。

第二节 "讨价还价" 模型对于特许运营期限决策的适用性分析

一、"讨价还价" 模型基本假设对 PPP 模式适用性分析

"讨价还价" 模型假设一个人的行为决策取决于其他人的行为决策并讨论人们在理性情况下如何互动的问题。如果两个人希望就某一事项进行合作，但又存在各自的利益目标并因此产生利益冲突，那么该情况就适用于 "讨价还价" 模型[157]。现有大量分析模型对讨价还价的过程展开了研究[157]~[166]，这些模型遵循以下基本假设。

第一，理性人。根据 Nash[160][166] 的观点，在一个典型的 "讨价还价" 博弈中，存在着以下规则：每个博弈者都有策略；可以计算出每个参与者使用不同策略的收益；每个参与者都是理性的最大化者。理性的基本要求是，参与谈判过程的双方都将为自身利益最大化而努力。PPP 项目涉及的两个参与方，即政府与社会资本，在对 PPP 项目特许协议进行谈判时，都是理性的，且政府与社会资本均会为了自身的利益最大化而努力。政府努力的目标是为公众争取到最多社会福利，而社会资本努力的目标则是投资收益的最大化。

第二，信息共享。两个参与者共享有关项目的相同信息。例如，在对 PPP 项目合同进行谈判时，政府与社会资本将会同时获取有关项目建设成本、经营成本和预期收益等所有内容。这确保了政府与社会资本对项目的利益区间具有相同共识。

第三，讨价还价回报。讨价还价过程的各参与方都将获得回报，回报的形式可以是利润、效用、排序等内容，并且参与讨价还价的各方都以获取回报为动机。例如，政府与社会资本都想获得有利于自身利益的特许运营期，经过讨价还价，最终得到一个双方可以接受的均衡结果。

第四，协商成本。协商成本代表着参与讨价还价过程的各方，由于进行谈判而拖延工期所产生的成本。在 PPP 项目特许协议谈判中，政府通常会为项目的开工划定一个明确的时间线，协商过程产生的成本相对建设运营期的高额投入来说，基本可以忽略不计，因此本书不考虑协商成本。

第五，消耗系数。参与协商的各方希望尽快达成协议所做出的让步即为"消耗系数"。PPP 项目特许协议谈判中的政府方希望尽快开启项目，以便实现地区经济发展，为民众增加福利；而社会资本也希望尽快开工建设，因为项目拖延将会造成其他不必要的成本。因此，双方均会基于自身情况做出一定让步，体现为"消耗系数"。

二、"讨价还价"基本模型对 PPP 模式的适用性分析

首先引入一个双方博弈游戏，游戏的参与双方为 A 和 B，在游戏中，A 和 B 共同分享 100 元。游戏开始于 A 提出一个分配方案，对于 A 提出的分配方案，B 可以选择"接受"，也可以选择"拒绝"。如果 B 选择"接受"，那么分配方案成立；如果 B 选择"拒绝"，则 B 继续提出一个分配方案；同样，A 可以选择"接

受"，也可以选择"拒绝"，以此类推。A 和 B 的消耗系数分别为 δ_A 和 δ_B，N 代表 A 认为自己能够得到的最大数额，n 代表 A 认为自己能够得到的最小数额。

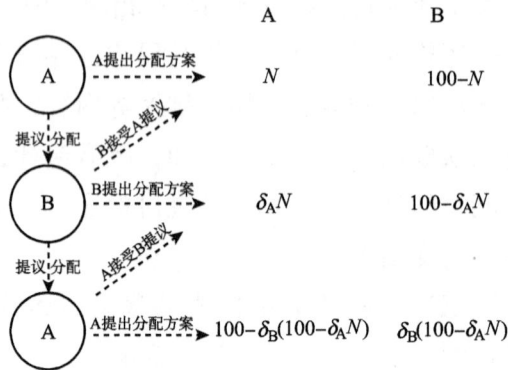

图 5-1　"讨价还价"博弈过程

如图 5-1 所示，在游戏开始的第一轮即 $T=1$ 时，A 分配给自己能够得到的最大数额 N 作为分配方案，此时 B 将会得到数额 $100-N$。而出于理性人假设，在 $T=2$ 时，B 将会拒绝分配方案同时提出自己的分配方案，B 认为 A 应该分配到数额 $\delta_A N$，则 B 分配到的数额为 $100-\delta_A N$。此时 A 同样有一次拒绝 B 提议的机会。当然在 $T=3$ 时，此时 A 以完成分配为目的，并不会提出让 B 得到数额低于 $100-N$ 的要求，而是会提出让 B 得到数额 $\delta_B(100-\delta_A N)$，则此时 A 得到数额 $100-\delta_B(100-\delta_A N)$。对于 A 来说，$N$ 与 $100-\delta_B(100-\delta_A N)$ 均为 A 能获得的最大数额，即 $N=100-\delta_B(100-\delta_A N)$，所以 $N=100(1-\delta_B)/(1-\delta_B\delta_A)$。

同样的，对于 A 可能获得的最小数额 n，也存在此过程。在 $T=1$ 时，如果 A 提出分配方案，A 得到数额 n，那么 B 得到数额 $100-n$。在 $T=2$ 时，B 出于理性人假设，提出 A 得到数额 $\delta_A n$，B 得到数额 $100-\delta_A n$，这也是 B 可能获得的最大数额，A 拒绝提议。在 $T=3$ 时，A 提出 B 将会得到数额 $\delta_B(100-\delta_A n)$，那么 A

将会获得数额 $100 - \delta_B(100 - \delta_A n)$。$n$ 与 $100 - \delta_B(100 - \delta_A n)$ 均为 A 可能获得的最小数额，那么 $n = 100 - \delta_B(100 - \delta_A n)$，则 $n = 100(1 - \delta_B)/(1 - \delta_B \delta_A)$。可以见得，$N = n$，所以博弈的最终结果是，A 获得了数额 $100(1 - \delta_B)/(1 - \delta_B \delta_A)$。这就是 Rubinstein (1982) 提出的分"派"讨价还价模型。

从 PPP 项目的准备阶段到最终招标完成，政府与社会资本之间需要完成多轮的谈判与磋商，而政府与社会资本之间关于特许运营期的谈判过程与"讨价还价"博弈过程非常类似。根据信息共享原则，政府与社会资本获取的项目信息相同，均会根据项目的收益成本进行预测，做出理性的选择。社会资本将会根据运营收入与运营成本，计算符合自身要求收益的最短特许运营期，而社会资本要求最短特许运营期到理论最长特许运营期之间的项目运营总收益，可被视作上文提到的"100 元"，是政府与社会资本间的博弈空间，将会在政府与社会资本间进行分配。

第三节 不确定环境下 PPP 项目特许运营期博弈空间的构建

一、PPP 项目特许运营期基础博弈空间的确定

Shen 等[139] 提出的 BOTCcM 模型认为，PPP 项目的特许运营期 T_c 应该处于一个区间内，这个区间需要同时保护政府方与社会资本方的利益。政府与社会资本需要在这个区间内进行谈判与博弈，最终确定 PPP 项目的特许运营期。在特许运营期内，社会资本需要赚到足够的收益以满足其收益要求，这就要求特许运营期的最小值 T_{c_min} 满足以下不等式：

$$\sum_{t=1}^{T_{c\_min}} \mathrm{NPV}_t = \sum_{t=1}^{T_c} \frac{\mathrm{CI}_t - \mathrm{CO}_t}{(1+r)^t} \geqslant I_c R \qquad (5-4)$$

政府方同样希望收益最大化，由于 Shen 等[139] 认为在特许运营期内，PPP 项目收入特点为先上升、后下降，所以项目 NPV 同样先上升、后下降，如图 5-2 所示。政府方为了利益最大化，将会取 $\mathrm{NPV}(T_{c\_max}) = \mathrm{NPV}(T_f)$ 作为特许运营期社会资本方 NPV 的上界，此时的 T_{c_max} 作为特许运营期区间的上界，即同时满足政府与社会资本方利益的特许运营期 T_c 存在区间为 $[T_{c\_min}, T_{c\_max}]$，这也是政府与社会资本方进行谈判博弈的区间，本书称之为"博弈空间"。

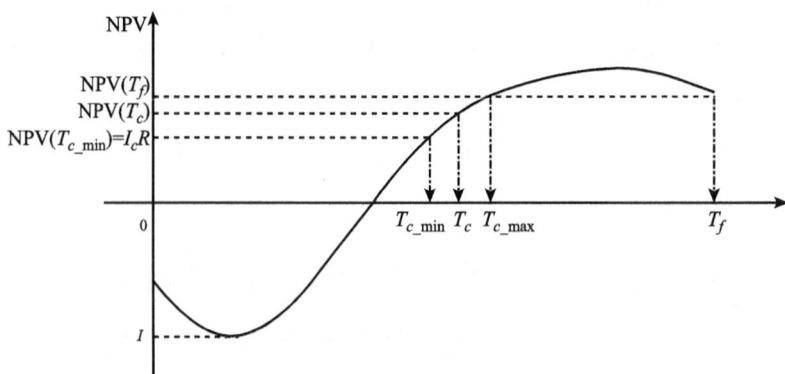

图 5-2　BOTCcM 模型 PPP 项目全生命周期 NPV

BOTCcM 模型为特许运营期博弈区间的确立提供了基础，但该模型对与项目收益的预期存在问题。Shen 等[139] 认为 PPP 项目收益的规律为先上升、后下降，在后期逐渐出现亏损的情况，所以项目 NPV 将会在某个时间点出现最高点，随后逐渐下降。这样对应项目终点时的 NPV，政府可以找到特许运营期的上界。该假设缺乏严谨性，在众多国内学者的相关研究中，PPP 项目在运营后期均并未出现亏损情况[117][121][167][168]，基于相关研究及实践经验，得出基础设施项目 NPV 随时间的变化如图 5-3 所示。

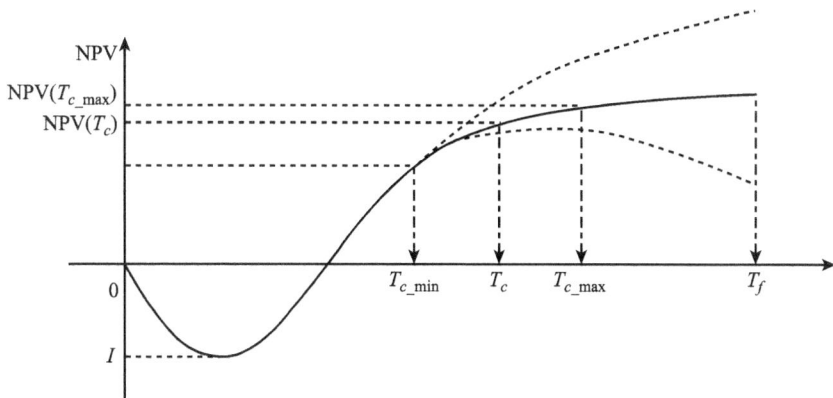

图 5-3　基础设施项目 NPV 随时间的变化

图 5-3 的 PPP 项目 NPV 随时间变化曲线下，特许运营期 T_c 下限的确定方式依然以达到社会资本必要收益为标准。而特许运营期 T_c 的上限无法按照 $\mathrm{NPV}(T_{c\_\max}) = \mathrm{NPV}(T_f)$ 方法进行确定。通过文献研究及实践经验总结，PPP 项目特许运营期通常不会超过 40 年，因此，本书将政府与社会资本就 PPP 项目特许运营期进行博弈的区间上限确定为 $T_{c\_\max} = 40$ 年，博弈空间也由此确定。

二、政府风险分担条件下的 PPP 项目总收益分析

传统净现值法在计算 PPP 项目政府和社会资本收益时，忽略了 PPP 项目的风险与不确定性，也忽略了政府风险分担这一要素[115][139][152][153][155][156]。本书将会完成在政府风险分担条件下的 PPP 项目特许运营期博弈空间的构建。

政府在 PPP 项目收入端的风险分担价值正如第三章的研究所示，PPP 项目现金流受到多种风险与不确定影响，会呈现波动的情况。本书在计算政府与社会资本利益分配时，假设项目净现金流服从带"跳"过程的几何布朗运动：

$$dV_t = u_v V_t dt + \sigma_v V_t dW_v(t) + V_{t^-} dQ_t \qquad (5-5)$$

其中，Q_t 为一个复合泊松过程：

$$Q_t = \sum_{i=1}^{Z(t)} L_i, \ t \geq 0$$

其中，$Z(t)$ 是强度为 λ 的泊松过程，其分布函数为 $P\{Z(t) = k\} = \dfrac{(\lambda t)^k}{k!} e^{-\lambda t}$，$L_i$ 为跳跃的振幅，且 $\ln(L_i + 1) \sim N(\beta, \sigma_L^2)$，令 $E(L_i) = \eta$，u_v 为现金流的漂移项，σ_v 为现金流的波动项，η、β、λ、σ_L 为常数，$W_v(t)$ 为标准布朗运动，$Z(t)$、L_i 与 $W_v(t)$ 之间相互独立。

由伊藤-德布林公式可以证明 V_t 有以下形式：

$$V_t = V_0 \exp\left[\sigma_v W_v(t) + \left(u_v - \eta\lambda - \frac{1}{2}\sigma_v^2 \right) t \right] \prod_{i=1}^{Z(t)} (L_i + 1)$$

(5-6)

为了吸引社会资本参与 PPP 项目，政府通常会对社会资本提供担保。考虑政府担保的情况，在 PPP 项目特许运营期内，政府承诺项目收入不及预期时，政府将会提供给社会资本最低收益担保，最低担保价值的期望为：

$$E(\mathrm{GV}_t) = E(\mathrm{e}^{-rt} \cdot \max(K_t - V_t, 0))$$ (5-7)

其中，GV_t 表示在第 t 年的政府担保支付的现值；$E(\mathrm{GV}_t)$ 表示第 t 年政府担保支付现值的期望值；r 为折现率，通常以当年的贷款利率确定。政府每年最低收益担保通常为每年预期收入的一定比例，第 t 年的政府担保额为 K_t，即当 PPP 项目的客流量、污水处理量、车流量等带来的收入低于 K_t 时，政府会支付社会资本额度为 $K_t - V_t$ 的补贴。

$$\begin{aligned} E(\mathrm{GV}_t) &= E(\mathrm{e}^{-rt} \cdot \max(K_t - V_t, 0)) \\ &= xN(\mathrm{d}_+(t, x)) - K_t \mathrm{e}^{-rt} N(\mathrm{d}_-(t, x)) \end{aligned}$$

其中,

$$x = V_0 \, \mathrm{e}^{-\eta\lambda t} \prod_{i=1}^{Z(t)} (L_i + 1)$$

$$\mathrm{d}_- (t,x) = \frac{1}{\sigma\sqrt{t}} \left[\ln \frac{x}{K} + \left(r - \frac{1}{2}\sigma^2 \right) t \right]$$

$$\mathrm{d}_+ (t,x) = \mathrm{d}_- (t,x) + \sigma\sqrt{t}$$

令 GV 表示政府担保价值的总额,T_c 表示社会资本特许运营期限,则:

$$\mathrm{GV}(T_c) = \sum_{t=1}^{T_c} E(\mathrm{GV}_t)$$

政府在 PPP 项目成本端的风险分担价值正如第四章的研究所示,将其记为 GRT,计算方法不再赘述。

社会资本的总收益为 PPP 项目运营收益及政府风险分担价值的总和,记为 $R(P)$,则 $R(P)$ 可以表示为:

$$R(P) = \int_0^{T_c} V_t \, \mathrm{e}^{-rt} \mathrm{d}t + \mathrm{GV}(T_c) + \mathrm{GRT} \tag{5-8}$$

三、政府风险分担条件下的 PPP 项目特许运营期博弈空间的构建

社会资本要求项目收益可以满足自身最低收益要求或机会成本,而社会资本机会成本的保障,则通过确认最低特许运营期限 $T_{c\_\min}$ 来完成,令 OC 表示社会资本的机会成本,则社会资本的总收入 $R(P)$ 应满足以下不等式:

$$\int_0^{T_{c\_\min}} V_t \mathrm{e}^{-rt} \mathrm{d}t + \mathrm{GV} + \mathrm{GRT} \geqslant \mathrm{OC} \tag{5-9}$$

由此满足不等式计算得出特许运营期的下限，即政府与社会资本进行特许运营期谈判的博弈空间下限 T_{c_min}。由此就确定了特许运营期谈判博弈空间的下限与上限，则博弈谈判区间项目收益，即博弈空间为：

$$R(B) = \int_{T_{c\_min}}^{T_{c\_max}} V_t\, e^{-rt} dt - GV - GRT \qquad (5-10)$$

其中，$\int_{T_{c\_min}}^{T_{c\_max}} V_t\, e^{-rt} dt$ 为特许运营期上限与下限之间项目运营收益的净现值，GV 为政府收入端风险分担的价值，GRT 为政府成本端风险分担的价值。

第四节　不确定环境下 PPP 项目特许运营期可行区间的确定

一、不确定环境下 PPP 项目特许运营期可行区间上界的确定

在 PPP 项目谈判过程中，政府与社会资本就特许运营期博弈空间所涉及的利益分配进行谈判博弈，由于政府在 PPP 项目运作过程占据主导地位，通常由政府首次提出分配方案。政府会考虑社会资本对提议的接受程度、拒绝的概率，尽可能地促进谈判的进行。为了推动项目尽快开工建设、节约谈判时间、降低多次谈判的可能性，政府需要站在社会资本的角度而提出一个合理的分配方案。如果政府提出的分配方案对于社会资本来说缺乏吸引力，则出于理性人原则，社会资本将会拒绝分配方案，并提出自己的分配方案。以此类推，直到双方最终达成共识为止。

将政府在首次提出分配方案后能够得到的最大收益记为 Q_G，最小收益记为 q_G，δ_G 表示政府的消耗系数；将社会资本在首次提出分配方案后能够得到的最大收益记为 Q_P，最小收益记为 q_P，δ_P 表示社会资本的消耗系数。δ_G 与 δ_P 形容为了尽快促成 PPP 项目开工，政府与社会资本能够做出的让步。由于 PPP 项目投资数额巨大，与之相比，谈判成本可以忽略不计，所以本书不考虑政府与社会资本进行谈判产生的成本。

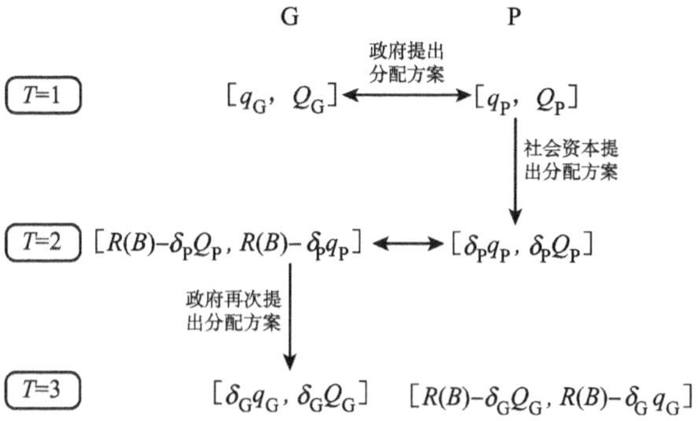

图 5-4　政府首次提出分配方案博弈过程

博弈过程如图 5-4 所示。首先在时刻 $T=1$，政府首先提出关于项目收益的分配方案，社会资本有两种选择，同意或拒绝。社会资本对项目的收益也存在一定的预期，即最多得到 Q_P，最少得到 q_P，社会资本认为政府提出的分配方式与自身利益存在偏差，出于理性人的角度，社会资本选择拒绝，并在 $T=2$ 时刻提出了自己的分配方案。在该方案下，社会资本为了能够达成协议，选择做出一定让步，调整了预期，即最多能够获得 $\delta_P Q_P$，最少能够获得 $\delta_P q_P$。在这个提议下，政府能够获得的最大收益为 $R(B) - \delta_P q_P$，最小收益为 $R(B) - \delta_P Q_P$。由于政府首次提议能够得到的最大收益为 Q_G，最小收益为 q_G，则满足以下条件：

$$Q_G \leqslant R(B) - \delta_P q_P \tag{5-11}$$

$$q_G \geq R(B) - \delta_P Q_P \tag{5-12}$$

对于社会资本提出的分配方案，假设政府拒绝并第二次提出分配方案，此时政府希望尽快促成合作，在首次提出的分配方案的基础上将会做出让步，则在 $T = 3$ 时刻，政府认为能够得到的最大收益为 $\delta_G Q_G$，最小收益为 $\delta_G q_G$。意识到政府可能进一步还价后，社会资本的最佳策略是提出一个报价，允许政府获得与政府在下一轮谈判中可能获得的类似范围的回报，则此时社会资本可能获得的最大收益为 $R(B) - \delta_G q_G$，最小收益为 $R(B) - \delta_G Q_G$，则可以得到：

$$Q_P \leq R(B) - \delta_G q_G \tag{5-13}$$

$$q_P \geq R(B) - \delta_G Q_G \tag{5-14}$$

将式（5-11）～（5-14）合并，可以得到：

$$Q_G \leq (1 - \delta_P) R(B) / (1 - \delta_P \delta_G) \tag{5-15}$$

$$q_G \geq (1 - \delta_P) R(B) / (1 - \delta_P \delta_G) \tag{5-16}$$

由于 Q_G 与 q_G 分别表示政府能够得到的最大、最小收益，所以有结果：

$$Q_G = q_G = (1 - \delta_P) R(B) / (1 - \delta_P \delta_G) \tag{5-17}$$

谈判结果是政府将会至少得到 Q_G 的额外收益，将会使特许运营期的选择上界根据式（5-18）做出调整：

$$T'_{c\_max} = T \left[\int_0^{T'_{c\_max}} V_t \, e^{-rt} dt \right] = T \left[\int_0^{T_{c\_max}} V_t \, e^{-rt} dt \right.$$

$$\left. - GV(T_{c\_min}) - GRT - Q_G \right] \tag{5-18}$$

二、不确定环境下 PPP 项目特许运营期可行区间下界的确定

为了得到 PPP 项目特许运营期可行区间的下界，假设由社会

资本来提出第一轮的分配方案，过程如图 5-5 所示。

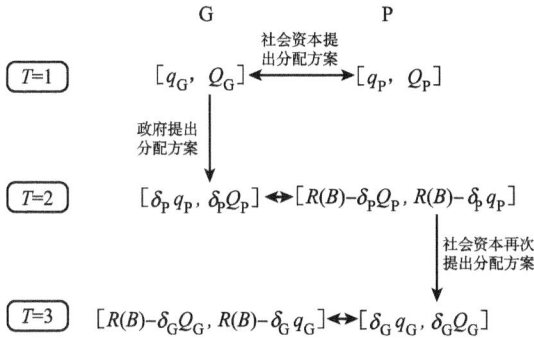

图 5-5　社会资本首次提出分配方案博弈过程

按照上述流程，可以得到：

$$Q_\mathrm{P} \leqslant (1 - \delta_\mathrm{G}) R(B)/(1 - \delta_\mathrm{P}\delta_\mathrm{G}) \qquad (5\text{-}19)$$

$$q_\mathrm{P} \geqslant (1 - \delta_\mathrm{G}) R(B)/(1 - \delta_\mathrm{P}\delta_\mathrm{G}) \qquad (5\text{-}20)$$

由此计算出的社会资本额外收益，会使特许运营期的选择下限根据式（5-21）做出调整：

$$T'_{c\_\min} = T\Big[\int_0^{T'_{c\_\min}} V_t\, \mathrm{e}^{-rt}\mathrm{d}t\Big]$$

$$= T\Big[\int_0^{T_{c\_\min}} V_t\, \mathrm{e}^{-rt}\mathrm{d}t + \mathrm{GV}(T_{c\_\min}) + \mathrm{GRT} + Q_\mathrm{P}\Big]$$

$$(5\text{-}21)$$

则新的特许运营期限区间确定：

$$\big[\, T'_{c\_\min}, T'_{c\_\max}\,\big]$$

第六章

基于随机过程的PPP值优化案例分析

本章为案例分析，即利用基于金融随机过程构建的相关模型与方法，分别对使用者付费项目及可行性缺口补贴项目的未来现金流、风险成本货币化、风险分担、折现率及特许运营期进行了优化计算，计算得到了使用者付费项目及可行性缺口补贴项目的优化 PPP 值。其次，通过多种参数变化对不同种类风险成本进行了研究。最后，通过优化 PPP 值和优化 PSC 值与项目物有所值评价报告中以传统方式计算得到的 PPP 值与 PSC 值进行对比，最后形成了关于 PPP 项目管理的政策建议。

第一节　优化 PPP 值计算步骤及不同案例侧重点说明

一、PPP 值计算步骤

本书的第三章利用了期权定价理论中带"跳"过程的几何布

朗运动随机微分方程模型，对 PPP 项目的未来现金流及政府收入端风险分担进行了建模；本书的第四章利用了利率期限结构理论中的 Vasicek 随机微分方程模型对政府成本端风险分担及折现率进行了建模；本书的第五章将已经得到的政府风险分担代入政府与社会资本的博弈当中，得到了 PPP 项目特许运营期限的可行域。最终，未来现金流、政府风险分担、折现率、特许运营期限共同作用于 PPP 值的计算，形成逻辑闭环，图 6-1 是本书技术路线及工作总结。

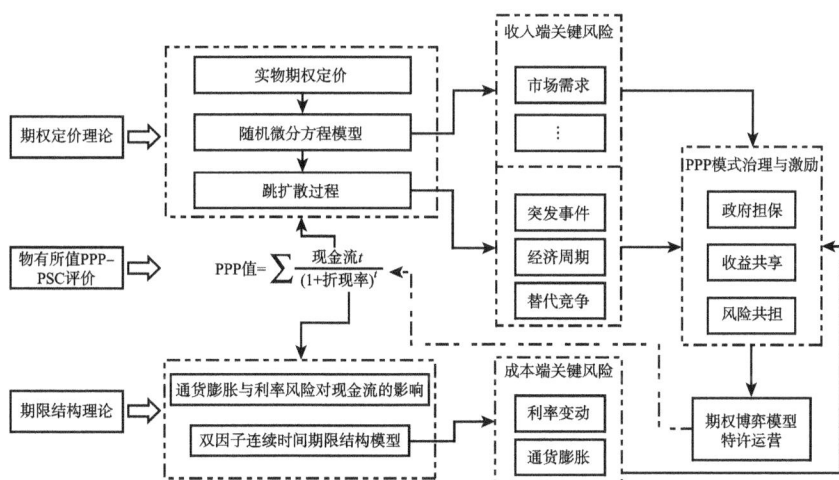

图 6-1　本书技术路线及工作总结

在进行案例计算之前，首先需要对基于随机过程的 PPP 值计算步骤进行明确，如图 6-2 所示。

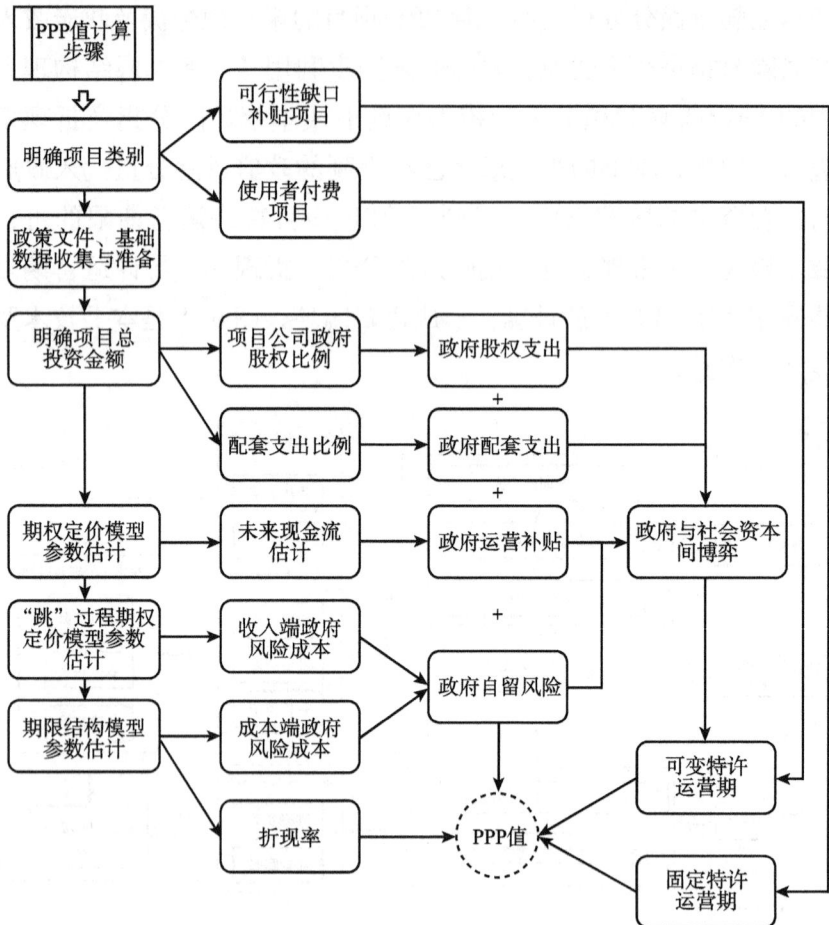

图 6-2　基于随机过程的 PPP 值计算步骤

　　第一步，首先需要明确所计算项目的类别，不同类别的项目 PPP 值计算重点是有所不同的。

　　第二步，收集相关政策文件与基础数据，基础数据包括该地区同类基础设施项目建设经营相关数据、本地区年鉴、社会宏观经济数据、本地区地方政府长期债券利率等，尽可能详尽的数据可以让模型的预测更加准确。

　　第三步，明确项目的总投资额，进而确定政府在项目公司的股权占比与政府配套设施支出的比例，可以确定政府股权支出额与政府配套支出额。

第四步，利用相关数据对期权定价模型、期限结构模型等进行参数估计，并对未来现金流、收入端与成本端风险分担、折现率进行定量与拟合，进而计算出政府运营补贴、政府自留风险与动态折现率。

第五步，利用计算得到的政府补贴、政府风险分担等代入政府与社会资本的博弈中，得到 PPP 项目特许运营期可行域。

第六步，利用得到的政府股权支出、政府配套支出、政府运营补贴（经特许运营期反向调整）、政府自留风险、折现率计算 PPP 值。

二、不同类型项目案例研究侧重说明

使用者付费项目与可行性缺口补贴项目在项目规模、成本构成、盈利性等诸多方面存在较大差异，所以两类项目的测算重点也有不同。通常，使用者付费项目收入较高，维持运营成本较小，所以对其研究的重点为未来现金流的预测、政府收入端风险分担及特许运营期可行区间等问题。而可行性缺口补贴项目通常建设成本较高且盈利能力较差，需要政府持续进行补贴，所以通常为固定特许运营期。同时由于项目公司需要政府对运营过程进行高额补贴以维持运营并回收投资，而通货膨胀风险及利率变动风险都会对政府的支出产生较大的影响，所以对于可行性缺口补贴项目来说，测算重点在成本端风险、通货膨胀风险及利率变动风险方面。两个案例只针对各自的研究重点进行测算，重叠部分计算过程省略。

第二节　基于随机过程的使用者付费项目
PPP 值优化案例分析

一、项目基本情况

　　Z 省某旧路改造经营性高速公路项目拟采用 PPP 模式进行投资建设，项目总投资 60.4 亿元，全部由社会资本出资，主线全长 84 公里，政府与社会资本联合成立高速公路项目运营公司，政府持股 1%，社会资本持股 99%。特许运营期 25 年，建设期 3 年，在此期间，政府以约定通行费收入的 90%，为社会资本提供收入担保，即实际通行费收入低于约定通行费收入 90% 的部分，政府向社会资本支付通行费差额。

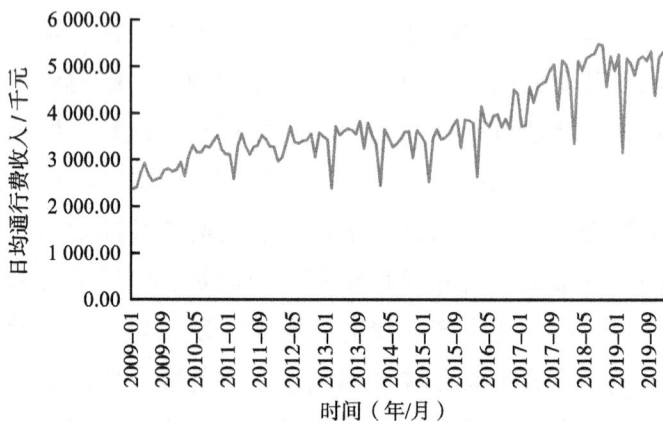

图 6-3　沪杭甬：上海—杭州高速每月日均通行费收入

（数据来源：WIND 数据库）

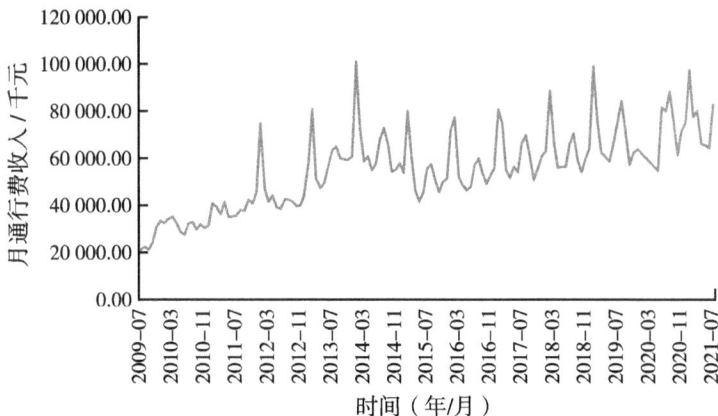

图 6-4　深高速：清连高速每月通行费收入

（数据来源：WIND 数据库）

通过对该省份周边高速公路如沪杭甬：上海—杭州高速（图 6-3）、深高速：清连高速（图 6-4）等通行费收入情况进行分析发现，在一般情况下，高速公路建成 5～8 年内收费额呈线性增长，其后每年收费额保持在稳定的范围内上下波动[121][167]。项目运营维护成本较为稳定，占通行费收入期望的 20%。基于此，本书运用蒙特卡罗方法，模拟某条新建高速公路在未来 25 年净现金流情况。现金流量预测的基本假设为：第一，该高速公路公司所在地区的社会、政治、经济环境无重大改变；第二，该高速公路公司在预测期间所经营的高速公路收费权不变，收费标准保持稳定；第三，该高速公路公司在预测期间的经营环境、经营条件和市场情况无重大变化。

二、现金流模型与政府担保价值的计算

（一）现金流模型

预计高速公路建成后第 1 年的净现金流为 1.5 亿元，前 6 年净现金流每年增长 18%，第 6 年以后每年收费额服从正态分布。

假设项目净现金流 V_t 在不同阶段服从式（6-1）：

$$V_t = \begin{cases} V_0\exp\left[\int_0^t \sigma_v \mathrm{d}W_v(t) + \int_0^t\left(u_1 - \frac{1}{2}\sigma_v^2\right)\mathrm{d}s\right], t = 1,\cdots,6 \\ V_0\exp\left[\int_0^t \sigma_v \mathrm{d}W_v(t) + \int_0^t\left(u_2 - \frac{1}{2}\sigma_v^2\right)\mathrm{d}s\right], t = 7,\cdots,25 \end{cases}$$

$$(6-1)$$

其中，V_0 表示项目开通第一年的净现金流，其值为 1.5 亿元，u_1 表示项目净现金流在 1~6 年的增长率为 18%，u_2 表示项目净现金流在 7~25 年的增长率为 0，σ_v 表示项目净现金流在 1~25 年的波动率为 15%。

（二）政府担保价值

政府与社会资本的约定现金流为计算得到项目收入的期望值，政府为社会资本提供的担保下限为项目期望收入的 90%，即 $\theta = 0.9$，每年低于项目期望收入 90% 的部分由政府支付给项目公司。

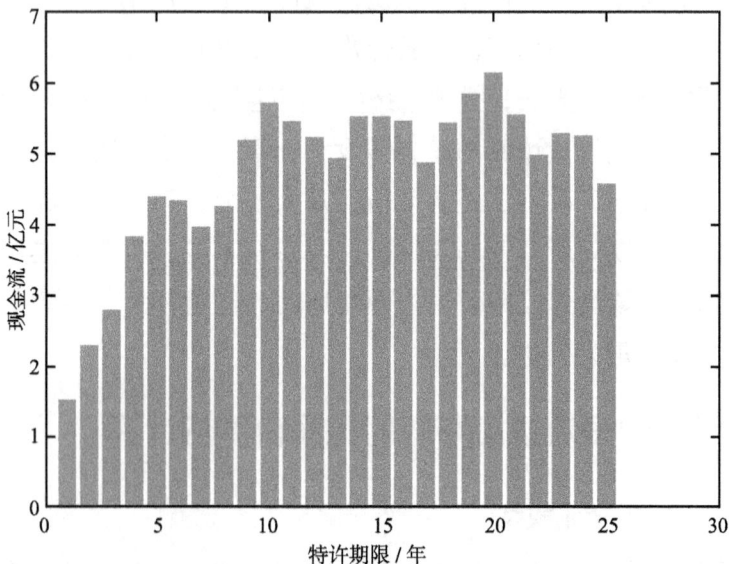

图6-5 项目年现金流模拟示例

图 6-5 为按照公式对项目每年现金流进行一次随机模拟的示例。如假设中所述，项目现金流在前 6 年保持线性增长，在 6 年后呈现围绕均值随机波动的特征。利用公式对项目每年现金流进行 10 000 次模拟并计算均值，折现率取计算时间点 5 年期以上长期贷款利率 4.8%，对项目现金流进行折现计算，得到项目营运利润现值为 58.48 亿元，这部分计算显然未对政府担保价值进行考虑。将 10 000 次现金流模拟当中低于政府担保底线值，即项目现金流期望 90% 的部分取平均，然后折现并加总，得到政府对项目担保的现值的期望为 8.04 亿元，即为政府担保价值。

三、冲击事件影响下的现金流与政府担保价值的计算

（一）冲击事件影响下的高速公路现金流分析

以上计算与模拟的前提是该高速公路公司在经营期内，所在地政府政策法规不出现重大变化，高速公路收费权正常且收费标准不变，社会经济与市场环境不出现大幅变化。然而，现实当中，宏观经济存在经济周期的影响，政策市场环境也在不断变化，尤其是在长达 20 年以上的建设运营期内，相关的市场环境、政策环境极有可能出现变化。而市场环境与政策环境的变化，极有可能使得高速公路项目收入出现大幅下降。

大范围公共卫生安全风险如新冠疫情属于不可抗力风险。在 2019 年末至 2020 年，新冠疫情给中国的经济造成了重大冲击，各地方政府出台的居家隔离及限制出行政策，使得高速公路的通行费收入大幅降低。如图 6-6 所示，收费公路行业主要上市公司的通行费收入在 2020 年上半年均出现了大幅下降。而在当前，新冠病毒还在持续变异，新的冠状病毒变种可能在未来的某些时刻卷土重来，这些情况导致不得不对基础设施行业所面临的不可抗力风险进行重点考虑。

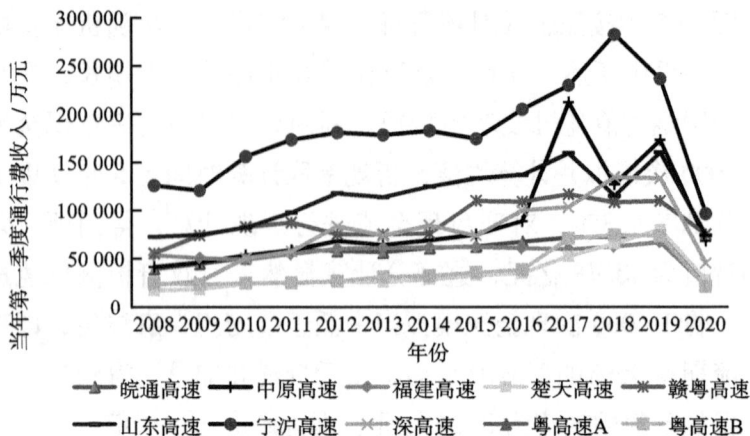

图 6-6　2008 年至 2020 年当年第一季度收费公路行业主要上市公司通行费收入

（数据来源：WIND 数据库）

除了公共卫生安全风险以外，法律政策的变更也会对高速公路行业的收入产生巨大影响。本书使用 MATLAB 对现实高速公路项目通行费收入数据进行时间序列分析，对数据的趋势和断点进行判断。图 6-7 为深圳梅观高速公路 2000 年至 2019 年底的月度通行费收入变化情况。可以看到，在 2012—2016 年间，高速公路

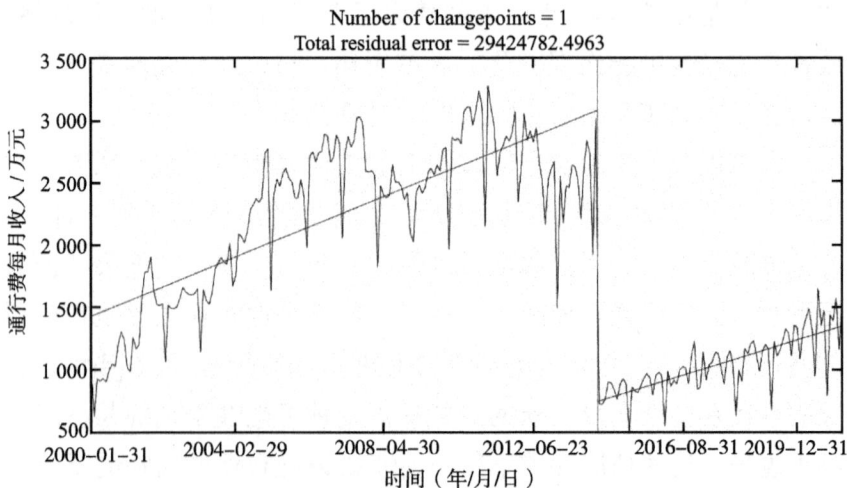

图 6-7　2000 年至 2019 年底梅观高速公路通行费收入趋势及断点判断

（数据来源：WIND 数据库）

通行费出现了断崖式下跌，而断点前后的数据趋势均为向上增长。究其原因，还在于 2014 年深圳市实施的高速公路通行费减免政策，使得该高速公路的通行费收入大幅下跌。

另外，经济周期与市场环境变化所导致的市场需求变化也会对高速公路通行费收入造成巨大影响。如图 6-8 所示，2008 年发生的金融危机对沪杭甬：上海—杭州高速公路通行费收入造成了重大影响，由于金融危机所导致的市场需求下降，高速公路的通行费收入出现大幅下滑，在前后连续的趋势中间形成了断点。

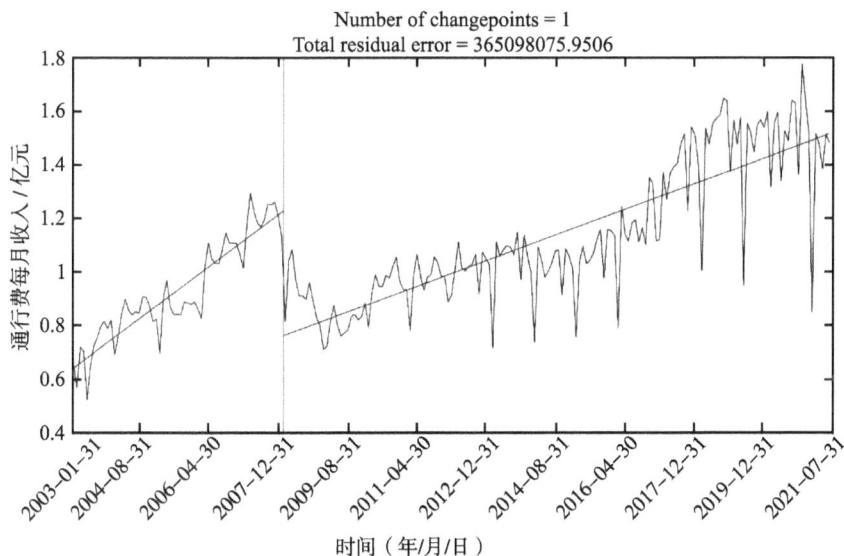

Number of changepoints = 1
Total residual error = 365098075.9506

图 6-8　2000 年至 2021 年沪杭甬：上海—杭州高速公路通行费收入趋势及断点判断
（数据来源：WIND 数据库）

另外，由于国家经济发展进入新常态，GDP 增长率逐步回落至 5%，全国高速公路市场很难再实现过去动辄 10% 以上的增长率，东部沿海及内陆重点省市的高速公路需求已趋于饱和，未来的项目在开通 10～15 年后，极有可能受到替代性同质高速公路项目开通的冲击，造成通行费收入的下滑[139][140][141]。

（二）冲击事件影响下的高速公路项目现金流模型

受到国家对于高速公路减速降费政策、宏观经济环境及区域内替代项目开通的影响，高速公路的收入可能出现向下的"跳"过程。假设项目净现金流 V_t 在不同阶段服从式（6-2）：

$$V_t = \begin{cases} V_0\exp\left[\int_0^t \sigma_v \mathrm{d}W_v(t) + \int_0^t \left(u_1 - \frac{1}{2}\sigma_v^2\right)\mathrm{d}s\right], & t = 1,\cdots,6 \\[2mm] V_0\exp\left[\int_0^t \sigma_v \mathrm{d}W_v(t) + \int_0^t \left(u_2 - \frac{1}{2}\sigma_v^2\right)\mathrm{d}s\right], & t = 7,\cdots,12 \\[2mm] V_0\exp\left[\int_0^t \sigma_v \mathrm{d}W_v(t) + \int_0^t \left(u_2 - \frac{1}{2}\sigma_v^2\right)\mathrm{d}s\right]\prod_{i=1}^{Z(t)}(L_i + 1), & t = 13,\cdots,25 \end{cases}$$

$$(6-2)$$

其中，V_0 表示项目开通第一年的净现金流为 1.5 亿元，u_1 表示项目净现金流在 1~6 年的增长率为 18%，u_2 表示项目净现金流在 7~25 年的增长率为 0，σ_v 表示项目净现金流在 1~25 年的波动率为 15%。$\prod_{i=1}^{Z(t)}(L_i + 1)$ 是描述资产价格跳跃性变动的泊松过程，其中 $Z(t)$ 的强度为 0.1，$E(L_i) = -0.5$，代表替代竞争、国家减速降费政策等不确定性风险对项目现金流造成的综合影响。

（三）冲击事件影响下的政府担保价值

利用 MATLAB 进行模拟得到如图 6-9 所示的带"跳"过程的项目现金流模拟。可见，在"跳"过程的影响下，现金流在项目后期出现了显著下跌。

利用蒙特卡罗方法，对项目现金流进行 10 000 次模拟，得到项目现金流路径可能分布，如图 6-10 所示。可见，项目现金流大体趋势首先随着项目年份增加而逐渐上涨，并在项目中期呈现在一定范围内稳定波动的形态。在项目后期，随着时间增长，项目现金流逐渐减少，并在一个较低的范围内稳定波动。对所有现金流路径取平均值，则得到对项目现金流预测的均值。根据《指引》，

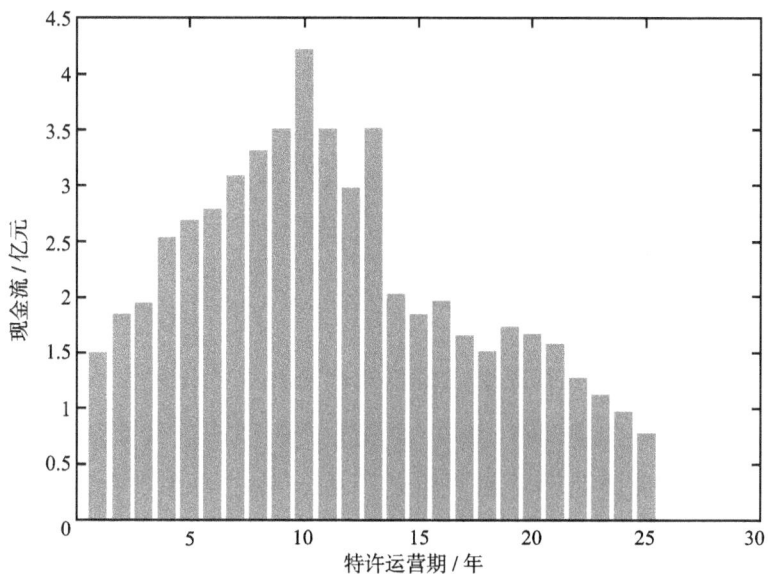

图 6-9　带"跳"过程的项目现金流模拟

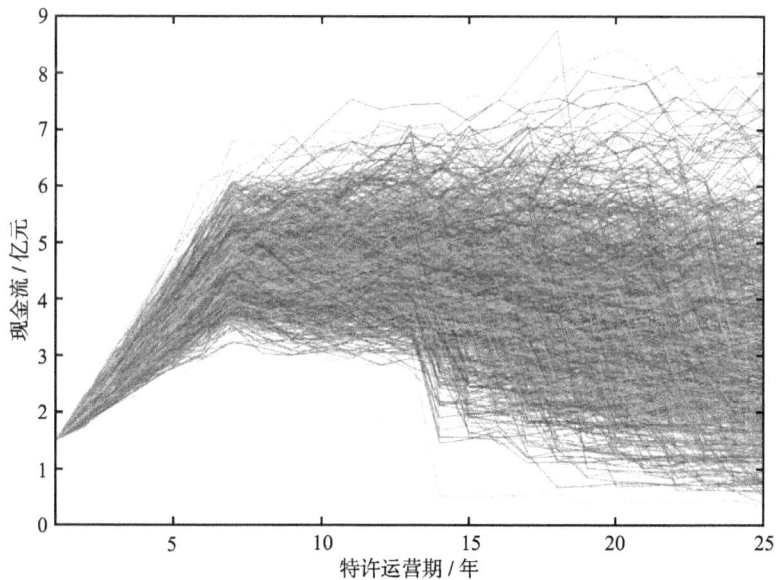

图 6-10　带"跳"过程的项目现金流蒙特卡罗模拟

政府方对项目收益情况进行评估时，项目折现率通常取地方政府当年发行的 5 年期以上长期债券的收益率。通过对该地方政府官方网站进行查询，得到该地方政府当年发行 5 年期以上债券收益率为 3.34%，并以此为折现率，对项目现金流进行折现并加和，得到项目总运营现金流现值的期望值为 52.51 亿元，此时政府担保价值的期望值为 10.8 亿元。

（四）多维参数变动分析

1. σ 与 η 对项目现金流现值及政府担保价值的影响

多维参数的变动将会对项目现金流现值产生较大的影响。通常认为，高速公路等项目收益的不确定性主要体现在波动率上，因此可以通过改变项目现金流波动率 σ 与"跳"过程 L_i 的跳跃均值 $E(L_i) - \eta$，观察二维参数变动对项目现金流现值总和的影响。如图 6-11 所示，项目现金流现值随着 η 绝对值的增大，均呈现减小趋势，这是由于 η 代表项目运营后期风险事件对项目现金流的冲击，η 绝对值的增大意味着风险事件对项目现金流冲击的增大，自然带来了项目现金流现值的减少，并且由图中项目现金流现值伴随 η 变动趋势可知，这种影响呈线性关系。另外，项目现金流现值随着 σ 变大，虽然总体呈下降趋势，但并非线性变化。当 σ 处于 $0 \sim 0.1$ 区间时，σ 值对项目现金流现值几乎不存在影响；但当 σ 处于 $0.1 \sim 0.2$ 区间时，σ 的增大将会导致项目现金流现值的显著下跌。出现这种情况的原因可能为：σ 的增大将导致项目在各年份中的现金流出现极端值的情况增加，但高速公路受限于公路运载能力，每年的收入存在上限，这就导致项目每年运营现金流的均值向下偏离。这种情况在 σ 较小时并不明显，而当 σ 较大时，则偏离的结果开始显现。

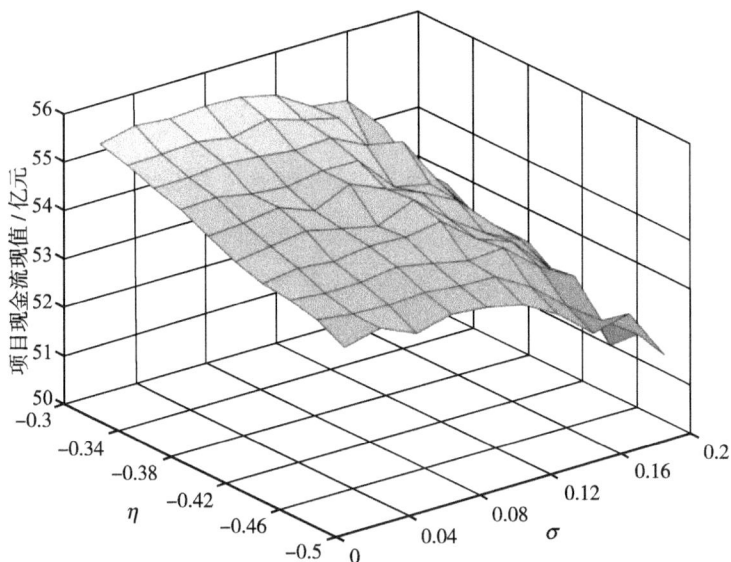

图 6-11　σ 与 η 对项目现金值现值的影响

如图 6-12 所示，σ 与 η 对政府担保价值的影响与项目现金流现值恰恰相反。σ 与 η 绝对值的增大都意味着政府担保价值的提高，

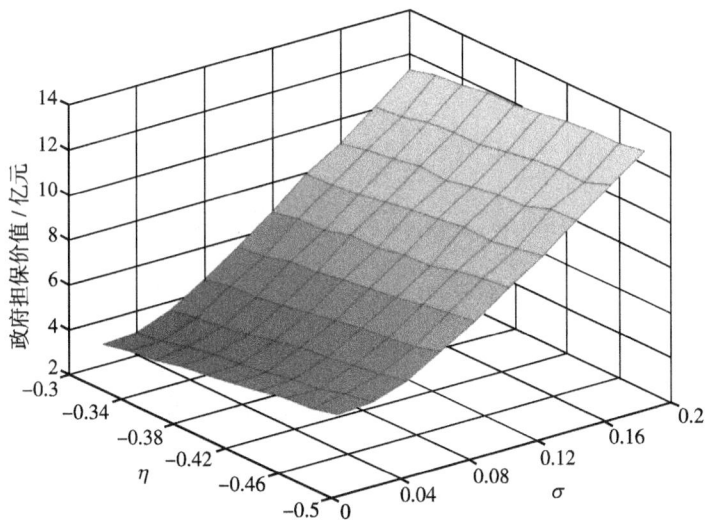

图 6-12　σ 与 η 对政府担保价值的影响

但 σ 与 η 对政府担保价值的影响程度不同，当 σ 超过 0.04 后，σ 对政府担保价值的影响显著增大，这意味对于高速公路项目而言，对项目现金流波动的管理更为重要。

2. 政府担保比例与特许运营期限对政府担保价值的影响

不同的特许运营期限和政府担保比例将对项目总的政府担保价值产生影响。理论上，越长的特许运营期，意味着项目运营现金流可能经历的不确定性波动越多，则政府担保价值越大；而政府担保比例的增加，意味着政府或有支出责任的增大，政府担保价值则相应增大。图 6-13 所示的模拟结果与理论结果基本相同，从影响程度上看，在政府担保比例较低时（0~30%），政府担保价值几乎为 0，政府担保比例的增加不会对政府担保额造成影响；而当政府担保比例逐渐升高时（40%~100%），随着政府担保比例的升高，政府担保价值呈指数增大。相比之下，当特许运营期低于 25 年，政府担保价值随着特许运营期的增加则较为平缓，呈线性关系。

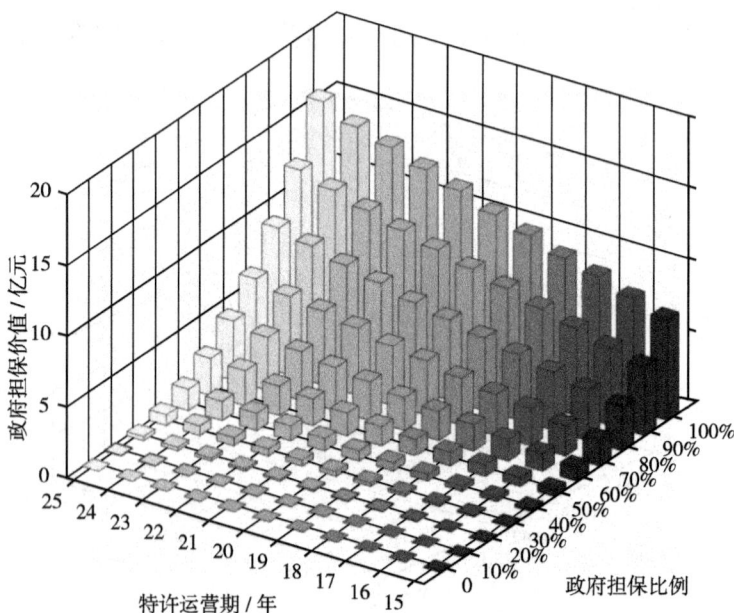

图 6-13　政府担保比例与特许运营期限对政府担保价值的影响

四、特许运营期可行区间的计算

（一）一般情况下特许运营期可行区间的计算

在 PPP 项目当中，政府与社会资本围绕项目的超额收益进行"讨价还价"，从而确定与超额收益分配相关联的特许运营期。对于可行性缺口补贴类型项目而言，政府对项目的补贴可以看作是政府财政的延迟支付行为，由于项目本身不具备盈利能力，所以政府与社会资本方不具备"讨价还价"的基础，只有使用者付费类型的 PPP 项目存在超额收益。

1. 利率变动风险成本的计算

对于利率变动风险，政府和社会资本约定，由项目公司分担的利率上涨的限额为 50 BP（base point，BP，1 BP = 0.000 1 = 0.01% = 1 个基点），超过 50 BP 的利率上涨，由政府分担。

按照资本金与债务资金分别占总投资额的 41% 与 59% 进行分配，债务资金全部来源于银行贷款。高速公路项目还本付息计划表见表 6-1。

表 6-1　高速公路项目还本付息计划表

年份	年初借款累计/万元	本年还本付息/万元	还本/万元	付息/万元
2021	354 900.00	26 687.19	9 412.39	17 274.80
2022	345 487.61	26 229.04	9 412.39	16 816.65
2023	336 075.22	25 770.89	9 412.39	16 358.50
2024	326 662.84	25 312.74	9 412.39	15 900.35
2025	317 250.45	24 854.59	9 412.39	15 442.20
2026	307 838.06	28 427.77	13 487.01	14 940.76
2027	294 351.04	27 773.19	13 487.01	14 286.17
2028	280 864.03	27 118.60	13 487.01	13 631.59
2029	267 377.01	26 464.02	13 487.01	12 977.00
2030	253 890.00	25 809.43	13 487.01	12 322.42

续表

年份	年初借款累计/ 万元	本年还本付息/ 万元	还本/ 万元	付息/ 万元
2031	240 402.99	31 983.83	20 373.13	11 610.69
2032	220 029.85	30 999.87	20 373.13	10 626.73
2033	199 656.72	30 015.91	20 373.13	9 642.78
2034	179 283.58	29 031.96	20 373.13	8 658.82
2035	158 910.45	28 048.00	20 373.13	7 674.86
2036	138 537.31	34 160.54	27 503.73	6 656.81
2037	111 033.58	32 838.97	27 503.73	5 335.24
2038	83 529.85	31 517.40	27 503.73	4 013.66
2039	56 026.12	30 195.82	27 503.73	2 692.09
2040	28 522.39	21 750.67	20 373.13	1 377.54
2041	8 149.25	8 546.27	8 149.25	397.02

对政府每年的利率风险分担进行计算，结果见表6-2。

表6-2　超额利息成本与政府利率变动风险分担

年份	年初借款累计/ 万元	付息/ 万元	超额利息成本/ 万元	政府利息分担/ 万元
2021	354 900.00	17 274.80	0.00	0.00
2022	345 487.61	16 816.65	613.19	108.02
2023	336 075.22	16 358.50	834.51	271.60
2024	326 662.84	15 900.35	972.25	397.91
2025	317 250.45	15 442.20	1 030.45	478.19
2026	307 838.06	14 940.76	1 067.99	534.22
2027	294 351.04	14 286.17	1 073.87	571.30
2028	280 864.03	13 631.59	1 061.83	590.17
2029	267 377.01	12 977.00	1 035.58	595.07
2030	253 890.00	12 322.42	996.88	587.41
2031	240 402.99	11 610.69	954.73	575.51
2032	220 029.85	10 626.73	877.35	539.33
2033	199 656.72	9 642.78	792.88	496.62
2034	179 283.58	8 658.82	713.73	453.31

年份	年初借款累计/万元	付息/万元	超额利息成本/万元	政府利息分担/万元
2035	158 910.45	7 674.86	634.83	408.98
2036	138 537.31	6 656.81	549.27	357.59
2037	111 033.58	5 335.24	437.02	287.75
2038	83 529.85	4 013.66	325.14	215.31
2039	56 026.12	2 692.09	214.67	143.35
2040	28 522.39	1 377.54	107.63	72.18
2041	8 149.25	397.02	30.36	20.47

将每年政府分担的利率风险成本以长期贷款利率进行折现，得到政府分担利率风险成本现值为 7 704.30 万元。由于该项目为使用者付费项目，假定项目公司可以通过调整通行费的方式来对抗通货膨胀对成本的影响，则利率风险成本即政府在项目成本端分担的总成本，记为 GRT。

2. 特许运营期可行区间的确定

特许运营期的最低年限 T_{c_min} 应满足：

$$\text{NPV}_c = \int_0^{T_{c\_min}} V_t \, \text{e}^{-rt} \text{d}t + \text{GV}(T_{c\_min}) + \text{GRT} \geq \text{OC}$$

其中，NPV_c 为项目对于社会资本的净现值，GV 为涉及经营过程的政府最低收入担保（补贴）价值，$\int_0^{T_{c\_min}} V_t \, \text{e}^{-rt} \text{d}t$ 为项目运营现金流现值，OC 为社会资本的机会成本。按照项目总投资额的 9.93%（在当期 LPR 基础上加 5%）计算，为 6 亿元。由于 $\int_0^{T_{c\_min}} V_t \, \text{e}^{-rt} \text{d}t$ 与 $\text{GV}(T_{c\_min})$ 均为与 T_{c_min} 相关的函数，所以通过 MATLAB 进行数值计算，求得符合条件的 T_{c_min}。计算结果如图 6-14 所示。

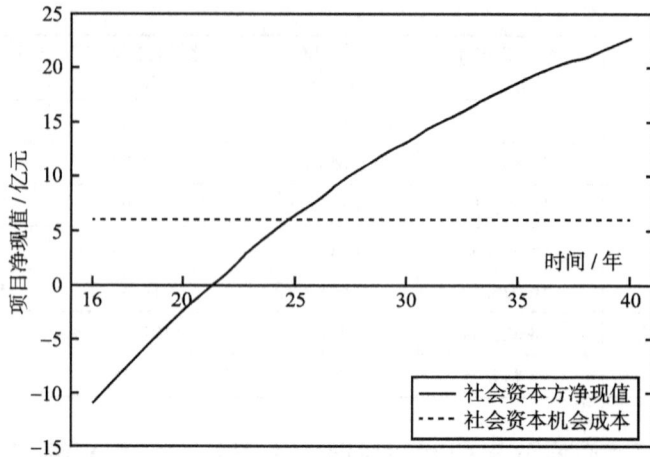

图6-14　社会资本方净现值与社会资本机会成本

在项目运行 25 年之后，$\int_0^{T_{c\_min}} V_t\, \mathrm{e}^{-rt}\mathrm{d}t = 58.48$ 亿元，$\mathrm{GV}(T_{c\_min}) = 8.04$ 亿元，社会资本方净现值超过其机会成本，则特许运营最低期限确定，$T_{c\_min} = 25$ 年。则基础特许运营期区间为 $[T_{c\_min}, T_{c\_max}] = [25, 40]$。通过前文公式计算得到政府与社会资本间的博弈空间为：

$$R(B) = \int_{T_{c\_min}}^{T_{c\_max}} V_t\, \mathrm{e}^{-rt}\mathrm{d}t - \mathrm{GV}(T_{c\_min}) - \mathrm{GRT} = 5.5 \ （亿元）$$

假设政府和社会资本的耐心系数分别为 $\delta_{\mathrm{G}} = 0.95$ 与 $\delta_{\mathrm{P}} = 0.90$，根据公式 $Q_{\mathrm{P}} = (1 - \delta_{\mathrm{G}})R(B)/(1 - \delta_{\mathrm{P}}\delta_{\mathrm{G}})$ 计算社会资本所能得到的超额回报 $Q_{\mathrm{P}} = 1.87$ 亿元。

$$T'_{c\_min} = T\left[\int_0^{T_{c\_min}} V_t\, \mathrm{e}^{-rt}\mathrm{d}t + \mathrm{GV}(T_{c\_min}) + \mathrm{GRT} + Q_{\mathrm{P}}\right] = 26 \ （年）$$

$$T'_{c\_max} = T\left[\int_0^{T_{c\_max}} V_t\, \mathrm{e}^{-rt}\mathrm{d}t - \mathrm{GV}(T_{c\_min}) - \mathrm{GRT} - Q_{\mathrm{P}}\right] = 30 \ （年）$$

经过"讨价还价"博弈过程确定的调整特许运营期区间为：

$$\left[T'_{c\_min},\ T'_{c\_max}\right]=\left[26,\ 30\right]$$

相比初始的基础特许运营期区间，调整特许运营期区间大幅缩小，为政府和社会资本确立了更加明确的目标。

（二）冲击事件影响下特许运营期可行区间的计算

在冲击事件如高速公路收费政策变更、经济危机、替代性竞争的影响下，项目的收入在项目运营的后期可能面临大幅度下降。因此需要重新计算社会资本方净现值，计算结果如图 6-15 所示。

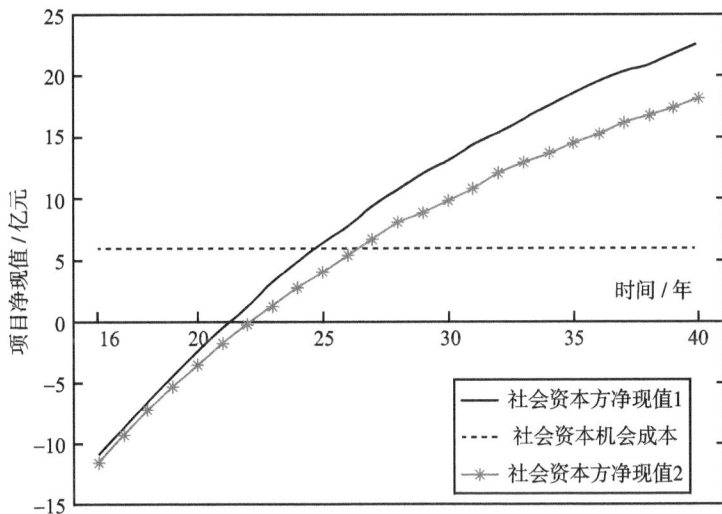

图 6-15　冲击事件影响下的社会资本方净现值

由于冲击事件的影响，项目的运营收入大幅下降，但相对应的政府担保（补贴）价值变高，使得社会资本方的净现值 NPV_c 曲线只出现小幅下移。可见，社会资本 NPV_c 在第 27 年超过机会成本，此时项目运营现金流现值 $\int_0^{T_{c\_min}}V_t\,\mathrm{e}^{-rt}\mathrm{d}t=53.88$ 亿元，政府担保（补贴）价值 $GV(T_{c\_min})$ 为 12.19 亿元，IC 不变。社会资本与政府的博弈空间为 $\left[T_{c\_min},\ T_{c\_max}\right]=\left[27,\ 40\right]$。通过公式计算得到谈判区间项目收益为 $R(B) = \int_{T_{c\_min}}^{T_{c\_max}} V_t \, e^{-rt} dt - GV - IC = -8.99$ 亿元，意味着此项目不存在博弈区间。社会资本的运营期即为 $T_{c\_min} = 27$ 年。

五、使用者付费项目 PPP 值的计算

使用者付费项目 PPP 值需要计算四个方面内容：股权投入、运营补贴、风险分担与配套投入。但与可行性缺口补贴项目存在的区别是，使用者付费项目是盈利性项目，在运营阶段，政府通常不存在固定的补贴责任。但政府承诺的最低收入担保，既是对需求风险的分担，又是对项目运营期的补贴，所以本书将政府需求风险分担划入运营补贴进行计算。

（一）不考虑冲击事件的影响计算该高速公路 PPP 项目的 PPP 值

1. 股权投入

本项目由社会资本独资建设，不考虑政府的股权投入。

2. 运营补贴

考虑将政府对社会资本的最低收入担保划入运营补贴，在政府担保收入为项目年预期收入 90% 的情况下，运营补贴值为上文得到的 $GV(T_{c\_min}) = 8.04$ 亿元。

3. 自留风险

在将政府的需求风险分担划入运营补贴后，在自留风险部分，主要计算的是政府的通货膨胀风险分担和利率变动风险分担。根据上文计算结果，在社会资本分担 50 BP 利率波动的情况下，政府的自留风险现值为 GRT=0.77 亿元。

4. 配套投入

该项目几乎不存在政府配套投入，不予考虑。

5. PPP 值

项目 PPP 值为股权投入、运营补贴、风险分担与配套投入的加总，最终值为 8.81 亿元。

(二) 冲击事件影响下计算该高速公路 PPP 项目的 PPP 值

冲击事件影响下的 PPP 值与一般情况下的 PPP 值区别仅在于政府对于需求风险的分担值。按照上文计算，在冲击事件影响下 GV(T_{c_min})为 12.19 亿元，即 PPP 值为 12.96 亿元。

六、案例小结

数值模拟表明，当特许运营期在 25 年以内，特许运营期与政府担保价值呈线性关系，而随着政府担保比例的升高，政府担保价值呈指数增大，即相对于特许运营期，政府对项目收入的担保比例对政府担保价值影响更大。在对项目总收益现值受现金流波动率与现金流"跳扩散"均值影响的模拟分析中，相对于"跳扩散"过程的跳跃均值，项目现金流波动率对项目总收益现值的影响更大。另外，利用计算得到的政府担保价值与政府风险分担成本数据，对高速公路 PPP 项目特许运营期可行区间进行模拟，并进一步研究冲击事件对特许运营期的影响。

数值模拟的参考意义在于：第一，政府担保比例的提高与特许运营期限的延长均会增加政府担保价值，但是相对于特许运营期限，政府担保比例对政府担保价值的影响更大，这意味着对于政府方来说，在与社会资本进行 PPP 协议谈判时，政府担保比例的优先级要高于特许运营期限。对于面临较大财政压力的地方政府，可以选择压低政府担保比例，而适当延长特许运营期限作为补偿，以降低政府的或有支出责任。第二，相对于远期可能发生的替代竞争、法律政策变更等对政府担保价值的影响，项目现金流在近期面临的波动更加值得注意，政府在进行财政承受能力计算时，应适当加大项目现金流的波动性并对政府或有支出责任进行压力测试，以防止 PPP 项目营收波动对政府财政造成过大的压力。第三，通过对高速公路 PPP 项目特许运营期的可行区间进行的模拟计算，得到的最终调整特许运营期的可行区间较最初的可行区间大幅缩小，认为基于政府双端风险分担的 PPP 项目特许运营期模型可以较好地解决风险条件下 PPP 项目特许运营期可行区间决策问题。第四，替代竞争、法律政策变更及不可抗力风险等冲击性事件的发生，将会增加特许运营期可行区间的下限，并且政府担保的支付期限也需要延长以弥补社会资本的损失。

第三节 基于随机过程的可行性缺口补贴项目 PPP 值优化案例分析

一、项目基本情况

N 市城市轨道交通 X 号线在根据《国家发展改革委关于开展政府和社会资本合作的指导意见》（发改投资〔2014〕2724 号）、《传统基础设施领域实施政府和社会资本合作项目工作导则》（发改投资〔2016〕2231 号）、《政府和社会资本合作模式操作指南（试行）》（财金〔2014〕113 号）等文件的相关要求及 N 市社会经济发展现实情况的条件下，拟采用 PPP 模式进行投资建设。该工程于 2016 年底全面开始土建施工，计划 2020 年底开通，全长约 28.34 公里，全部采用地下敷设方式，共设 22 座车站，平均站间距 1.33 公里，最大站间距 2 235 米，最小站间距 607 米，站点线路见图 6-16。该 PPP 项目总概算为 215.85 亿元，采用 BOT 方式购买机电设备，即 A 部分加 B 部分的 PPP 模式。项目财务分析计算期为 28 年，其中建设期 3 年（2018—2020 年），特许运营期

25 年（2021—2045 年，其中 2021 年为试运营期）。项目初始总
投资暂按经过政府审批的初步设计概算，经 A、B 项目拆分之后，
确定 PPP 项目的静态投资为 71.29 亿元，项目资本金暂按 35% 考
虑，资本金中政府和社会资本的股比按 10%：90% 配置。

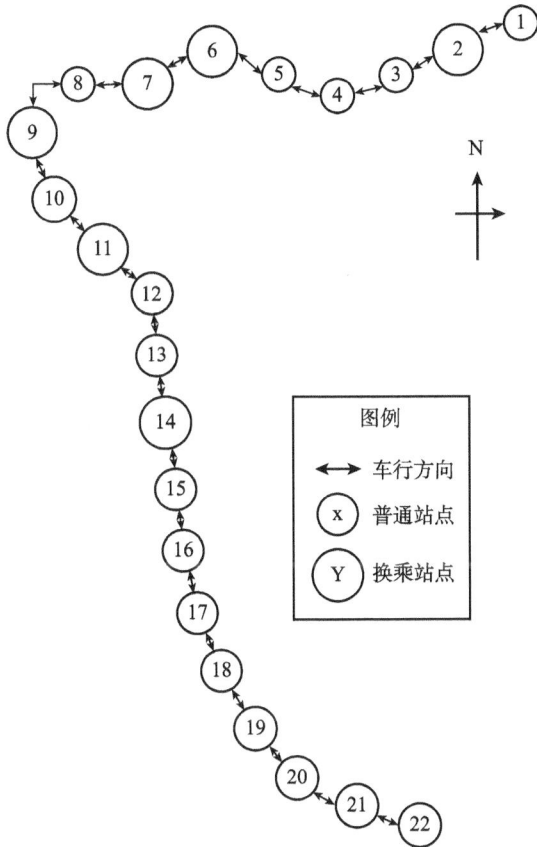

图 6-16　N 市城市轨道交通 X 号线站点线路示意图

　　根据《指引》中的 PPP 模式可行性缺口补贴公式，在项目运
营补贴期间，政府分担部分直接付费责任。政府每年直接付费数
额包括：社会资本方分担的年均建设成本和年运营亏损补贴。由
于建设成本在建设期结束后就已经确定，所以本书研究聚焦于年

运营亏损补贴的模拟，进而实现政府关于通货膨胀风险分担及利率风险分担的计算。

二、通货膨胀风险分担与折现率的计算

(一) 数据来源

首先，对于瞬时政府债利率，依据《指引》"年度折现率应考虑财政补贴支出发生年份，并参照同期地方政府债券收益率合理确定"，选取 WIND 数据库中的中债地方政府债收益率（0 年期/隔夜）衡量瞬时政府债利率水平。考虑到数据可得性问题，WIND 数据库中提供的中债地方政府债数据时间区间为 2010 年 1 月 4 日至今，所以本书对名义利率的衡量起始时间为 2010 年 1 月 4 日。由于项目在 2021 年起开始运营，所以以 2020 年 1 月 2 日为选取数据的截止日期，即数据选取时间区间为 2010 年 1 月 4 日至 2020 年 1 月 2 日，样本数量为 2 402。由于是连续时间模型，采用线性插值法对法定节假日数据空缺进行填充。

本书采用国家统计局公布的居民消费价格指数环比月度数据（上月 = 100）衡量通货膨胀率，WIND 数据库中提供的数据区间为 1995 年 1 月至今，为了与利率数据的截止日期相对应，又尽可能覆盖通货膨胀率历史变动情况，因此所选取的数据区间为 1995 年 1 月至 2020 年 1 月。由于国家统计局公布的 CPI 数据为月度数据，需要将月度数据转化为日数据，本书采用线性插值法对 CPI 数据进行转化，并且为了确保数据的可得性，采用滞后一期的 CPI 数据。因此，运营期开始后第 m 月 d 天的 CPI 数据（用 $CPID_t$ 表示）为：

$$CPID_t = CPI_{m-2} + \frac{d-1}{g_m}(CPI_{m-1} - CPI_{m-2}) \tag{6-3}$$

其中，g_m 为 PPP 项目开始运营后第 m 个月的总天数，CPI_m 为

第 m 个月的实际价格指数。对得到的 $CPID_t$ 日度数据进行百分化和年化处理，得到通货膨胀率 i 的日数据。对数据进行描述性统计，见表 6-3。

表 6-3　折现率与通货膨胀率描述性统计

变量	均值	标准差	最小值	最大值	数量
r	0.023 3	0.007 14	0.007 7	0.122 0	3 427
i	0.027 0	0.086 6	−0.194 0	0.559 0	9 075

（二）参数估计

1. 模型基础参数的估计

根据 GV 计算公式，在计算中需要对参数 α_i、β_i、σ_i、λ_i、α_r、β_r、σ_r、λ_r、Cov_t 进行估计。

根据式（4-3）、（4-4），$i(t)$ 与 $r(t)$ 均为在现实测度 P 下的随机微分方程。通常采用随机差分法对随机微分方程模型进行参数估计。令 $dt = 1$，则可以将式（4-3）、（4-4）改写为：

$$x(t) = \alpha_x + (1 - \beta_x)x(t - 1) + \varepsilon_x(t) \qquad x = i, r \qquad (6-4)$$

为了检验式（4-3）、（4-4）扰动项的相关性，需对 $i(t)$ 与 $r(t)$ 进行联合估计，并进行 Breusch-Pagan 检验。本书利用 2010 年 1 月 4 日至 2020 年 1 月 2 日的利率及通货膨胀率数据，采用似不相关回归方法，此方法适用于可能有相关的扰动项的回归方程组。Breusch-Pagan 检验 P 值为 0.965 4，因此不能拒绝"各方程的扰动项相互独立"的原假设即 $\rho = 0$。由此，本书设定参数 $Cov_t = 0$。

为了观察相关参数在长时间段的变化情况，本书利用滚动回归的方法，分别以通货膨胀率和折现率首年数据作为基础样本，逐步扩大样本区间，进而得出通货膨胀率 1996 年 1 月至 2020 年 1 月，以及折现率 2011 年 1 月至 2020 年 1 月每天的参数值，变动情况如图 6-17、图 6-18 所示。

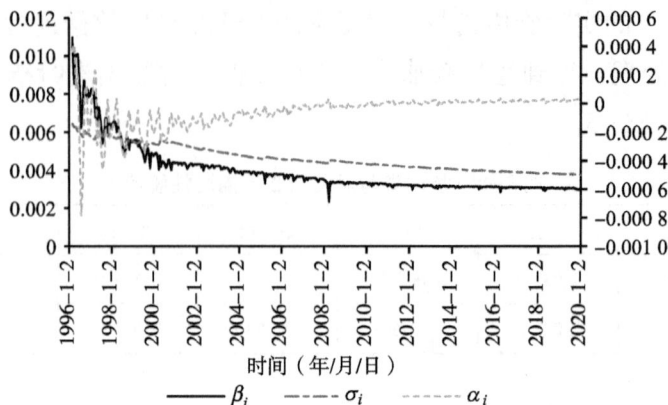

图 6-17　1996 至 2020 年通货膨胀率模型参数变化情况

注：α_i 的取值为右侧次坐标轴，其余变量为左侧主坐标轴。

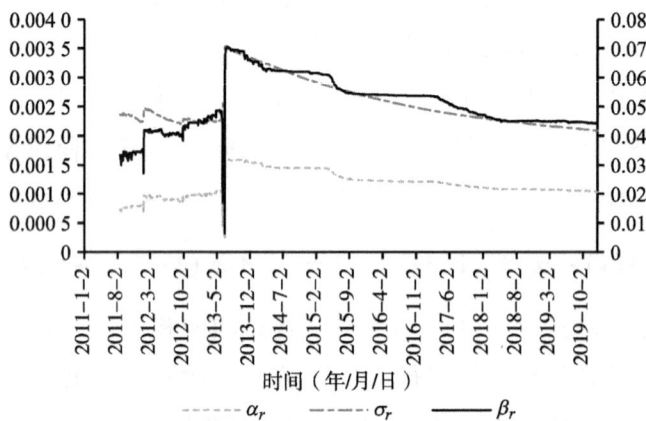

图 6-18　2011 至 2020 年折现率模型参数变化情况

注：β_r 的取值为右侧次坐标轴，其余变量为左侧主坐标轴。

从图 6-17 中结果来看，α_i、β_i 在 2001 年前波动比较大，之后逐渐平稳，σ_i 值在 2002 年前较高，之后逐渐降低，可能是由于我国 2000 年前经济环境波动较为剧烈，2000 年后我国施行了较为稳健的货币政策，使得通货膨胀率长期较为稳定。由图 6-18 可以看出，α_i、β_i、σ_i 均在 2013 年后趋近于稳定值，适合作为数值模拟参数。α_r、β_r、σ_r 在 2013 至 2014 年之间出现了较大波动，之后波动逐渐变小，并在 2018 年后趋于稳定值，适合作为数值模拟参数。通货膨胀和利率的整体回归结果见表 6-4。

表 6-4　模型参数估计结果

因变量	常数项	斜率	标准差	拟合优度	F 检验	样本量	估计方式
i	α_i 0.000 08 * (1.89)	$1 - \beta_i$ 0.997 0 *** (1 177.85)	σ_i 0.003 8	R^2 0.998 1	ρ 0.000 0	9 073	OLS
r	α_r 0.001 0 *** (2.66)	$1 - \beta_r$ 0.956 0 *** (891.77)	σ_r 0.002 1	R^2 0.914 4	ρ 0.000 0	3 425	OLS

注：回归系数下括号中的数值为该系数的 P 值；*、** 和 *** 分别表示在 10%、5% 和 1% 的统计水平上显著。

根据表 6-4 中的估计结果可以求出各参数值分别为：$\alpha_i = 0.000\ 08$，$\alpha_r = 0.001\ 0$，$\beta_i = 0.003\ 0$，$\beta_r = 0.044\ 0$，$\sigma_i = 0.003\ 8$，$\sigma_r = 0.002\ 1$，$\rho = 0$。从估计的结果来看，通货膨胀率参数与折现率参数具有显著的不同，尤其 β_i 与 β_r 的差异显示出折现率具有更强的均值复归特性，而通货膨胀率显示出更强的周期波动性，这也符合前文得出的通货膨胀率与折现率相关性较低的结果。通过估计得到的参数可以计算出长期均衡通货膨胀率的值为 $\dfrac{\alpha_i}{\beta_i} = 0.026\ 7$，

长期均衡折现率为 $\dfrac{\alpha_r}{\beta_r} = 0.022\ 7$，两者均与前文样本描述性统计均值接近，说明估计结果较为可信。此外，长期均衡通货膨胀率低于 0.03，说明我国通货膨胀率长期维持在较低水平。

2. 通货膨胀率、折现率风险溢价的估计

长期利率在一定程度上代表了市场对未来经济增长的预期，而短期利率则更多地体现了货币市场的供需情况。不同期限债券的利率是存在差异的，期限越长的债券，投资者面临的风险就越大，长期利率与短期利率之间的差异体现了对期限风险的补偿，

即风险溢价[169]。本书利用地方政府债到期收益率（1 年期）减去地方政府债到期收益率（0 年期/隔夜）得到折现率风险溢价。具体时间序列数据如图 6-19 所示，风险溢价的均值为 0.008 6，标准差为 0.004 3。可以看出，除了 2013 年 5 月至 6 月这段时间，由于银行间市场流动性不足造成短期利率大幅攀升，超过了长期利率以外，2010 年之后的绝大部分时间，折现率风险溢价均保持稳定。

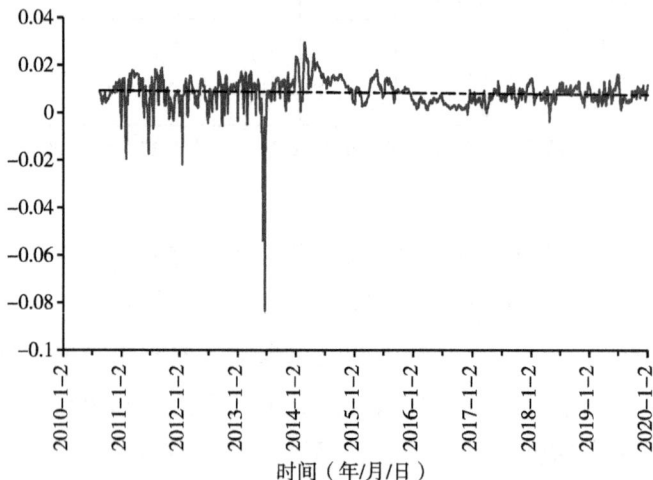

图 6-19　2010 至 2020 年折现率风险溢价

Peter 和 Oreste[170] 认为一段时间内的通货膨胀风险溢价等于这段时间内期望通货膨胀率减去预期通货膨胀目标。本书参考其观点，并结合利率风险溢价算法，令通货膨胀风险溢价等于前后12 个月内通货膨胀率均值减去当期通货膨胀率，有：

$$\lambda_i(t) = \frac{1}{12}\sum_{j=1}^{12} i_{t-6+j} - i(t) \tag{6-5}$$

通过数据计算得到结果如图 6-20 所示，通货膨胀风险溢价的均值为-0.000 4，标准差为 0.072 4，通货膨胀风险溢价在早期波动较大，随后逐步降低，这可能与通货膨胀率早期波动较大有关，均值非常接近 0，通货膨胀风险溢价的图形也基本长期围绕均值呈均

第六章　基于随机过程的 PPP 值优化案例分析　● 185

值回归模式，这表明通货膨胀风险溢价的趋势在长期保持稳定。

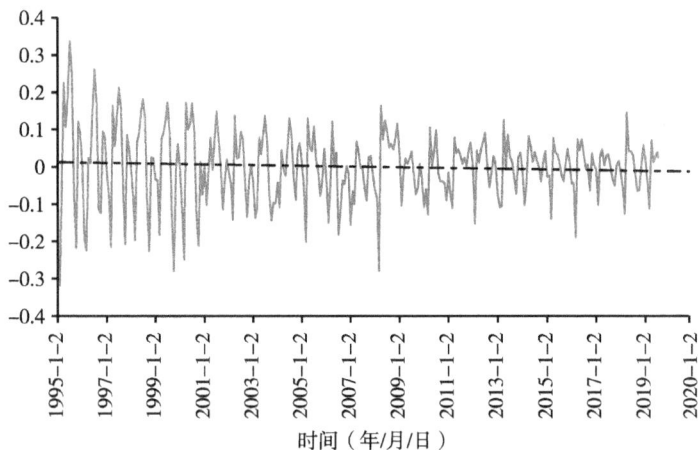

图 6-20　1995 至 2020 年通货膨胀风险溢价

　　通过上文的估计过程，得到所需要的所有参数：$\alpha_i = 0.000\,08$，$\alpha_r = 0.001\,0$，$\beta_i = 0.003\,0$，$\beta_r = 0.044\,0$，$\sigma_i = 0.003\,8$，$\sigma_r = 0.002\,1$，$\text{Cov}_t = 0$，$\lambda_i = 0$，$\lambda_r = 0$。本书提出的政府补贴计算公式为 PPP 项目决策阶段，为政府提供参考的前评估模型，即在当前时间点，通过历史数据，对项目进行估值，进而评价是否物有所值。如果需要在之后的特许运营期内持续评价项目所需补贴或所面临的风险，可以采取前述滚动回归法，更新数据，对参数进行计算。

（三）数值模拟

1. 特许运营期运营亏损补贴模拟计算

　　由于实践中未形成城市轨道交通 PPP 模式特许运营期内所有年份完整的运营数据，所以本书选用数据皆为《N 市城市轨道交通 PPP 项目工程可行性报告》《N 市地铁 3 号线工程 PPP 项目物有所值评价报告》中的测算数据。由于本书是基于通货膨胀风险的 PPP 模式政府补贴模型的方法论研究，所以运用测算数据进行研究是合理的。特许运营期 2021—2045 年份的数据见表 6-5。

表6-5　N市城市轨道交通 PPP 项目基础收入与成本数据

年份	预测全日客运量/ (万人/日)	平均运距/ 公里	票务收入/ 万元	总运营成本/ 万元	运营亏损补贴/ 万元
2021	26.04	7.81	16 156.04	29 093.19	13 132.13
2022	28.97	7.66	17 611.39	29 609.81	12 021.59
2023	31.90	7.50	18 993.68	32 192.91	13 247.55
2024	34.83	7.34	20 302.89	32 239.77	11 793.03
2025	37.76	7.19	21 539.03	32 286.63	10 422.54
2026	40.69	7.03	22 702.10	32 333.49	9 136.09
2027	43.61	6.87	23 792.11	32 380.35	7 933.66
2028	46.54	6.71	24 809.04	32 427.21	6 815.27
2029	49.47	6.56	25 752.90	32 878.31	6 221.52
2030	52.40	6.40	26 623.70	34 727.07	7 235.25
2031	54.03	6.42	27 539.36	34 770.80	6 229.91
2032	55.67	6.44	28 460.21	34 814.54	5 218.60
2033	57.30	6.46	29 386.25	34 858.28	4 201.33
2034	58.93	6.48	30 317.48	34 902.01	3 178.09
2035	60.57	6.50	31 253.89	34 945.75	2 148.89
2036	62.20	6.52	32 195.49	34 989.48	1 113.72
2037	63.83	6.54	33 142.28	35 033.22	72.59
2038	65.47	6.56	34 094.25	35 076.96	0
2039	67.10	6.58	35 051.41	35 120.69	0
2040	68.73	6.60	36 013.76	35 164.43	0
2041	70.37	6.62	36 981.29	35 208.16	0
2042	72.00	6.64	37 954.01	35 251.90	0
2043	73.63	6.66	38 931.91	35 295.64	0
2044	75.27	6.68	39 915.01	35 925.52	0
2045	76.90	6.70	40 903.29	41 044.09	0

利用前文估计出的参数及式（4-15）、（4-16），暂时将 $E(\max(e^{\widetilde{D}_i(0,t)} - q, 1) e^{\widetilde{D}_r(0,t)})$ 中的社会资本通货膨胀分担参数 q 设置为0，通过 MATLAB 对折现率及通胀算子进行 1 000 次（Repeat＝1000）蒙特卡罗模拟，得到 2021 年 1 月 1 日至 2045 年 12 月 31 日每日的折现率算子与通胀算子值，见表6-6。

表 6-6　2021—2045 年折现率算子与通胀算子模拟

年份	通胀算子	折现率算子	年份	通胀算子	折现率算子
2021	1.03	1.03	2034	1.47	1.54
2022	1.06	1.07	2035	1.51	1.58
2023	1.08	1.10	2036	1.55	1.63
2024	1.11	1.14	2037	1.59	1.67
2025	1.15	1.17	2038	1.64	1.72
2026	1.18	1.21	2039	1.68	1.77
2027	1.21	1.25	2040	1.73	1.82
2028	1.24	1.29	2041	1.78	1.87
2029	1.28	1.33	2042	1.83	1.92
2030	1.31	1.37	2043	1.89	1.98
2031	1.35	1.41	2044	1.94	2.03
2032	1.39	1.45	2045	2.00	2.09
2033	1.43	1.49			

由于模拟时限为 25 年，每天记为一个模拟步长（time step），总步长为 9 125，模拟结果如图 6-21、图 6-22 所示。

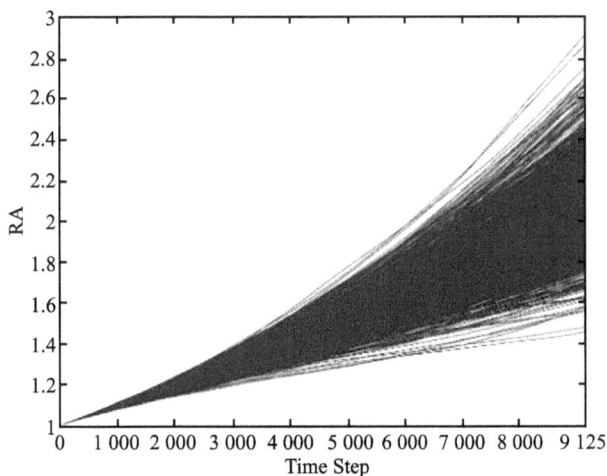

图 6-21　折现率算子（RA）模拟结果图

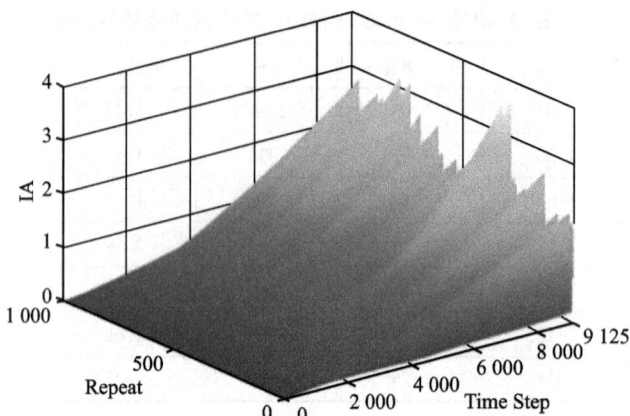

图 6-22 通胀算子（IA）模拟结果图

折现率算子曲线从起点开始由聚集逐渐发散，并且由 1 逐渐增长，最终值分布在 1.5 ~ 2.8 的区间内，其中大部分曲线落点集中在 2 附近。通胀算子曲线呈平缓的指数增长，最终值分布在 0 ~ 4 的区间内。对 1 000 次蒙特卡罗模拟求均值，得到在各时间瞬时利率与通胀算子的最终模拟值。图 6-23 中模拟 IA 曲线即为通胀算子模拟的结果，将之与 1995—2020 年真实通胀算子（1995—2020 IA）进行对比可以看出，真实值在模拟值周围波动，

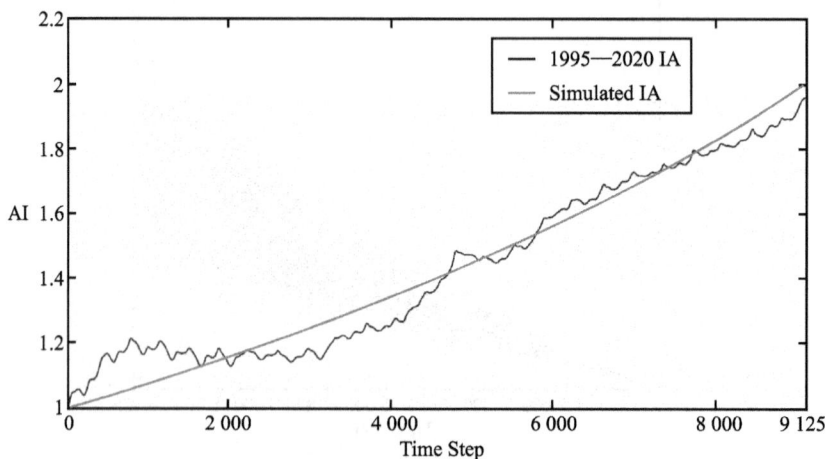

图 6-23 1995—2020 年真实通胀算子与模拟通胀算子对比

两者增长趋势也一致，证明模拟值可以很好拟合真实值。根据当前历史信息，利用该模拟值对未来进行预测是合理的。

2. 政府通货膨胀风险分担计算

根据计算出的通胀算子、折现率算子及表 6-5 中票务收入、成本数据，利用式（4-17）计算出通货膨胀调整运营成本现值及政府通货膨胀风险分担现值，见表 6-7。

表 6-7　通货膨胀调整运营成本现值与政府通货膨胀风险分担现值

年份	通货膨胀调整运营成本现值/万元	政府通货膨胀风险分担现值/万元	年份	通货膨胀调整运营成本现值/万元	政府通货膨胀风险分担现值/万元
2021	28 922.70	770.46	2034	33 266.99	10 566.25
2022	29 277.83	1 540.38	2035	33 273.82	11 183.80
2023	31 673.65	2 468.23	2036	33 292.15	11 792.44
2024	31 576.93	3 243.23	2037	33 323.83	12 393.48
2025	31 490.37	3 993.30	2038	33 364.38	12 984.79
2026	31 416.69	4 723.71	2039	33 410.90	13 565.01
2027	31 353.08	5 432.97	2040	33 469.36	14 140.05
2028	31 298.09	6 122.76	2041	33 536.23	14 709.70
2029	31 643.99	6 879.36	2042	33 620.58	15 281.40
2030	33 338.40	7 953.63	2043	33 716.20	15 848.61
2031	33 304.37	8 630.26	2044	34 375.25	16 677.98
2032	33 281.81	9 290.32	2045	39 345.66	19 669.54
2033	33 272.60	9 937.34			

在社会资本通货膨胀分担参数 q 为 0 的情况下，即政府分担所有通货膨胀风险，最终计算出的政府通货膨胀风险分担现值总额（GV）为 239 798 万元，与计算出的总运营成本现值 819 845 万元相比，占比达 29.2%，可见通货膨胀对运营成本影响巨大。

3. 通胀上限选择参数变动对政府通货膨胀风险分担的影响

在前文式（4-17）中，折现率 $E(\max(e^{\tilde{D},(0,t)} - q, 1) e^{\tilde{D},(0,t)})$

当中的参数 q 代表社会资本对通货膨胀的分担，在考虑政府与社会资本间风险分担的情况下，令参数 q 在 $0\sim1$ 之间变动，代表社会资本将分担的累计通货膨胀为 $0\sim100\%$，政府将分担余下的通货膨胀风险。模拟政府通货膨胀风险分担的变化结果如图 6-24 所示，政府通货膨胀风险分担随着 q 的增加而减少，并成反比例函数关系，即在政府与社会资本的谈判中，设置一定的社会资本通货膨胀分担可以大幅降低政府风险分担，减少政府的或有支出成本。

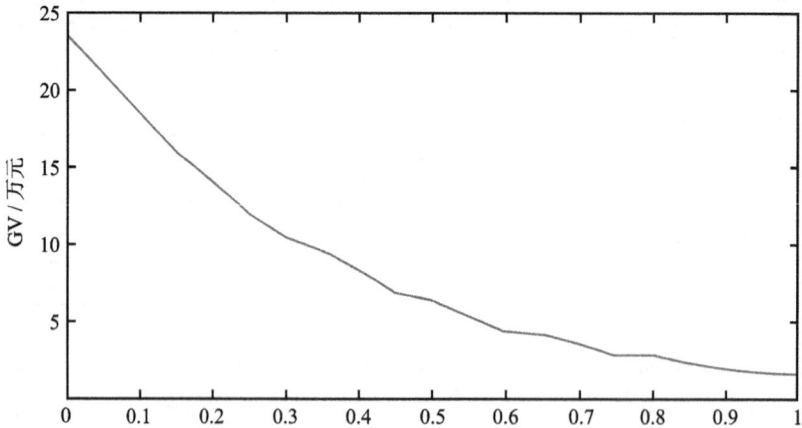

图 6-24　基于通胀上限选择参数 q 的政府通货膨胀风险分担模拟

4. 通行费随通货膨胀调整频率对政府通货膨胀风险分担的影响

2019 年，由于地铁票价小幅上涨，智利首都圣地亚哥爆发了大规模骚乱。虽然地铁票价上涨引发地区骚乱是小概率的极端事件，但也可以在一定程度上反映出准公共产品价格上涨所面临的阻力和产生的社会影响。政府与社会资本合作投资 PPP 项目时，需要考虑所提供的准公共产品价格随通货膨胀上涨的机制与频率，否则会使项目的政府补贴或社会资本利润受到大幅度的影响。图 6-25 展示了在政府完全分担通货膨胀风险的情况下（即 $q=0$），通行费跟随通货膨胀上涨频率对政府通货膨胀风险分担的影响。通行费每 10

年、5 年、3 年、1 年跟随通货膨胀进行调整均会大幅增加项目运营收入，从而降低政府运营亏损补贴。另外，政府通货膨胀风险分担随着通行费调整频率的增加而减少，调整频率 1 年 1 次相比 10 年 1 次，政府通货膨胀风险分担总和下降 60%，表明通行费随通货膨胀调整频率对政府通货膨胀风险分担影响显著。

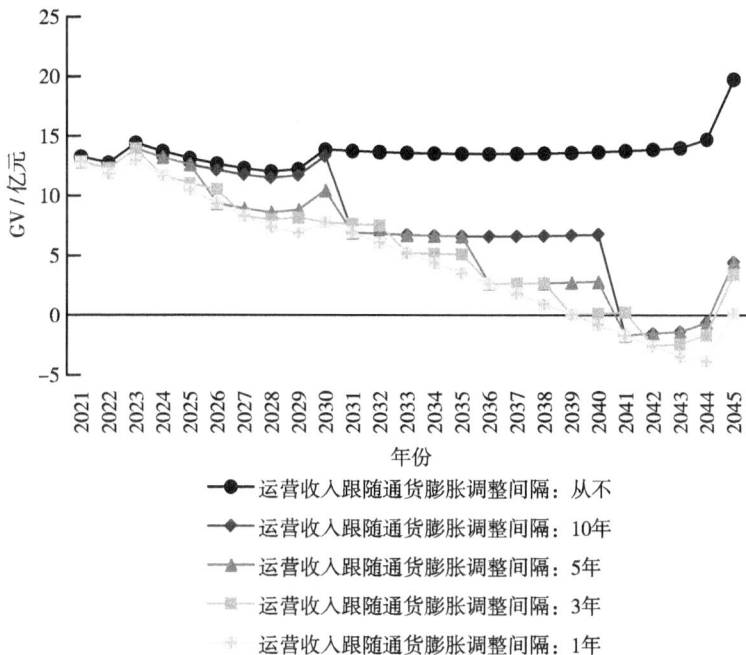

图 6-25　客票价格随通货膨胀调整间隔对政府通货膨胀风险分担的影响

5. 多维参数变动下的政府通货膨胀风险分担

多维情况下，不同因素会对政府通货膨胀风险分担造成影响。图 6-26 模拟了在不同利率和通货膨胀率下，政府通货膨胀风险分担的变化情况：当通货膨胀率升高时，运营亏损补贴随之升高；当利率升高时，运营亏损补贴随之降低，并且通货膨胀率对运营亏损补贴作用的斜率更大，说明通货膨胀率对运营补贴的影响要大于利率。图 6-27 模拟了通货膨胀波动率与通货膨胀率对政府通货膨胀风险分担的影响，从图中可以看出，随着通货膨胀率升高，政府通货膨胀风险分担升高；随着通货膨胀波动率上升，政府通货膨胀风险分担升高。通货膨胀波动率对政府通货膨胀风险分担影响的斜率较大，说明政府通货膨胀风险分担对通货膨胀波动率更敏感，这是因为通货膨胀波动率越大，未来越有可能出现通货膨胀，对未来的通胀预期提高了运营成本所造成的。图 6-28 模拟了利率波动率与利率对政府通货膨胀风险分担的影响，图中结果表明，利率波动率与政府通货膨胀风险分担呈正相关，并且利率波动率的斜率更大，说明相比利率，政府通货膨胀风险分担对利率波动率的敏感度更高。图 6-29 模拟了利率波动率与通货膨胀波动率对政府通货膨胀风险分担的影响，相比利率波动率，通货膨胀波动率对政府通货膨胀风险分担作用的斜率更大，说明政府通货膨胀风险分担对通货膨胀波动率更加敏感。综合比较结果，在通货膨胀率、利率、通货膨胀波动率和利率波动率四种因素中，通货膨胀波动率对政府通货膨胀风险分担影响最大，其次为利率波动率与通货膨胀率，再次为利率。

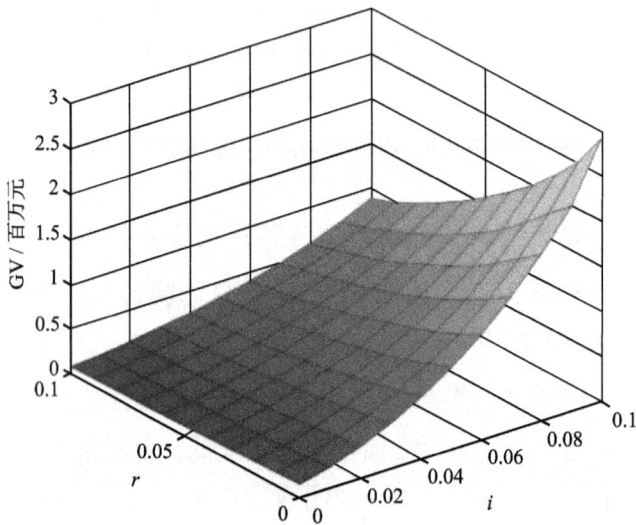

图 6-26　基于 r 与 i 的政府通货膨胀风险分担

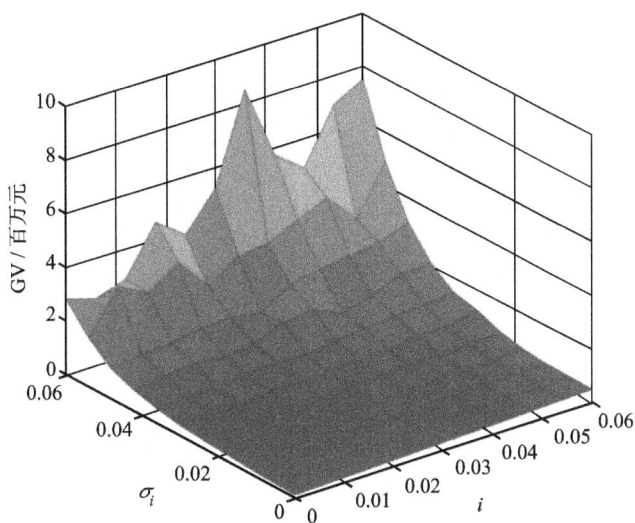

图 6-27　基于 σ_i 与 i 的政府通货膨胀风险分担

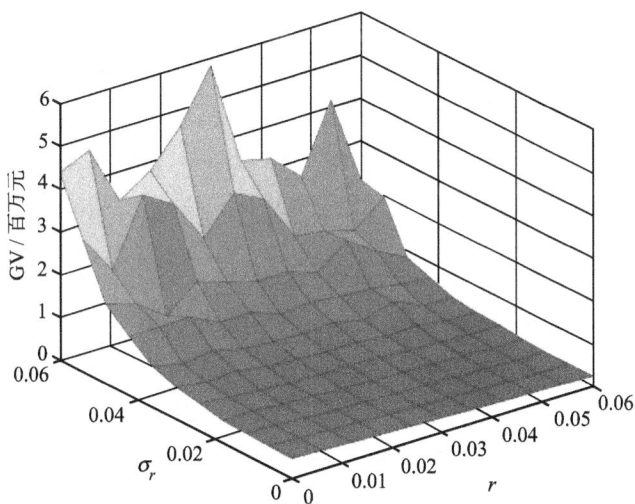

图 6-28　基于 σ_r 与 r 的政府通货膨胀风险分担

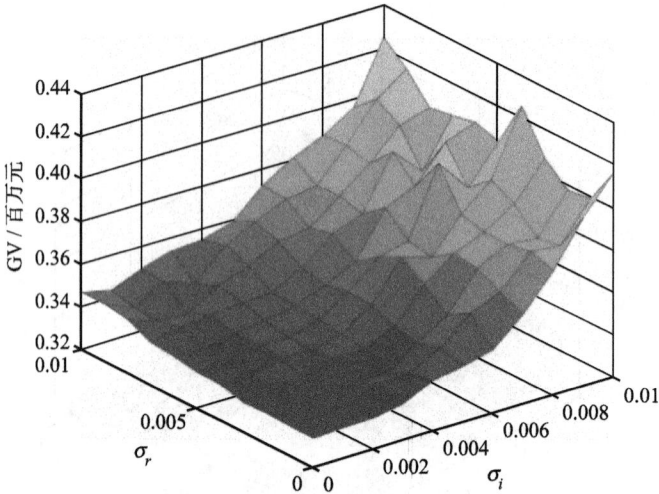

图 6-29　基于 σ_r 与 σ_i 的政府通货膨胀风险分担

三、利率变化与利率风险分担的计算

（一）数据来源

PPP 项目多集中在基础设施领域，而基础设施领域的相关项目如城市轨道交通、高速公路等动辄需要上百亿元的投资。对于社会资本来说，建设资金很大一部分比例来自于银行贷款等债务资金。利率变化及利率风险对 PPP 项目的影响主要体现在债务资金部分。N 市城市轨道交通 X 号线 B 部分 PPP 项目的静态投资为 71.29 亿元，建设资金分 3 年陆续投入至项目中，到 2021 年项目开通时，项目累计银行贷款 57.63 亿元。项目公司计划还款期限为 20 年，还款方式为非等额本息还款，按照浮动利率计算利息。项目公司具体还款计划见表 6-8。

表 6-8　N 市城市轨道交通 X 号线 B 部分 PPP 项目贷款还款计划表

年份	年初借款累计/万元	年还本比例	本年贷款利息/万元	本年还本付息/万元	还本/万元	付息/万元
2021	576 399.33	0.027	28 056.30	43 343.13	15 286.82	28 056.30
2022	561 112.50	0.027	27 312.22	42 599.04	15 286.82	27 312.22
2023	545 825.68	0.027	26 568.13	41 854.95	15 286.82	26 568.13
2024	530 538.85	0.027	25 824.04	41 110.86	15 286.82	25 824.04
2025	515 252.03	0.027	25 079.95	40 366.78	15 286.82	25 079.95
2026	499 965.20	0.038	24 265.55	46 170.05	21 904.50	24 265.55
2027	478 060.71	0.038	23 202.42	45 106.92	21 904.50	23 202.42
2028	456 156.21	0.038	22 139.30	44 043.80	21 904.50	22 139.30
2029	434 251.71	0.038	21 076.18	42 980.68	21 904.50	21 076.18
2030	412 347.21	0.038	20 013.05	41 917.55	21 904.50	20 013.05
2031	390 442.71	0.057	18 857.13	51 945.49	33 088.37	18 857.13
2032	357 354.35	0.057	17 259.07	50 347.43	33 088.37	17 259.07
2033	324 265.98	0.057	15 661.00	48 749.37	33 088.37	15 661.00
2034	291 177.62	0.057	14 062.94	47 151.31	33 088.37	14 062.94
2035	258 089.25	0.057	12 464.88	45 553.25	33 088.37	12 464.88
2036	225 000.89	0.077	10 811.44	55 480.73	44 669.29	10 811.44
2037	180 331.59	0.077	8 665.05	53 334.35	44 669.29	8 665.05
2038	135 662.30	0.077	6 518.66	51 187.96	44 669.29	6 518.66
2039	90 993.01	0.077	4 372.27	49 041.57	44 669.29	4 372.27
2040	46 323.71	0.057	2 237.29	35 325.65	33 088.37	2 237.29
2041	13 235.35	0.023	644.81	13 880.16	13 235.35	644.81

可见，在每年还本额度相对固定并且采用浮动利率计息的前提下，利息成本的高低完全取决于当期的银行贷款利率。计算可能的超额利息支出需要将还本付息计划与贷款利率的动态期限结构相结合。因此，本书采用双因子 Vasicek 模型作为动态贷款利率期限结构的模拟方法。

双因子 Vasicek 模型的两个因子是不可观测的，而卡尔曼滤波方法主要用于参数估计。然而，这种方法需要观察即期利率作为数据。因此，应采用利率期限结构的静态估计方法生成即期利率数据，故本书选择 SV 模型作为静态估计方法。

以 2009 年 1 月 23 日的国债债券数据为例，提取 2009 年 1 月 23 日国债交易数据，获取债券名称、到期时间、票面利率、净价、全价、剩余期限等信息，进行估计之前，应对数据进行过滤。流动性较差的债券价格不能真实反映债券的市场价格。因此，由于交易金额能够反映债券的流动性，交易金额已成为剔除数据的重要指标。本书认为，交易金额在 20 万元以下的债券数据应该剔除。剔除数据后，以剩余数据为基础，绘制以收盘收益率和剩余期限为纵、横轴的二维图，检验异常点是否偏离组内。如果存在，异常数据将被剔除。剔除 2009 年 1 月 23 日的数据后，根据成交金额，没有出现异常数据。因此，无需进一步剔除。

（二）参数估计

数据过滤后，根据债券的年付息频率和票面利率计算出债券各期的现金流量。通过建立的参数 β_0、β_1、β_2、β_3、τ_1、τ_2 可以计算出债券的理论价格，进而得到所有债券的理论价格与实际价格之间的误差。使加权误差最小的参数组合是模型的最佳参数估计。使用 SV 模型估算债券数据，结果见表 6-9。

表 6-9　Nelson-Siegel 模型参数估计结果

参数	β_0	β_1	β_2	β_3	τ_1	τ_2
值	0.042 1	-0.041 834	0.113 045	-0.129 213	1.773 025	1.887 328

确定参数值后就可以用式（4-23）描述即期利率与剩余期限的关系，从而得到即期利率曲线，如图 6-30 所示。

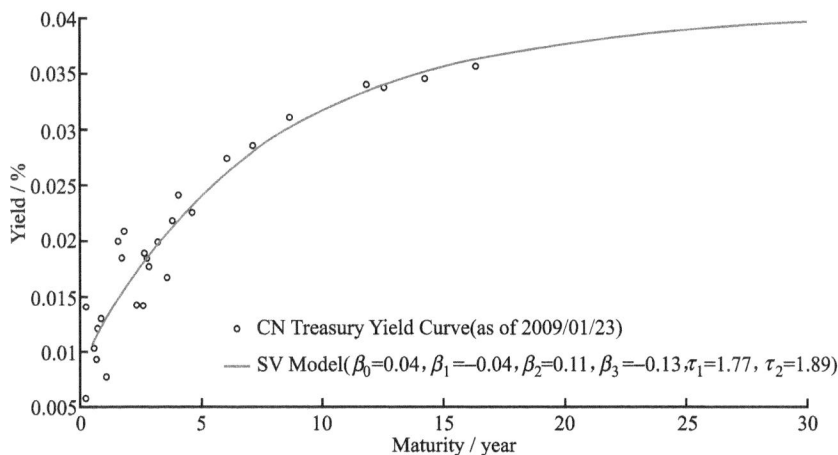

图 6-30　国债即期利率期限结构

图 6-30 中的点代表实际数据，曲线为模型拟合结果，描述了即期利率与到期日之间的关系。图中曲线呈上升趋势，形状正常。多数拟合结果都会产生一个不断增长的利率曲线。本书采用 1 年期、2 年期、3 年期、5 年期、10 年期、20 年期和 30 年期的即期利率数据作为动态估计数据。因此，必须使用式（4-23）来生成这些即期利率数据。2009 年 1 月 23 日的国债即期利率数据见表 6-10。

表 6-10　2009 年 1 月 23 日的国债即期利率

期限	1 年	2 年	3 年	5 年	10 年	20 年	30 年
即期利率/%	0.011 381	0.015 799	0.019 473	0.025 125	0.033 514	0.036 471	0.038 727

运用上述测算方法，本书计算了 2001 年 12 月至 2020 年 1 月每月最后一个交易日（2020 年 1 月数据取 1 月 4 日）的即期利率数据，共有 218 个观察日。所有债券的数据都来自 iFind 数据库。基于 SV 模型的估计结果，每天可以生成一组即期利率值。每组数据均包含 1 年期、2 年期、3 年期、5 年期、10 年期、20 年期

和 30 年期的即期利率估计数据，共有 218 组数据。218 天的 218 组即期利率共同构成了面板数据。本书将所有的即期利率数据绘制成一个三维图形，如图 6-31 所示。

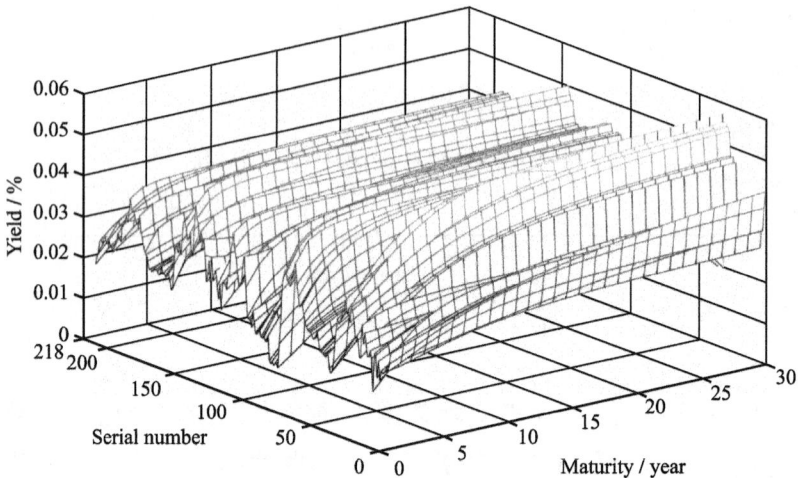

图 6-31　国债 218 天即期利率三维数据

将生成的 218 天即期利率数据代入卡尔曼滤波模型中，得到双因子 Vasicek 模型所需的参数 δ_0、δ_1、δ_2、λ_1、λ_2、q_1、q_2，结果见表 6-11。

表 6-11　2009 年 1 月 23 日的国债即期利率

参数	δ_0	δ_1	δ_2	λ_1	λ_2	q_1	q_2
值	0.057 3	0.026 2	0.016 3	0.201 3	0.083 7	0.046 4	0.049 3

实际上，$-\dfrac{q_1}{\lambda_1}$ 与 $-\dfrac{q_2}{\lambda_2}$ 正是两个因子 Y_1 与 Y_2 的长期均值。

（三）数值模拟

1. 银行贷款利率路径模拟

根据估计得到的双因子 Vasicek 模型参数，将其代入公式，利用 MATLAB 进行 10 000 次模拟。将 10 000 次模拟所得数据求均值，求得与 LPR 之间的平均利差为 90 BP，再将该利差与双因子 Vasicek 模型模拟所得数据进行叠加，最终得到银行贷款利率的动态期限结构数据，如图 6-32 所示。

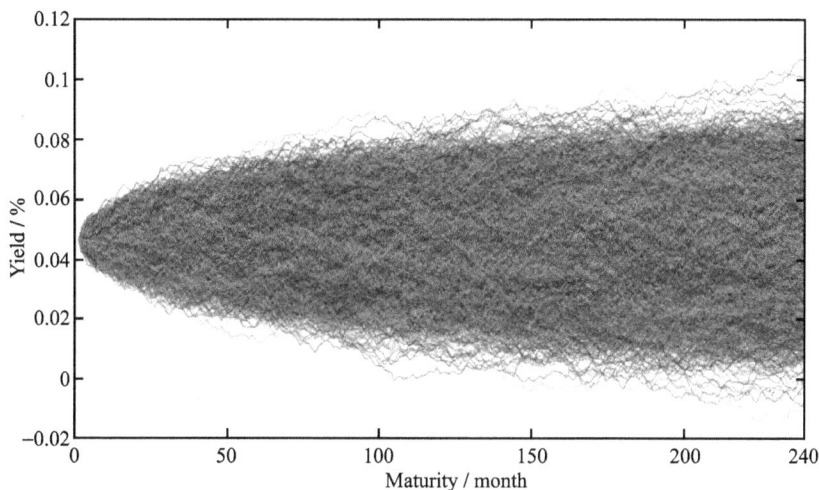

图 6-32 银行贷款利率路径蒙特卡罗模拟

可见，模拟得到的随机利率路径的分布范围大致在 0.01 ~ 0.07 之间，且围绕均值 0.049 呈散布仿射状，代表在长达 20 年内利率的可能分布情况。分布在均值以上的利率路径代表项目公司可能负担的高于利率 0.049 以上的利息成本。令所有利率路径减去均值，对大于零的部分求均值并与每年的贷款还款计划相结合，即求得每年的或有增加利息成本。

由于受到经济下行压力影响，世界主要的中央银行如欧洲央行与日本银行都已经开始实施名义负利率。但在美元量化宽松的背景下，全球多国如俄罗斯、巴西、韩国、墨西哥、土耳其等，为了应对通胀危机，开始转变利率政策，开始加息。中国当前在去杠杆及控房价的情况下，房贷利率已经突破到达 5% ~ 6% 区间。在后疫情时代，为了应对美元流动性泛滥及中国发行的大量政府性基金和专项债情况，中国的货币市场所面临的不确定性将会大幅增加。因此，本书加入了对货币市场较为极端情况的模拟。将模型的波动率放大一倍，得到图6-33所示的仿射利率分布图。可见，利率路径主要分布范围为-0.01~0.1之间，意味着不确定性更强、更加极端的利率环境，同时意味着项目公司可能分担的或有利息成本增加。

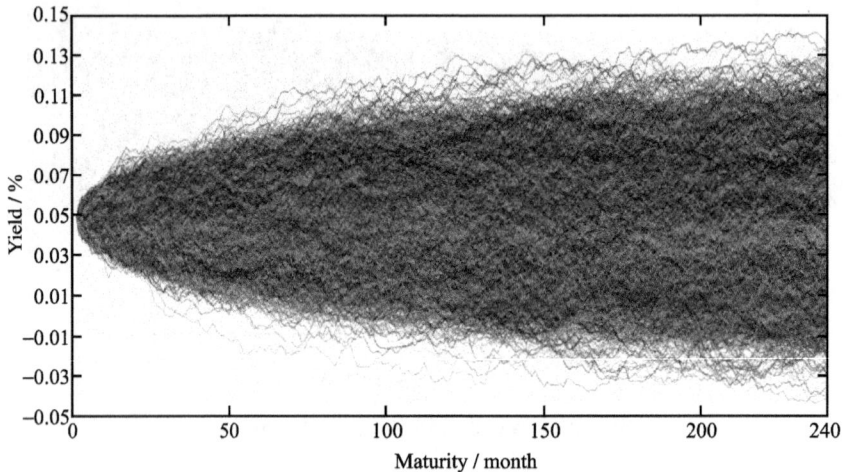

图6-33 极端情况下银行贷款利率路径蒙特卡罗模拟

2. 政府利率变化风险分担

表6-12为一般情况与极端情况政府利息变动风险成本增加额。

表6-12 一般情况与极端情况政府利息变动风险成本增加额

(1) 年份	(2) 付息/ 万元	或有利息增加额/万元		极端情况利息增加额/万元	
		(3) 无超额利息 分担	(4) 超额利息分 担-0.01	(5) 无超额利息 分担	(6) 超额利息 分担-0.01
2021	28 056.30	0	0	0	0
2022	27 312.22	996.99	12.37	1 414.60	91.88
2023	26 568.13	1 334.45	89.97	1 914.32	346.34

（1） 年份	（2） 付息/ 万元	或有利息增加额/万元		极端情况利息增加额/万元	
		（3） 无超额利息 分担	（4） 超额利息分 担-0.01	（5） 无超额利息 分担	（6） 超额利息 分担-0.01
2024	25 824.04	1 543.15	197.79	2 169.65	551.78
2025	25 079.95	1 645.43	278.47	2 331.71	733.46
2026	24 265.55	1 710.64	368.39	2 417.86	867.53
2027	23 202.42	1 711.41	423.65	2 428.04	951.47
2028	22 139.30	1 691.62	459.00	2 390.43	1 004.72
2029	21 076.18	1 645.83	491.91	2 311.78	1 027.81
2030	20 013.05	1 587.86	504.32	2 225.25	1 026.47
2031	18 857.13	1 524.06	513.54	2 121.16	1 013.85
2032	17 259.07	1 400.03	498.91	1 941.73	953.52
2033	15 661.00	1 266.52	470.09	1 760.25	879.02
2034	14 062.94	1 133.79	434.60	1 570.26	803.06
2035	12 464.88	993.85	390.87	1 380.28	718.56
2036	10 811.44	857.19	345.81	1 195.09	631.48
2037	8 665.05	678.79	278.67	943.73	502.64
2038	6 518.66	505.02	208.22	702.46	381.57
2039	4 372.27	331.04	138.22	461.20	252.51
2040	2 237.29	166.89	71.05	231.57	128.40
2041	644.81	47.14	20.51	65.28	36.60

由表 6-12 中列（3）可得，在一般情况下，或有利息增加额在第二年时为 996.99 万元，之后逐年增加，在第七年达到最大值 1 711.41 万元，随后逐渐下降。在 2023—2034 年之间都维持在 1 000 万元以上，意味着对于项目公司来说，或有利息成本的偿付压力集中在 2034 年前，并且在项目运行至第七年时达到最大。按照第四章第四节得到的折现率计算，或有利息成本为 23 198.23 万元。第（5）列为极端情况下可能产生的超额利息成本，同样在第七年达到最大值，为 2 428.04 万元，相较一般情况增加 42%，而极端情况下超额利息成本现值总和为 33 004.67 万

元，相较一般情况增加 42%，意味着无论对峰值和总体来说，利率的波动性增大一倍，则超额利息成本增加 40% 左右。

3. 利息上限选择参数变动对政府利率变化风险分担的影响

由于利率风险为政府与社会资本共担风险，需要考虑超额利息成本在政府和社会资本之间进行分配。由于社会资本分担项目的正常、健康运营任务，并且具有一定的获利属性，所以面对利率变化等宏观风险，分担有限范围内的风险是比较合理的。因此，本书设计社会资本利息上限选择参数 p，超过该利息分担上限参数部分的利息，由政府补贴支付；低于该参数部分的利息，由社会资本分担。表 6-12 中的第（4）和（6）列为当社会资本分担 100 BP 超额利息时，政府需要支付的超额利息补贴，相比超额利息成本总额下降了 72%。由该结果可知，利息的大部分变动都在 ±100 BP 内，超额利息成本也主要发生在该区间内，占比总超额利息成本的 70% 以上。

进一步，计算在不同的社会资本利息上限选择参数 p 下，政府的超额利息成本补贴额。由图 6-34 可知，当社会资本利息上

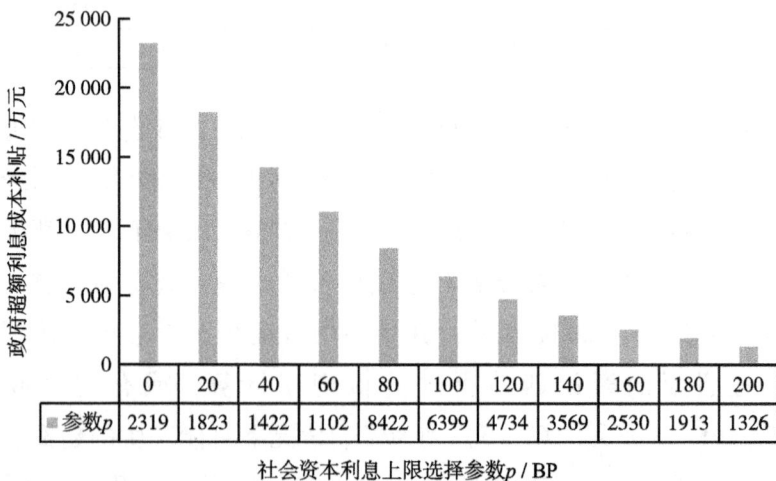

	0	20	40	60	80	100	120	140	160	180	200
参数 p	2319	1823	1422	1102	8422	6399	4734	3569	2530	1913	1326

社会资本利息上限选择参数 p / BP

图 6-34　利息上限选择参数对政府利率变化风险成本分担的影响

限选择参数在 40 ~ 60 BP 时，政府和社会资本实现了较为均等的利息分配。另外，政府与社会资本根据不同的情况及利益诉求，可以根据谈判确定的风险分担额，反向确定社会资本利息上限选择参数 p 值。

四、可行性缺口补贴项目 PPP 值的计算

由于可行性缺口补贴项目通常不涉及政府与社会资本之间关于特许运营期的博弈，所以，基于第四章、第五章的模型及方法已经可以完成可行性缺口补贴项目 PPP 值的计算工作，PPP 值的计算分为以下几个部分。

（一）股权投入

项目在经过 A、B 拆分后，确定 B 部分 PPP 项目的静态投资为 71.29 亿元，项目资本金暂按 35% 考虑，资本金中政府和社会资本股比按 10% ∶ 90% 配置。

确定政府股权支出为：71.29 × 35% × 10% = 24 951.5 （万元）。

（二）运营补贴

由于前期投资额巨大，并且在项目运营过程中需要持续追加投资以及存在维修费用，因此，PPP 值计算当中政府对社会资本的运营补贴支出具体落实于城市轨道交通项目需分为四部分：建设期投资回收、车辆大架修费用回收、追加投资、运营亏损补贴。根据式（4-1），政府对社会资本投资的补贴需要考虑社会资本的合理收益率 r_e，在 $r_e = 6.83\%$ 的情况下，投资回收测算数据见表 6-13。

表6-13　投资回收测算数据

年份	追加投资/万元	车辆大架修费用回收/万元	建设期投资回收/万元	运营亏损补贴/万元
2021	0.00	0.00	46 041.60	13 132.13
2022	0.00	0.00	47 565.58	12 021.59
2023	0.00	0.00	49 140.00	13 247.55
2024	0.00	2 000.00	52 766.54	11 793.03
2025	0.00	2 000.00	54 138.87	10 422.54
2026	0.00	2 400.00	56 264.66	9 136.09
2027	0.00		55 647.59	7 933.66
2028	0.00	6 400.00	63 889.52	6 815.27
2029	0.00	6 400.00	65 792.42	6 221.52
2030	0.00	6 400.00	67 758.31	7 235.25
2031	842.81	6 400.00	49 560.71	6 229.91
2032	870.70	0.00	44 589.33	5 218.60
2033	899.52	0.00	46 065.24	4 201.33
2034	929.30	2 200.00	49 790.00	3 178.09
2035	960.06	2 200.00	51 365.23	2 148.89
2036	991.83	2 600.00	53 068.32	1 113.72
2037	1 024.66	0.00	52 138.82	72.59
2038	1 058.58	6 400.00	60 264.61	0.00
2039	1 093.62	7 200.00	63 755.91	0.00
2040	1 129.82	7 200.00	65 627.91	0.00
2041	1 167.21	7 200.00	76 595.25	0.00
2042	1 205.85	0.00	71 692.24	0.00
2043	1 245.76	0.00	74 065.25	0.00
2044	1 287.00	0.00	76 516.81	0.00
2045	67 629.60	0.00	145 349.51	0.00

　　将表中建设期投资回收、车辆大架修费用回收、追加投资与运营亏损补贴数据按年份加总，并利用第六章第三节中计算出的折现率进行折现，可以得到总的运营补贴现值为 1 065 962.27 万元。

(三) 自留风险

政府在 PPP 项目中分担的自留风险主要包括：政府方控制风险，如政府信用风险和政府审批风险等；需求变化风险，如在本案例中的城市轨道交通客流量波动风险；经济金融方面的通货膨胀风险和利率波动风险等。在本案例中，该市城市轨道交通项目为城市重大工程项目，受到市领导高度重视，假定不存在政府信用风险和政府审批风险，则政府分担的主要风险如下。

1. 需求变化风险

城市轨道交通的需求变化风险主要为客流量波动风险。在该项目中，由于城市轨道交通客流量受社会资本能力的影响较小，所以由政府全额分担需求变化风险。另外，客流量受经济波动、替代竞争及客票价格的影响较小，所以在本案例中无需使用带"跳"过程的现金流模型。假定客流量的波动率为 10%，根据表 6-5 数据及通常情况下的政府担保价值计算式（3-9），使用蒙特卡罗模拟方法计算得到政府分担的需求风险成本，结果见表 6-14。政府需求变化风险成本总净值为 33 407.80 万元。

表 6-14　政府需求变化风险分担

年份	2021	2022	2023	2024	2025
需求变化风险成本净值/万元	1 097. 98	1 152. 15	1 208. 69	1 246. 67	1 288. 66
年份	2026	2027	2028	2029	2030
需求变化风险成本净值/万元	1 313. 34	1 332. 36	1 346. 23	1 355. 42	1 360. 34
年份	2031	2032	2033	2034	2035
需求变化风险成本净值/万元	1 367. 20	1 373. 94	1 380. 56	1 378. 07	1 384. 67
年份	2036	2037	2038	2039	2040
需求变化风险成本净值/万元	1 382. 63	1 389. 20	1 387. 56	1 386. 21	1 385. 14
年份	2041	2042	2043	2044	2045
需求变化风险成本净值/万元	1 384. 33	1 383. 74	1 376. 38	1 376. 38	1 369. 97

2. 通货膨胀风险

城市轨道交通项目涉及重大人身安全责任，属于冗余维护项目，为了项目安全运行，政府需要分担全部通货膨胀风险。在式（4-17）中，社会资本的通胀上限选择参数 q 为 0，并且假定城市轨道交通项目客票价格不能随通货膨胀而调整，计算得到的每年政府通货膨胀风险分担见表 6-15。政府总的通货膨胀风险分担现值为 239 755.86 万元。

表 6-15 政府通货膨胀风险分担

年份	成本现值/万元	通货膨胀调整成本现值/万元	政府通货膨胀风险分担现值/万元
2021	28 245.82	28 922.70	676.88
2022	27 672.72	29 277.83	1 605.11
2023	29 266.28	31 673.65	2 407.37
2024	28 280.50	31 576.93	3 296.43
2025	27 595.41	31 490.37	3 894.96
2026	26 721.89	31 416.69	4 694.80
2027	25 904.28	31 353.08	5 448.80
2028	25 137.37	31 298.09	6 160.72
2029	24 720.53	31 643.99	6 923.46
2030	25 348.23	33 338.40	7 990.17
2031	24 660.14	33 304.37	8 644.23
2032	24 010.03	33 281.81	9 271.78
2033	23 394.82	33 272.60	9 877.78
2034	22 663.64	33 266.99	10 603.35
2035	22 117.56	33 273.82	11 156.26
2036	21 465.94	33 292.15	11 826.21
2037	20 977.98	33 323.83	12 345.85
2038	20 393.58	33 364.38	12 970.80
2039	19 842.20	33 410.90	13 568.70
2040	19 321.12	33 469.36	14 148.24
2041	18 827.89	33 536.23	14 708.34

年份	成本现值/万元	通货膨胀调整成本现值/万元	政府通货膨胀风险分担现值/万元
2042	18 360.36	33 620.58	15 260.22
2043	17 826.08	33 716.20	15 890.12
2044	17 697.30	34 375.25	16 677.95
2045	19 638.32	39 345.66	19 707.34

3. 利率波动风险

假定政府全部分担利率波动造成的风险，按照表 6-12 得到的通常情况下超额利息成本计算，或有利息成本现值为 23 198.23 万元。

（四）配套投入

城市轨道交通项目配套投入与主要的建设运营成本相比微乎其微，因此该项目不考虑配套投入的计算。

（五）PPP 值最终计算结果

项目最终 PPP 值等于股权投入、运营补贴、风险分担与配套投入的加总，为 1 387 275.66 万元。

五、案例小结

本案例计算主要分为两部分：

第一部分是关于政府通货膨胀风险成本的计算。首先，利用滚动回归与似不相关回归模型，估计得到了通货膨胀风险分担模型的相关参数值，并对相关参数的动态情况进行了分析，认为得到的参数稳定，可以用来进行数值模拟。接下来，使用估计得到的参数，利用 MATLAB 对运营亏损补贴模型进行蒙特卡罗模拟，实现政府通货膨胀风险分担的仿真计算，模拟了在通货膨胀风险分担情况下政府分担的通货膨胀风险成本，并且研究了政府通货膨胀风险分担关于折现率、通货膨胀率、通货膨胀率波动率和折现率波动率的多维变化情况，以及政府通货膨胀风险分担关于利率、通货膨胀率、通货膨胀率波动率和利率波动率的敏感性。

第二部分是关于政府利率风险成本的计算。首先，通过静态利率期限估计模型 SV 模型，利用真实市场交易债券数据，对一定期限内的静态利率期限结构进行了估计。随后将静态利率期限结构数据代入卡尔曼滤波模型，得到贷款利率动态期限结构模型参数，利用 MATLAB 对贷款利率动态期限结构进行模拟，并结合 PPP 项目公司贷款偿付计划，模拟计算得到了基于随机利率期限结构的 PPP 项目超额利息成本。在此基础上，通过设置社会资本利率风险分担上限参数，对政府与社会资本之间的超额利息成本分担进行了计算。

案例的主要结论为：第一，基于通货膨胀率、折现率的连续时间双因子可以很好地模拟通货膨胀率、折现率变动对项目运营亏损补贴的影响，并可以计算出政府通货膨胀风险分担，为政府的项目决策过程提供帮助；第二，政府通货膨胀风险分担随着社会资本通胀上限选择参数的增大而减小，并且两者之间成反比例函数关系。社会资本通胀上限选择参数与通行费调整频率均对 PPP 模式政府运营亏损补贴的影响显著；第三，通货膨胀率、通货膨胀率波动率、折现率波动率与政府通货膨胀风险分担呈正相关，折现率与政府通货膨胀风险分担呈负相关，且通货膨胀率波动率对政府通货膨胀风险分担的影响最大，其次为折现率波动率和通货膨胀率，再其次为折现率；第四，超额利息成本可能会在项目运营的第 5~8 年，对项目的运营现金流造成压力；第五，基于当前利率期限结构的特征，利率变动的 70% 都在 ±100 BP 以内。

模拟测算的参考意义为：政府和社会资本在进行 PPP 项目协议谈判时，可通过设置社会资本最大通货膨胀分担参数与超额利息分担参数来明确双方关于通货膨胀与利率风险的支出责任，并且，较小的最大通货膨胀分担参数与超额利息分担参数即可让政府规避较大部分的风险支出责任；通行费根据通货膨胀调整的频率对减少政府的通货膨胀风险支出作用较大，政府应提前对相关行业收费调整的难度进行判断，采用设置社会资本最大通货膨胀分担参数与通行费调整的组合方式，降低政府的风险支出责任；在通货膨胀率、通货膨胀率波动率、折现率、折现率波动率四个参数中，通货膨胀率波动率对政府通货膨胀风险分担的影响最大，这表明宏观经济金融环境的稳定将会降低政府的风险支出责任。综上所述，地方政府在进行《指引》框架下的财政承受能力评价和物有所值评价时，需要更加注重政府与社会资本关于通货膨胀风险和利率风险的分担、管理及更加合理的折现率选择，以真正实现 PPP 项目物有所值，并促进经济平稳健康发展。

第四节　优化 PPP 值与传统物有所值
定量评价比较研究

一、优化 PPP 值科学性分析

一个科学的量化体系必须具备可操作性、可回溯性、可验证性及可比性，财政部印发的《PPP 物有所值评价指引（试行）》（财金〔2015〕167 号）只是方向性的指引文件，缺乏细节上的具体要求，这就导致传统 PPP 值量化过程中的指标计算过于依赖专家判断，使得同一地区不同项目的评价方式会存在很大差别，严重阻碍了物有所值定量评价的效能。我国的 PPP 模式物有所值定量评价推广较晚，目前还没有 PPP 项目物有所值评价与项目真实运行情况的对比研究，不过资产评估领域相关研究成果依然具有较高的借鉴意义。国有资产及政府财政支出评估的精确性关系到国家及社会公众的利益，而资产价值评估的科学性主要取决于参数选择的准确性，只要评估所采用的参数处于合理空间内，则评估的最终结果就是合理的、公平的[171]。从这个角度出发，可以通过对案例计算过程进行总结，论证基于随机过程的 PPP 值优化框架的科学性。案例中所涉及的数据来源、参数拟合估计方法及主要模型如图 6-35 所示。

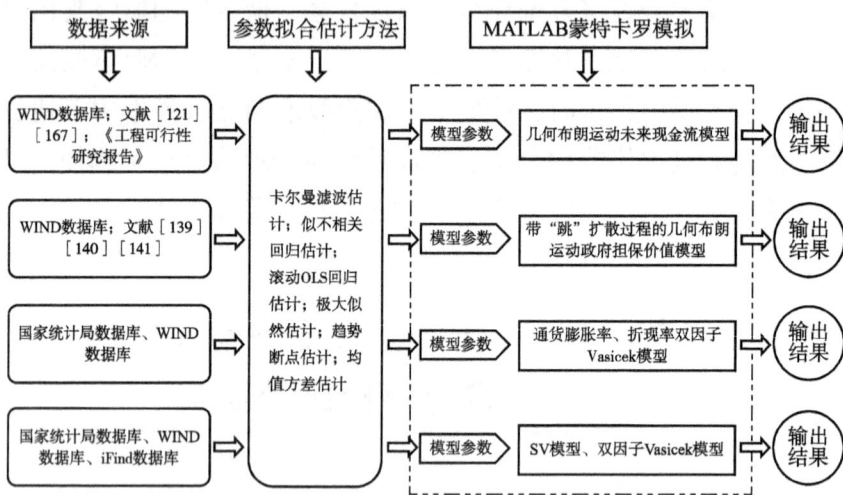

图 6-35　案例计算数据来源、参数拟合估计方法及主要模型

第一，优化 PPP 值计算严谨性分析。本书第三、四、五章基于成熟的金融随机过程模型，在经过严格的推导过程后，得到未来现金流模型、政府风险分担模型及特许运营期限模型，在原理方法上具备足够的严谨性。参数估计方面，所有用于参数拟合的数据均来自权威数据库、政府设计研究院出具的研究报告或学者发表在权威期刊上的研究论文，数据来源具备充分的可信度。参数拟合估计的方法则采用卡尔曼滤波、滚动 OLS 回归、似不相关回归等成熟的估计方法，相关方法原理在文中也进行了一定的介绍。可以说，从数据的获取、参数的估计到数学公式的表达，本书都具备充分的严谨性。

　　第二，优化 PPP 值计算客观性分析。以往的物有所值定量评价报告的编制工作由第三方咨询机构的专家负责完成，报告中大量的风险测算及现金流估计工作依赖专家所具备的专业知识与经验，评价结果难以避免受专家主观性影响。本书案例估计数据基本来源于权威公开数据库，参数估计方法也较为成熟，少量缺乏大数据支撑的指标具有文献支撑，需要人为主观估计的指标较少。评价结果的获取更多依赖计算机软件而非专家的打分，这使得 PPP 值计算的主观性大大降低。

　　第三，优化 PPP 值计算可比性分析。可比性的评价体系需要具备统一的评价标准。在风险成本计量部分，不可抗力风险、通货膨胀风险及利率变动风险属于宏观经济框架下的风险成本，全国可以采用统一的数据进行计量。而具有区域异质性的基础设施项目经营收益的数据可以根据相关行业在该地区上市公司的数据可比获得。本书案例中所采用的数据、参数估计方法及相关计算过程等均可通过权威数据库数据及期刊文献实现，这使得该 PPP 值优化计算过程可在全国实施推广，不同地区的 PPP 项目就产生了可比的基础。

　　第四，优化 PPP 值计算可回溯性分析。本书构建的 PPP 值优化计算框架，从数据的获取、到模型公式推导、再到随机过程模型的 MATLAB 实现均可记录在案，不同的研究人员只要拿到相同的数据及程序代码，即可得到相同的结果。相比以往在模糊的标准下，不同专家按照自身对《指引》的理解做出的差别较大的评价报告，基于随机过程的 PPP 值优化计算框架可回溯性大大增强。

　　综上所述，具备了严谨性、客观性、可比性及可回溯性的 PPP 值优化计算框架无疑是具备充分的科学性的，可为所有入库 PPP 项目提供技术支持。不同项目的风险计算数据可在信息平台上进行共享，实现 PPP 项目风险数据的积累，为 PPP 模式的进一步研究打下基础。

二、优化 PPP 值与传统物有所值定量评价比较分析

本章分别对使用者付费项目和可行性缺口补贴项目的未来现金流、风险货币化定量、风险分担及折现率进行了计算，并在此基础上得到了优化 PPP 值结果。由于 N 市城市轨道交通 X 号线 B 部分 PPP 项目真实存在，本书进一步结合《N 市城市轨道交通 X 号线 B 部分 PPP 项目物有所值报告》《N 市城市轨道交通 X 号线 B 部分 PPP 项目财政承受能力评价》对优化 PPP 值与 PPP 模式项目管理方面的应用进行研究。需要说明的是，优化 PSC 值的测算需要运营层面更多风险因素的计量，这并不是本书的研究重点。本节所采用的优化 PSC 值，是在优化 PPP 值相关风险定量的基础上，通过《N 市城市轨道交通 X 号线 B 部分 PPP 项目物有所值报告》中转移风险相关数据补充得到。为防止泄密，本书全部相关案例数据，均采用一定技术手段进行了处理，但不会影响研究分析与结论。

表6-16　物有所值定量评价关键数据汇总表

序号	比较指标	传统 PPP 值	传统 PSC 值	优化 PPP 值	优化 PSC 值
1	建设期（3 年）政府投入资金	2.49	71.29	2.49	71.29
2	运营期（25 年）政府财政出资总额 2=3+4+8	161.85	94.41	202.24	135.84
3	运营期资金净值	157.61	77.87	156.51	77.81
4	自留风险 4=5+6+7	4.24	4.24	45.73	45.73
5	通货膨胀风险成本	—	—	36.68	36.68
6	利率变动风险成本	—	—	3.71	3.71
7	需求风险	4.24	4.24	5.34	5.34
8	转移风险 8=9	—	12.3	—	12.3
9	综合建设运营风险	—	12.3	—	12.3

序号	比较指标	传统 PPP 值	传统 PSC 值	优化 PPP 值	优化 PSC 值
10	全寿命周期（28 年）财政投入 10＝1+2	164.34	165.7	204.73	207.13
11	全寿命周期（28 年）财政投入净现值（NPV）	109.68	133.81	136.23	161.25
12	运营期（25 年）平均年补贴额 12＝2/25 年	6.474	3.7764	8.0896	5.4336
13	N 市财政承受能力 FSI 指标	1.51%	0.88%	1.89%	1.27%

首先关注表 6-16 中第 11 行"全寿命周期（28 年）财政投入净现值（NPV）"，该数据即为 PPP 值与 PSC 值。对比传统方式计算得到的 PPP 值与随机过程方法优化计算后得到的 PPP 值，首先两者从绝对值的数量上来说是存在一定差距的，究其原因，两者的差距主要来自于自留风险的计算。优化 PPP 值的自留风险较大部分来源于通货膨胀风险成本，而这部分风险成本在城市轨道交通项目当中，是难以通过市场化的价格变动进行应对的。价格随通货膨胀调整最高可以降低 60% 的通货膨胀造成的影响，而政府与社会资本分担通货膨胀风险也可以使政府分担的风险成本大幅下降。但是，城市轨道交通属于公共基础设施行业，客票价格的调整极为困难，小幅的价格上升即可引发强烈的社会舆论反映，所以无论是政府还是社会资本，都应做好客票价格无法调整的准备。另外，城市轨道交通关系到大量社会居民的人身安全，需要进行冗余安全管理，一旦面临成本上涨的问题，社会资本通常无法通过延缓设备更新等各项措施来节约开支，此时政府为了城市轨道交通项目的安全有序运转，势必需要分担大部分的通货膨胀风险成本。正因如此，本书认为在自留风险中考虑通货膨胀风险成本是十分有必要的；而传统计算方法中，自留风险仅仅采用运营成本乘以一定比例的计算方法，无疑是粗糙且不科学的。另外，无论是传统方法计算的 PPP 值和 PSC 值，还是随机过程优

化方法计算的 PPP 值和 PSC 值，均为相应的 PPP 值小于 PSC 值，这意味着在本案例中，随机过程优化算法并没有改变物有所值定量评价的最终结果，PPP 模式通过了物有所值定量评价。

表 6-16 中第 2、12、13 行计算的是地方政府的财政承受能力情况，是反映地方政府偿付能力、关系到地方政府或有债务规模及金融系统性风险的关键指标。财政承受能力 FSI 指标衡量的是政府在 PPP 项目中每年的支出责任占地方一般公共预算支出的比例，国家规定地方政府对 PPP 项目的支出责任不得超过地方一般公共预算支出的 10%。根据前文案例计算结果及《N 市城市轨道交通 X 号线 B 部分 PPP 项目物有所值报告》中的数据，本书得到运营期（25 年）政府财政出资总额，用该数据除以 25 年，即得到了第 12 行运营期（25 年）平均年补贴额，该值即为每年政府的支出责任，并由此计算得到 N 市财政承受能力 FSI 指标。可见，项目运营期间，相比于 PPP 模式，传统建设模式对政府财政构成的压力均较小。这是由于采用 PPP 模式进行建设的项目，政府在建设期仅根据其在项目公司中的股权比例进行出资，所以，建设期的大部分资金由社会资本负责筹措；而若采用传统建设模式，政府则需要在建设期筹集全部的建设资金，这方面的差距可从第 1 行看出。与此相对应，虽然采用 PPP 模式建设项目可以缓解政府在建设期的资金压力，但是在后续的运营期，由于政府每年需要支付给社会资本足够的投资收益，所以每年的平均补贴额则要高于传统建设模式。由此可以看出，PPP 模式可以起到平滑资金偿付曲线的作用。对于财政盈余较少、现金流较差的部分地方政府来说，由于缺乏建设期的启动资金，较大规模的公路、航空、水运交通项目往往无从谈起，交通基础设施的匮乏也反过来限制了地方经济的发展，而 PPP 模式的出现为此类地方政府提供了一种选择，这是 PPP 模式能够促进地方经济发展的一个积极的方面。需要注意的是，部分地方政府官员在晋升压力与 GDP "锦

标赛"的推动下，违规采用 PPP 模式，使物有所值评价与财政承受能力评级成为虚设，"上马"了很多高投资低效益的 PPP 项目，使得地方政府在未来背负了过重的财政负担，这种现象也是值得警惕的。另外，对比传统方式计算 PPP 值与优化 PPP 值在地方政府财政承受能力计算上存在的差异发现，相对于传统方式计算得到的 FSI 指标，优化 PPP 值所计算出的 FSI 指标接近 2%，对于单一项目而言达到了较高水平，说明未来通货膨胀风险考虑与否，是会在财政承受能力评估的过程中产生显著影响的。综上所述本书认为，从宏观审慎监管框架的角度出发，在 PPP 值计算中融入随机过程理论与方法，对风险进行科学的货币化定价是十分必要的。

第七章

总结与展望

本章对本书的主要工作及得到的主要结论进行了系统的总结，提出了相应的政策建议，对本书研究中存在的不足提出了未来改进的空间和进一步研究的展望。

第一节 研究结论与建议

PPP 值是定量物有所值评价和财政能力评价的核心焦点，政府补贴和风险分担则是 PPP 值测算的不确定性的关键所在。本书紧紧围绕 PPP 值优化测算这一主题，以核心风险量化和风险共担为主要落脚点，以 PPP 模式物有所值为评价方法，以 PPP 风险理论和金融随机过程理论为指导，构建了基于随机过程的 PPP 值优化框架，综合运用期权定价模型、期限结构模型、"讨价还价"博弈模型、蒙特卡罗模拟、随机动态规划方法、卡尔曼滤波迭代计算方法等数学方法，以及滚动回归、似不相关回归、极大似然估计等计量经济学方法，对 PPP 值中的关键量化要素——未来现金流、风险量化与分担、折现率及特许运营期进行了优化计算。本书的主要工作、形成的研究结论及政策建议如下。

第一，基于随机过程的 PPP 值优化分析框架。

本书在物有所值定量评价方法、PPP 风险理论及金融随机过程理论的指导下，提出了物有所值定量评价风险量化的基本原则，并以基本原则作为前提，首先以 PPP 项目关键风险作为切入点，引入了关键风险分担方式，随后阐明了 PPP 项目现金流在关键风险作用下的波动机理，并将波动现金流、关键风险分担与随机过程模型进行有机的结合，对 PPP 值测算不确定性的主要来源——未来现金流的估计、风险成本的定量与分担、折现率的选取、特许运营期限的确定等进行优化分析，形成了基于随机过程的 PPP 值优化框架。这一框架具有充分的可操作性和延展性，在此框架下，本书通过多种数理工具，对 PPP 模式未来现金流、关键风险、风险分担、折现率及特许运营期的定量模型进行了推导和数值模拟计算，使得各内容之间结构关系逻辑清晰，并形成了有机统一的整体。

第二，PPP 项目不确定性现金流与收入端风险分担模型。

主要工作：首先，概述了 PPP 模式中所隐含的期权属性，为之后利用金融资产价格随机模型表示 PPP 模式现金流奠定了基础；其次，建立了基于几何布朗运动的可行性缺口补贴项目和使用者付费项目现金流模型表达式，并求得了两种模式政府担保价值的表达式；随后，在现金流模型中引入了"跳"过程表示可能对行业产生重大影响的冲击性风险，同时建立了带"跳"过程的现金流模型，求得了冲击事件影响下政府担保价值的表达式；最后，基于现金流模型、政府担保价值模型和某高速公路项目数据，通过模型参数估计、蒙特卡罗模拟等方法模拟项目未来现金流，计算政府担保价值，进一步研究了现金流波动率与"跳"过程均值对项目 NPV 的影响及政府担保比例与特许运营期对担保价值的影响。

主要结论：第一，不确定性现金流模型和政府担保价值模型可以较好地模拟 PPP 项目现金流波动变化情况并最终求得政府担保价值；第二，项目特许运营期限与政府担保比例的上升均可导致政府担保价值增大，其中，项目特许运营期限与政府担保价值呈线性关系，而政府担保比例与政府担保价值呈指数关系，即相对于特许运营期限，政府对项目收入的担保比例对政府担保价值影响更大；第三，现金流波动率与现金流"跳跃"均值均与项目 NPV 呈负相关，与政府担保价值呈正相关，但相对于现金流"跳跃"均值，现金流波动率对项目 NPV 及政府担保价值的影响更大。

政策建议：第一，政府担保比例的提高与特许运营期限的延长均会增加政府担保价值，但相对于特许运营期限，政府担保比例对政府担保价值的影响更大。这意味着对于政府方来说，在与社会资本进行 PPP 协议谈判时，政府担保比例的优先级要高于项目特许运营期限。对于面临较大财政压力的地方政府，可以选择压低政府担保比例，并适当延长项目特许运营期限作为补偿，以此降低政府的或有支出责任；第二，相对于远期可能发生的替代竞争、法律政策变更等对政府担保价值的影响，项目现金流在近期面临的波动值得更多的关注。政府在进行财政承受能力计算时，应适当加大项目现金流的波动性并对政府或有支出责任进行压力测试，以防止 PPP 项目营收波动对政府财政造成过大的压力。

第三，PPP 项目折现率与成本端风险分担模型。

主要工作：首先，本书阐释了 PPP 值计算过程中所涉及的期限结构问题，将利率、通货膨胀率与折现率纳入了期限结构统一研究的范畴，并解释了通货膨胀风险与利率风险对 PPP 值估计的影响。其次，在前人研究的基础上，采用了通胀抑价计算方式，建立了通货膨胀率、折现率双因子随机微分方程模型，对通货膨胀率、折现率进行计算，进而得出政府通货膨胀风险分担现值，并设置了通胀上限选择参数，模拟了政府与私营部门的风险分担。这样既考虑了不同期限的通货膨胀率、折现率对政府通货膨胀风险分担的影响，也体现了 PPP 模式所倡导的风险分担原则。然后，通过双因子 Vasicek 和卡尔曼滤波方法，模拟长期贷款利率的动态期限结构，并结合利息上限选择参数，计算出政府分担利息风险成本。随后，基于通货膨胀风险分担、利率风险分担、折现率计算模型及某城市轨道交通项目的数据，通过模型参数估计、蒙特卡罗模拟等方法，计算出政府风险分担成本，并进一步研究了通胀上限选择参数、折现率、通货膨胀率、通货膨胀率波动率和折现率波动率的多维变化对政府补贴现值的影响，以及利息上限选择参数变化对政府利息风险成本的影响。

主要结论：第一，基于通货膨胀率、折现率的连续时间双因子可以很好地模拟通货膨胀率、折现率变动对项目政府通货膨胀风险分担产生的影响，并可以计算出政府通货膨胀风险分担现值，为政府的项目决策过程提供帮助；第二，政府通货膨胀风险分担随着社会资本通胀上限选择参数的增大而减小，并且两者之间成反比例函数关系，通行费随通货膨胀调整频率与 PPP 模式政府通货膨胀风险分担呈负相关；第三，通货膨胀率、通货膨胀率波动率、折现率波动率与政府通货膨胀风险分担呈正相关，折现率与政府通货膨胀风险分担呈负相关，且通货膨胀率波动率对政府通货膨胀风险分担的影响最大，其次为折现率波动率和通货膨胀率，再其次为折现率；第四，超额利息成本可能会在项目运营的第 5~8 年，对项目的运营现金流造成压力；第五，基于当前利率期限结构的特征，利率变动的 70% 都在 ±100 BP 以内。

政策建议：第一，政府和社会资本在进行 PPP 项目协议谈判时，可通过设置社会资本通胀上限选择参数与利息上限选择参数来明确双方关于通货膨胀与利率风险的支出责任，并且，较小的通胀上限选择参数与利息上限选择参数即可让政府规避较大部分的风险支出责任；第二，通行费根据通货膨胀调整对减少政府的通货膨胀风险支出作用较大，政府应提前对相关行业收费调整的难度进行判断，采用设置社会资本通胀上限选择参数与通行费调整的组合方式，降低政府的风险支出责任；第三，在通货膨胀率、通货膨胀率波动率、折现率、折现率波动率四个参数中，通货膨胀率波动率对政府通货膨胀风险分担的影响最大，这表明宏观经济金融环境的稳定将会降低政府的风险支出责任。综上，地方政府在进行《指引》框架下的财政承受能力评价和物有所值评价时，需要更加注重政府与社会资本关于通货膨胀风险和利率风险的分担、管理，以及进行更加合理的折现率选择，以真正实现PPP项目物有所值，并促进经济平稳健康发展。

第四，不确定环境下的PPP项目特许运营期限模型。

主要工作：首先，讨论了PPP模式特许运营期计算与相关博弈研究的基本模型；其次，在"讨价还价"博弈模型中引入了政府担保与政府风险分担，得到了政府担保与政府风险分担下的PPP项目特许运营期可行区间表达式。然后，利用数值模拟案例数据，以及政府担保价值与政府风险分担成本的计算方法，对高速公路PPP项目特许运营期可行区间进行模拟，并进一步研究了冲击事件对特许运营期的影响。

主要结论：第一，通过模拟计算高速公路PPP项目特许运营期可行区间，得到的最终调整特许运营期可行区间较最初值大幅缩小，因此认为该模型可以较好地解决风险条件下PPP项目特许运营期可行区间决策问题；第二，替代竞争、法律政策变更及不可抗力风险等冲击性事件的发生，将会提高特许运营期可行区间的下限，并且政府担保的支付期限也需要延长以弥补社会资本的损失。

政策建议：第一，在进行 PPP 项目特许运营期决策时，政府与社会资本应充分考虑政府方的或有支出责任，在满足社会资本方合理回报的前提下，尽可能地提高公共福利；第二，考虑到可能发生的冲击性事件会对项目收入造成的巨大影响，政府与社会资本在协议中应设定应对机制，通过延长项目特许运营期和政府担保支付期限以达到社会资本的要求收益率。

第五，综合政府风险分担及特许运营期博弈的 PPP 值计算。

主要工作：本书综合了 PPP 项目未来现金流、政府双端风险分担、折现率及特许运营期限等的研究内容，对使用者付费类项目和可行性缺口补贴类项目的 PPP 值进行了计算，并通过优化 PPP 值与传统 PPP 值的对比分析，得到了相关结论。

主要结论：优化 PPP 值大于传统 PPP 值，两者的差距主要来自于政府自留风险部分，而优化 PPP 值的政府自留风险最大部分来源于通货膨胀风险成本，其次为需求变化风险成本。

政策建议：在传统的物有所值定量评价中，政府自留风险的计算通常采用比例法或情景概率法，但这两种方法都是粗糙且不科学的。另外，在政府自留风险的计算过程中，需要着重考虑通货膨胀风险成本。最后，本书从宏观审慎监管的角度出发，认为在物有所值定量评价体系中融入金融随机过程相关理论方法，对风险进行科学的货币化定价是十分必要的。

第二节　未来的研究展望

本书完成了基于随机过程的 PPP 值优化框架的构建，取得了一定的研究成果，但依然存在一些缺陷和不足，而且还有许多问题值得深入研究，分述如下：

第一，基于随机过程的 PPP 值优化机理与分析框架具备极好的延展性，因此符合 PPP 模式风险量化原则的风险因素皆可纳入到此框架中，还有更多的风险因素和风险定量方法有待研究与开发。

第二，本书假定 PPP 项目现金流服从基于几何布朗运动和带"跳"过程的几何布朗运动，尽管拟合度较高，但仍存在改进空间，未来可在模型中加入随机波动率或漂移率，来刻画更复杂的现金流变化过程。

第三，本书采用 Vasicek 模型对通货膨胀率、利率等期限结构相关变量进行建模和数值模拟，Vasicek 模型的优点是能够得到解析解，但其他模型如 CIR 利率模型和 HJM 利率模型同样受到很多学者的推崇，这些模型是否能在风险定量方面表现得更加出色，值得未来进行进一步研究。

参 考 文 献

[1]亓霞,柯永建,王守清.基于案例的中国PPP项目的主要风险因素分析[J].中国软科学,2009(5):107-113.

[2]刘广生,文童.PPP项目资金价值PSC评价法的改进探讨[J].工业技术经济,2013(10):17-22.

[3]GRIMSEY D, LEWIS M K. Are public private partnerships value for money? [J]. Accounting Forum, 2005:345-378.

[4]袁竞峰,王帆,李启明,等.基础设施PPP项目的VFM评估方法研究及应用[J].现代管理科学,2012(1):27-30.

[5]彭为,陈建国,穆诗煜,等.公私合作项目物有所值评估比较与分析[J].软科学,2014,28(5):28-32.

[6]BLACK F, SCHOLES M S. The pricing of options and corporate liabilities[J]. Journal of Political Economy, 1973, 81(3):637-654.

[7]VASICEK O. An equilibrium characterization of the term structure [J]. Journal of Financial Economics, 1977:627-627.

[8]COX J C, INGERSOLL J E, ROSS S A. A theory of the term structure of interest rates[J]. Econometrica, 1985:385-407.

[9]吴卓瑾,乔宝云.构建合理的PPP管理框架 推进财政和国家

治理现代化[J]. 中国财政, 2014(15): 46-49.

[10] IOSSA E, MARTIMORT D. The simple microeconomics of public-private partnerships[J]. Journal of Public Economic Theory, 2015, 17(1): 4-48.

[11] 周正祥, 张秀芳, 张平. 新常态下 PPP 模式应用存在的问题及对策[J]. 中国软科学, 2015(9): 82-95.

[12] 周小付, 闫晓茗. PPP 风险分担合同的地方善治效应: 理论构建与政策建议[J]. 财政研究, 2017(9): 79-87.

[13] 刘继才, 宋金龙. 基于实物期权的 PPP 项目投资评价研究[J]. 世界科技研究与发展, 2012, 34(3): 514-518.

[14] CHEUNG E, CHAN A P C, KAJEWSKI S. Enhancing value for money in public private partnership projects [J]. Journal of Financial Management of Property and Construction, 2009, 14(1): 7-20.

[15] Infrastructure Australia. National public private partnership policy framework[Z]. Australia, 2008.

[16] New Building Canada Fund. New Building Canada Fund: Procurement options analysis guide[Z]. Canada, 2014.

[17] Federal Highway Administration Office of Innovative Program Delivery. P3-Screen supporting guide[Z]. USA, 2013.

[18] POLI L, ROCCA P, ANSELMI N, et al. Dealing with uncertainties on phase weighting of linear antenna arrays by means of interval-based tolerance analysis [J]. IEEE Transactions on Antennas and Propagation, 2015, 63(7): 3229-3234.

[19] PARK J H. Transport PPP decisions in Korea: value for money assessment and risk quantification[D]. University of Southampton, 2014.

[20] 司彤. 我国 PPP 项目物有所值定量评价研究[D]. 北京: 中国

财政科学研究院，2016.

[21] DALTON G, ALLAN G, BEAUMONT N, et al. Economic and socio-economic assessment methods for ocean renewable energy：public and private perspectives[J]. Renewable and Sustainable Energy Reviews, 2015：850-878.

[22] SARMENTO J M. Do public-private partnerships create value for money for the public sector? The Portuguese experience[J]. OECD Journal on Budgeting, 2010, 10(1)：93.

[23] 纪鑫华. 优化项目风险分配 实现PPP"物有所值"[J]. 中国财政，2015(16)：33-35.

[24] 甄德云. 基于实物期权的PPP物有所值定量评估研究[D]. 北京：中央财经大学，2018.

[25] 江春霞. 公共部门视角下高速公路PPP项目前期决策研究[D]. 西安：长安大学，2017.

[26] 郝德强. 基于净现值修正模型的PPP项目物有所值评价[J]. 会计之友，2018(15)：90-93.

[27] 秦嘉斌. PPP物有所值定量评价存在的问题及优化路径[J]. 智富时代，2018(4X)：20.

[28] 赵晔，李俊池. 我国PPP物有所值评价改进途径研究[J]. 地方财政研究，2018(5)：85-90.

[29] 刘磊，李修莹. PPP项目物有所值评价现状、问题与优化建议[J]. 现代商贸工业，2019，40(19)：109-110.

[30] 徐文，孟枫平. PPP项目物有所值定量评价的风险量化方法研究[J]. 山东建筑大学学报，2019，34(2)：57-63.

[31] 张英婕，王洪强. PPP模式物有所值评价方法改进研究[J]. 工程经济，2020(7)：9-13.

[32] LAM K C, CHOW W S. The significance of financial risks in BOT procurement[J]. Building Research & Information, 1999：84-95.

[33] YE S D, TIONG R K L. Government support and risk-return trade-off in China's BOT power projects [J]. Engineering Construction and Architectural Management, 2000, 7(4): 412-422.

[34] GRIMSEY D, LEWIS M K. Accounting for public private partnerships [J]. Accounting Forum, 2002, 26(3-4): 245-270.

[35] XENIDIS Y, ANGELIDES D. The financial risks in build-operate-transfer projects [J]. Construction Management and Economics, 2005, 23(4): 431-441.

[36] LI B. Risk management of construction public private partnership projects [D]. UK: Glasgow Caledonian University, 2003.

[37] THOMAS A V, KALIDINDI S N, ANANTHANARAYANAN K. Risk perception analysis of BOT road project participants in India [J]. Construction Management and Economics, 2003, 21(4): 393-407.

[38] WANG S Q, TIONG R L K, TING S K, et al. Evaluation and management of political risks in China's BOT projects [J]. Journal of Construction Engineering & Management, 2000, 126(3): 242-250.

[39] HASTAK M, SHAKE D A. ICRAM-1: model for international construction risk assessment [J]. Journal of Management in Engineering, 2000, 16(1): 59-69.

[40] KE Y, WANG S Q, CHAN A P C. Risk misallocation in public-private partnership projects in China [J]. International Public Management Journal, 2013: 438-460.

[41] SHEN L Y, PLATTEN A, DENG X P. Role of public private partnerships to manage risks in public sector projects in Hong Kong [J]. International Journal of Project Management, 2006, 24(7): 587-594.

[42]乌云娜,胡新亮,张思维. 基于ISM-HHM方法的PPP项目风险识别[J]. 土木工程与管理学报,2013(1):67-71.

[43]张亚静,李启明,程立,等. PPP项目残值风险系统性影响因素识别及分析[J]. 工程管理学报,2014,28(4):77-81.

[44]SONG J, SONG D, ZHANG X, et al. Risk identification for PPP waste-to-energy incineration projects in China[J]. Energy Policy, 2013, 61(10): 953-962.

[45]夏塑杰,袁竞峰,邱作舟. PPP项目社会风险涌现的影响因素分析[J]. 科技管理研究,2018,38(8):216-223.

[46]黄志雄,袁峰华. 经济下行、PPP风险来源与机制设计[J]. 财政科学,2021(2):132-144.

[47]ABEDNEGO M P, OGUNLANA S O. Good project governance for proper risk allocation in public-private partnerships in Indonesia [J]. International Journal of Project Management, 2006, 24(7): 622-634.

[48]ROUMBOUTSOS A, PANTELIAS A. Allocating revenue risk in transport infrastructure public private partnership projects: how it matters[J]. Transport Reviews, 2015, 35(2): 183-203.

[49]刘新平,王守清. 试论PPP项目的风险分配原则和框架[J]. 建筑经济,2006(2):59-63.

[50]邓小鹏,李启明,汪文雄,等. PPP模式风险分担原则综述及运用[J]. 建筑经济,2008(9):32-35.

[51]罗春晖. 基础设施民间投资项目中的风险分担研究[J]. 现代管理科学,2001(2):28-29.

[52]OUDOT J M. Risk allocation: theoretical and empirical evidence and application to public-private-partnerships in the defence sector [C]. Proceedings of 9th Annual Conference on Economics and Security, 2005.

[53] HWANG B G, ZHAO X, GAY M J S. public private partnership projects in Singapore: factors, critical risks and preferred risk allocation from the perspective of contractors [J]. International Journal of Project Management, 2013,31(3): 424-433.

[54] CHAN A P C, LAM P T I, WEN Y, et al. Cross-sectional analysis of critical risk factors for PPP water projects in China [J]. Infrastructure Systems, 2014: 337-356.

[55] 陶思平. PPP 模式风险分担研究:基于北京市轨道交通的分析[J]. 管理现代化, 2015, 35(4): 85-87.

[56] 邓雄. PPP 模式的风险及其风险分担机制分析[J]. 国际金融, 2015(10): 75-80.

[57] AHWIRENG-OBENG F, MOKGOHLWA J P. Entrepreneurial risk allocation in public-private infrastructure provision in South Africa [J]. South African Journal of Business Management, 2002: 29-39.

[58] MILNER M. Eurotunnel car traffic declines[N]. The Guardian, 21 March, 2004: 14.

[59] HURST C, REEVES E. An economic analysis of Ireland's first public private partnership[J]. International Journal of Public Sector Management, 2004, 17(5): 379-388.

[60] 孙淑云, 戴大双, 杨卫华. 高速公路 BOT 项目特许定价中的风险分担研究[J]. 科技管理研究, 2006, 26(10): 154-157.

[61] 柯永建, 王守清. 特许经营项目融资(PPP):风险分担管理 [M]. 北京:清华大学出版社, 2011.

[62] 陈玏. 公私部门合作中的风险分配失败:一个基于网络治理的分析框架[J]. 复旦公共行政评论, 2011(1): 51-68.

[63] 黄恒振, 周国华. 公私合营(PPP)项目风险再分担问题研究 [J]. 建筑经济, 2015(10): 17-20.

[64] 张红平, 叶苏东. PPP 项目提前终止风险因素与传导路径分析[J]. 科技管理研究, 2016, 36(24): 225-229.

[65] 王蕾, 赵敏, 彭润中. 基于 ANP-Shapley 值的 PPP 模式风险分担策略研究[J]. 财政研究, 2017(6): 40-50.

[66] 王军武, 余旭鹏. 考虑风险关联的轨道交通 PPP 项目风险分担演化博弈模型[J]. 系统工程理论与实践, 2020(9): 2391-2405.

[67] 李妍, 薛俭. 不完全信息视角下公私合作模式风险分担研究: 基于参与主体的不同出价顺序[J]. 科研管理, 2021, 42(6): 202-208.

[68] 陈海涛, 徐永顺, 迟铭. PPP 项目中风险再分担对私人部门行为的影响:公平感知的多重中介作用[J]. 管理评论, 2021, 33(8): 53-65.

[69] 常雅楠, 王松江. 基于风险量化的 PPP 项目物有所值评价研究[J]. 项目管理技术, 2016(11): 29-33.

[70] 李妍. 不完全信息动态博弈视角下的 PPP 项目风险分担研究:基于参与方不同的出价顺序[J]. 财政研究, 2015(10): 50-57.

[71] LELAND H E. Option pricing and replication with transactions costs[J]. Research Program in Finance Working Papers, 1984: 1283-1301.

[72] WHALLEY R, WILMOTT P. Counting the costs[J]. Risk, 1993: 59-66.

[73] MERTON R C. Option pricing when underlying stock returns are discontinuous[J]. Journal of Financial Economics, 1976, 3(1): 125-144.

[74] NEUBERGER A. Option replication with transaction costs-an exact solution for the pure jump process[J]. Advances in Futures

and Options Research, 1994: 1-20.

[75] DERMAN E, KANI I. Stochastic implied trees: arbitrage pricing with stochastic term and strike structure of volatility [J]. International Journal of Theoretical & Applied Finance, 1998, 1 (1): 61-110.

[76] HESTON S L. A closed-form solution for options with stochastic volatility with applications to bond and currency options [J]. Review of Financial Studies, 1993, 6(2): 327-343.

[77] ERAKER B. Do stock prices and volatility jump? Reconciling evidence from spot and option prices [J]. Journal of Finance, 2004, 59(3): 1367-1403.

[78] BARONE-ADESI G, ENGLE R F, MANCINI L. A GARCH option pricing model with filtered historical simulation[J]. Social Science Electronic Publishing, 2008, 21(3): 1223-1258.

[79] FULOP A, LI J, YU J. Self-exciting jumps, learning, and asset pricing implications [J]. Social Science Electronic Publishing, 2012, 28(3):876-912.

[80] 张维, 张海峰, 张永杰, 等. 基于前景理论的波动不对称性 [J]. 系统工程理论与实践, 2012(3): 458-465.

[81] 陈浪南, 孙坚强. 股票市场资产收益的跳跃行为研究[J]. 经济研究, 2010, 45(4): 54-66.

[82] 吴恒煜, 朱福敏, 温金明, 等. 基于序贯贝叶斯参数学习的 Lévy 动态波动率模型研究[J]. 系统工程理论与实践, 2017, 37(3): 556-569.

[83] 朱福敏, 郑尊信, 吴恒煜. 跳跃自激发与非对称交叉回馈机制下的期权定价研究[J]. 系统工程理论与实践, 2018, 38 (1): 1-15.

[84] MYERS S C. Determinants of corporate borrowing[J]. Journal of

Financial Economics, 1977, 5(2): 147-175.

[85] AMRAM M, KULATILAKA N. Real options: managing strategic investment in an uncertain world[J]. Harvard Business School Press, 1999, 24(5): 828-829.

[86] 朱秀丽, 邱菀华. 基于实物期权的铁路地下化项目 PPP 模式投资决策分析[J]. 系统工程, 2011, 29(3): 117-120.

[87] 秦敏, 秦中伏. 基于政府最低交通量担保的高速公路 PPP 项目价值研究[J]. 世界科技研究与发展, 2016, 38(6): 1315-1321.

[88] MARTINS J, MARQUES R C, CRUZ C O. Maximizing the value for money of PPP arrangements through flexibility: an application to airports[J]. Journal of Air Transport Management, 2014, 39: 72-80.

[89] DOTHAN U L. On the term structure of interest rates[J]. Journal of financial economics, 1978, 6(1): 59-69.

[90] BRENNAN M J, SCHWARTZ E S. Analyzing convertible bonds [J]. Journal of Financial and Quantitative Analysis, 1980, 15 (4): 907-929.

[91] HO T S Y, LEE S B. Term structure movements and pricing interest rate contingent claims[J]. Journal of Finance, 1986, 41: 1011-1029.

[92] HULL J, WHITE A. Pricing interest-rate-derivative securities[J]. Review of Financial Studies, 1990, 3(4): 573-592.

[93] RICHARD S F. An arbitrage model of the term structure of interest rates[J]. Journal of Financial Economics, 1978, 6(1): 33-57.

[94] BRENNAN M J, SCHWARTZ E S. A continuous time approach to the pricing of bonds[J]. Journal of Banking and Finance, 1979, 3(2): 133-155.

[95] LONGSTAFF F A, SCHWARTZ E S. Interest rate volatility and the term structure: a two-factor general equilibrium model [J]. Journal of Finance, 1992, 47(4): 1259-1282.

[96] HEATH D, JARROW R, Morton A. Bond pricing and the term structure of interest rates: a new methodology for contingent claims valuation [J]. Econometrica, 1992, 60(1): 77-105.

[97] ENGLISH L M, GUTHRIE J. Driving privately financed projects in Australia: what makes them tick? [J]. Accounting Auditing and Accountability Journal, 2003, 16(3): 493-511.

[98] 柯永建. 中国 PPP 项目风险公平分担 [D]. 北京: 清华大学, 2010.

[99] 孟惊雷. PPP 项目风险分担博弈策略研究 [D]. 哈尔滨: 哈尔滨理工大学, 2019.

[100] GALLIMORE P, WILLIAMS W, WOODWARD D. Perceptions of risk in the private finance initiative [J]. Journal of Property Finance, 1997, 8(2): 164-176.

[101] ASKAR M M, GAB-ALLAH A A. Problems facing parties involved in build, operate, and transport projects in Egypt [J]. Journal of Management in Engineering, 2002, 18(4): 173-178.

[102] GHOSH S, JINTANAPAKANONT J. Identifying and assessing the critical risk factors in an underground rail project in Thailand: a factor analysis approach [J]. International Journal of Project Management, 2004, 22(8): 633-643.

[103] FLYVBJERG B, HOLM M K S, BUHL S L. How common and how large are cost overruns in transport infrastructure projects? [J]. Transport Reviews, 2003, 23(1): 71-88.

[104] MILLER R, LESSARD D. Understanding and managing risks in large engineering projects [J]. International Journal of Project

Management, 2001, 19(8): 437-443.

[105] WIBOWO A, KOCHENDOERFER B. Financial risk analysis of project finance in indonesian toll roads [J]. Journal of Construction Engineering & Management, 2005, 131(9): 963-972.

[106] WILMOT C G, MEI B. Neutral network modeling of highway construction costs [J]. Journal of Construction Engineer & Management, 2005, 131(7): 765-771.

[107] 戴大双, 于英慧, 韩明杰. BOT 项目风险量化方法与应用 [J]. 科技管理研究, 2005, 25(2): 98-100.

[108] 宋金波, 宋丹荣, 孙岩. 垃圾焚烧发电 BOT 项目的关键风险:多案例研究[J]. 管理评论, 2012, 24(9): 40-48.

[109] 周国光, 江春霞. 交通基础设施 PPP 项目失败因素分析[J]. 技术经济与管理研究, 2015(11): 8-13.

[110] 刘婷, 赵桐, 王守清. 基于案例的我国 PPP 项目再谈判情况研究[J]. 建筑经济, 2016, 37(9): 31-34.

[111] 侯丽. 风险条件下收费公路 PPP 项目特许定价研究[D]. 昆明:昆明理工大学, 2012.

[112] 王东波, 宋金波, 戴大双, 等. 弹性需求下交通 BOT 项目特许运营期决策[J]. 管理工程学报, 2011, 25(3): 116-122.

[113] 杨海生, 陈少凌. 不确定条件下的投资:基于"跳"过程的实物期权模型[J]. 系统工程理论与实践, 2009(12): 175-185.

[114] 孙艳, 郭菊娥, 高峰, 等. 基础设施项目融资中政府担保的影响因素[J]. 统计与决策, 2007(20): 55-58.

[115] 秦旋. 基于 CAPM 的 BOT 项目特许运营期的计算模型[J]. 管理工程学报, 2005, 19(2): 60-63.

[116] 梁学光. 基于合约安排的基础设施 BOT 项目特许运营期形式比较研究[D]. 天津:天津大学, 2009.

[117] 王东波, 宋金波, 戴大双, 等. 不确定收益下公路 BOT 项目特许运营期决策方法研究[J]. 预测, 2010(2): 58-63.

[118] 刘宁. BOT 项目实物期权决策模型研究[D]. 大连: 大连理工大学, 2012.

[119] KHANZADI M, NASIRZADEH F, ALIPOUR M. Integrating system dynamics and fuzzy logic modeling to determine concession period in BOT projects[J]. Automation in Construction, 2012,22: 368-376.

[120] YU C Y, LAM K C. A decision support system for the determination of concession period length in transportation project under BOT contract[J]. Automation in Construction, 2013,31: 114-127.

[121] 郭健. 公路基础设施 PPP 项目交通量风险分担策略研究[J]. 管理评论, 2013, 25(7): 11-19.

[122] 高京燕. 政府与社会资本合作决策模式研究: 以张家界市杨家溪污水处理厂项目为例[J]. 经济经纬, 2016, 33(5): 96-101.

[123] 王秀芹, 阚梦莹, 张艺红. 基于实物期权的 PPP 项目最低收入担保界限研究[J]. 中国管理科学, 2018, 26(7): 40-46.

[124] 王兵, 张水波, 王秀芹, 等. 基于实物期权的 PPP 项目最优资本结构研究[J]. 管理科学学报, 2019, 22(6): 73-85.

[125] 汪昌云, 李楠. 基于二维跳扩散模型的股市相关性研究[J]. 经济理论与经济管理, 2010(7): 43-50.

[126] 朱霞, 葛翔宇. 股票价格服从指数 O-U 跳扩散过程的期权定价[J]. 统计与决策, 2014(3): 164-167.

[127] 王凤荣, 李全军. 不动产证券化与经济波动: 基于跳扩散模型的 REITs 与股票比较分析[J]. 经济管理, 2013(4): 114-124.

[128] 葛翔宇, 周艳丽. 企业并购中目标公司价值的实物期权定价新方法: 基于前景理论的行为分析[J]. 数量经济技术经济

研究, 2017, 34(3): 145-161.

[129]王良, 刘潇, 贾宇洁. 基于跳扩散过程的 ETF 基金动态市场风险测度研究[J]. 管理评论, 2017, 29(3): 12-26.

[130]俞金平, 李胜宏. 基于跳扩散模型的资产证券化定价[J]. 浙江大学学报:理学版, 2008, 35(2): 160-162.

[131]化宏宇, 程希骏. 基于跳扩散过程的可转换债券的定价[J]. 数理统计与管理, 2009(5): 347-351.

[132]刘继才, 王颖林, 唐丝丝. 我国 PPP 项目关键风险实证研究[J]. 生产力研究, 2013(4): 93-96.

[133]韩明杰, 杨卫华. 基于风险分担的污水处理 BOT 项目特许定价模型研究[J]. 科技管理研究, 2006, 26(10): 158-162.

[134]汪文雄, 李启明. 基于利益相关者多方满意的城市交通 PPP 项目特许价格调整模型研究[J]. 重庆大学学报:社会科学版, 2010(3): 51-58.

[135]吴孝灵, 周晶, 洪巍. 基于有效运营期的 BOT 项目特许权期决策模型[J]. 系统工程学报, 2011, 26(3): 373-378.

[136]LIANG X Q, AO H U. Uncertainty analysis of value for money assessment for public-private partnership projects[J]. Journal of Shanghai Jiaotong University (Science), 2017, 22(6): 672-681.

[137]吉富星. 我国 PPP 政府性债务风险治理的研究[J]. 理论月刊, 2015(7): 120-124.

[138]SENEVIRATNE P N, RANASINGHE M. Transportation infrastructure financing: evaluation of alternatives[J]. Journal of Infrastructure Systems, 1997, 3(3): 111-118.

[139]SHEN L Y, LI H, LI Q M. Alternative concession model for build operate transfer contract projects[J]. Journal of Construction

Engineering and Management, 2002, 128(4): 326-330.

[140] SHEN L Y, WU Y Z. Risk concession model for build operate transfer contract projects [J]. Journal of Construction Engineering and Management, 2005, 131(2): 211-220.

[141] WU M, CHAU K W, SHEN Q P, et al. Net asset valuebased concession duration model for BOT contracts [J]. Journal of Construction Engineering and Management, 2012, 138(2): 304-308.

[142] FISHER I. The theory of interest [M]. New York: The Macmillan Co., 1930.

[143] MERTON R C. The theory of rational option pricing [J]. The Bell Journal of Economics and Management Science, 1973, 4(1): 141-183.

[144] MALLIARIS A G, MALLIARIS M E. Interest rates and inflation: a continuous time stochastic approach [J]. Economics Letters, 1991: 351-356.

[145] JARROW R, YILDIRIM Y. Pricing treasury inflation protected securities and related derivatives using an HJM model [J]. Journal of Financial & Quantitative Analysis, 2003, 38(2): 337-358.

[146] MERCURIO F, MORENI N. Pricing inflation-indexed derivatives [J]. Quantitative Finance, 2005, 5(3): 289-302.

[147] ANG A, WEI B M. The term structure of real rates and expected inflation [J]. Social Science Electronic Publishing, 2008, 63(2): 797-849.

[148] GURKAYNAK R S, Sack B, WRIGHT J H. The TIPS yield curve and inflation compensation [J]. American Economic Journal Macroeconomics, 2010, 2(1): 70-92.

[149]PELIZZARI C , PAOLI F. Pricing inflation linked bonds[J]. Quantitative Finance, 2010：279-293.

[150]NELSON C R , SIEGEL A F . Parsimonious modeling of yield curves[J]. The Journal of Business, 1987, 60(4)：473-489.

[151]SVENSSON L E. Estimating and interpreting forward interest rates：Sweden 1992-1994[R]. IMF Working Papers,1994：94-114.

[152]李启明，申立银. 基础设施 BOT 项目特许权期的决策模型[J]. 管理工程学报, 2000,14(1)：43-46.

[153]杨宏伟，周晶，何建敏. 基于博弈论的交通 BOT 项目特许权期的决策模型[J]. 管理工程学报, 2003, 17(3)：93-95.

[154]高丽峰，张国杰，杜燕. 利用动态博弈中的"分蛋糕"模型确定 BOT 项目特许权期[J]. 商业研究, 2006(2)：24-26.

[155]SHEN L Y, BAO H J, WU Y Z, et al. Usingbargaining-game theory for negotiating concession period for BOT-type contract[J]. Journal of Construction Engineering & Management, 2007, 133(5)：385-392.

[156]杨屹，郭明靓，扈文秀. 基于期权博弈的基础设施BOT项目二阶段特许权期决策模型[J]. 中国软科学, 2007(6)：81-85.

[157]MUTHOO A. Bargaining theory with applications：the Rubinstein model[J]. Economic Journal, 1999：596-597.

[158] RAIFFA H . Arbitration schemes for generalized two-person games[J]. Contributions to the Theory of Games II Annals of Mathematics Studies, 1951, 28：361-387.

[159]HARSANYI J C. Approaches to the bargaining problem before and after the theory of games：a critical discussion of Zeuthen's, Hicks', and Nash's Theories[J]. Econometrica, 1956, 24(2)：144-157.

[160] NASH J F. Equilibrium points in n-person games [J]. Proceedings of the National Academy of Sciences of the United States of America,1950,36(1):48-49.

[161] NASH J F . Non-cooperative games[J]. Annals of Mathematics, 1951, 54:286-295.

[162] RUBINSTEIN A. Perfect equilibrium in a bargaining model[J]. Econometrica, 1982,50(1): 97-110.

[163] KREPS D M. Game theory and economic modeling[J]. Journal of Economic Education, 1990, 23(2): 19-23.

[164] AUMANN R, BRANDENBURGER A. Epistemic conditions for Nash equilibrium [J]. Econometrica, 1995, 63 (5): 1161 - 1180.

[165] SELTEN R. Game theory and economic behaviour: selected essays [M]. Edward Elgar,1999.

[166] NASH J F. The bargaining problem[J]. Econometrica,1950, 18(2): 155-162.

[167] 闫妍, 顾亚露, 朱晓武. 高速公路收益权的资产证券化问题研究[J]. 金融研究, 2016(5): 111-123.

[168] 王治, 谭欢, 王靖. 基于期权博弈的 PPP 项目特许权期决策模型[J]. 财经理论与实践, 2015, 36(6): 58-63.

[169] 朱世武, 陈健恒. 利率期限结构理论实证检验与期限风险溢价研究[J]. 金融研究, 2004(5): 78-88.

[170] PETER H, ORESTE T. Inflation risk premia in the term structure of interest rates [J]. Journal of the European Economic Association, 2012(3):634-657.

[171] 王季云, 陈明高. 国有资产评估价值的精确性分析[J]. 财贸经济, 2003(6): 71-74.

[172] 郭上. 我国 PPP 模式物有所值评价研究[D]. 北京:财政部

财政科学研究所,2015.

[173]邓玲,王林.PPP模式的物有所值评估研究:以某非经营性道路PPP项目为例[J].项目管理技术,2017,15(2):34-39.

[174]谢瀚鹏,许家伟.PPP模式下物有所值评价实证研究:以C市产业新城建设BOT项目为例[J].安徽行政学院学报,2016,7(4):47-52.

[175]陈思阳,王明吉.PPP项目"物有所值"评价(VFM)体系研究[J].财政科学,2016(8):65-71.

[176]吴洪樾,袁竞峰,杜静.国际PPP项目物有所值定性评价及对我国的启示[J].建筑经济,2017(3):38-42.

[177]董纪昌.物有所值定量评价方法及改进方向[J].中国政府采购,2016(7):36-37.

[178]王守清.杂谈PPP物有所值评价[J].新理财:政府理财,2015(12):38-39.

[179]孙慧,周颖,范志清.PPP项目评价中物有所值理论及其在国际上的应用[J].国际经济合作,2009(11):70-74.

[180]崔彩云,王建平,刘勇.基础设施PPP项目物有所值(VFM)评价研究综述[J].土木工程与管理学报,2016,33(4):57-62.

[181]张东林,郑萱萱,张立娟.我国PPP项目物有所值定性评价存在问题及对策研究[J].河北建筑工程学院学报,2017,35(4):111-113.

[182]梁晴雪,胡昊.基础设施PPP项目物有所值评价应用挑战及对策[J].当代经济管理,2018,40(6):54-59.

[183]赵超霖.操作性差、主观性大或致PPP"物有所值"评价流于形式[N].中国经济导报,2015-11-18(B05).

[184]张逸伦.新型城镇化下PPP项目物有所值(VFM)研究[D].广州:华南理工大学,2016.

[185]苑红，王宁，任兵. PPP 物有所值论证(VFM)的可行性思考 [J]. 中国工程咨询，2015(5)：38-39.

[186]吴渊."物有所值"能否成为 PPP 决策核心？[N]. 中国经济导报，2016-06-01.

[187]金永祥."物有所值"值不值得做[N]. 中国建设报，2015-01-23.

[188]WANG S Q，TIONG R L K，TING S K，et al. Political risks：analysis of key contract clauses in China's BOT project[J]. Journal of Construction Engineering & Management，1999，125 (3)：190-197.